Kohlhammer

Praxis Heilpädagogik – Handlungsfelder
Herausgegeben von
Heinrich Greving

Heinrich Greving
Petr Ondracek

Beratung in der Heilpädagogik

Grundlagen – Methodik – Praxis

Verlag W. Kohlhammer

Wichtiger Hinweis
Dieses Werk einschließlich aller seiner Teile ist urheberrechtlich geschützt. Jede Verwendung außerhalb der engen Grenzen des Urheberrechts ist ohne Zustimmung des Verlags unzulässig und strafbar. Das gilt insbesondere für Vervielfältigungen, Übersetzungen, Mikroverfilmungen und für die Einspeicherung und Verarbeitung in elektronischen Systemen.
Die Wiedergabe von Warenbezeichnungen, Handelsnamen und sonstigen Kennzeichen in diesem Buch berechtigt nicht zu der Annahme, dass diese von jedermann frei benutzt werden dürfen. Vielmehr kann es sich auch dann um eingetragene Warenzeichen oder sonstige geschützte Kennzeichen handeln, wenn sie nicht eigens als solche gekennzeichnet sind.
Es konnten nicht alle Rechtsinhaber von Abbildungen ermittelt werden. Sollte dem Verlag gegenüber der Nachweis der Rechtsinhaberschaft geführt werden, wird das branchenübliche Honorar nachträglich gezahlt.

1. Auflage 2013

Alle Rechte vorbehalten
© 2013 W. Kohlhammer GmbH Stuttgart
Umschlag: Gestaltungskonzept Peter Horlacher
Gesamtherstellung:
W. Kohlhammer Druckerei GmbH + Co. KG, Stuttgart
Printed in Germany

ISBN 978-3-17-020005-0

Inhaltsverzeichnis

Vorwort 7

1 Beratung und Heilpädagogik: Theoretische Zugänge 11
   1.1 Heilpädagogik: Eine kurze Einführung 12
   1.2 Beratung: Grundfragen 19
   1.3 Relevanz der Beratung in der Heilpädagogik 33

2 Zur Geschichte der Beratung 37
   2.1 Historische Betrachtungen zur Beratung 37
   2.2 Handlungsfelder der Beratung im geschichtlichen Verlauf ... 45

3 Gegenwärtiger rechtlicher und institutioneller Rahmen der Beratung 51
   3.1 Rechtliche Rahmenbedingungen der Beratung 51
   3.2 Institutionelle Bedingungen von Beratung 58

4 Beratung und Heilpädagogik: Methodische Zugänge 61
   4.1 Eine humanistische und konstruktivistische Begründung der Beratung in der Heilpädagogik 62
   4.2 Methodische Grundlagen des beraterischen Handelns in der Heilpädagogik 77
      4.2.1 Ausgewählte Aspekte des Beratungsbegriffs 79
      4.2.2 Eckpunkte des Beratungsprozesses 86
      4.2.3 Ausgewählte Beratungsansätze mit heilpädagogischer Relevanz 90
      4.2.4 Beratungskontexte in heilpädagogischen Tätigkeitsfeldern 108
      4.2.5 Das Selbstverständnis der beratenden Fachperson ... 119
      4.2.6 Ein Praxisfundament der Beratung: Die Gesprächsführung 130

4.3 Das Fachwissen als Gegenstand und Hintergrund der
Beratungsaufgabe 170
  4.3.1 Beratungsrelevantes Fachwissen der Heilpädagogik .. 171
  4.3.2 Beratungsrelevantes Fachwissen der Psychologie 180
  4.3.3 Beratungsrelevantes Fachwissen der Medizin 185

5 Ausblick: Beratung in der Heilpädagogik – Eine methodologische
Skizze 190

Literaturverzeichnis 196

Sachwortverzeichnis 204

Vorwort

Ein Buch, welches sich mit Beratung und Heilpädagogik beschäftigt bzw. Beratung im Kontext heilpädagogischer Handlungsfelder thematisiert, hat sich mit mindestens zwei Fragestellungen und Problemen auseinanderzusetzen:

Auf der einen Seite stellt sich die Frage, ob Beratung im Kontext des heilpädagogischen Handelns ein eigenständiges Handlungsfeld darstellt oder ob sie nicht ein genuiner Bestandteil unterschiedlicher heilpädagogischer Handlungsfelder ist. Diese Problematik wird zudem von einer weiteren Schwierigkeit begleitet: Thematisiert eine solche Veröffentlichung die Beratung in der Heilpädagogik, indem sie den Schwerpunkt auf die beratungsrelevanten Grundlagen und Kompetenzen legt, oder fokussiert sie vielmehr einen heilpädagogischen Ansatz, welcher dann in unterschiedliche Beratungsfelder eingebracht werden kann? Handelt es sich somit um ein Beratungshandeln, das je nach Bedarf in diversen heilpädagogischen Handlungsfeldern stattfindet, oder begründen und differenzieren wir in dieser Veröffentlichung einen heilpädagogisch ausgerichteten Ansatz, welcher dann für unterschiedliche Beratungsfehler aktualisiert und aufbereitet werden kann?

Die zweite Fragestellung, welche eine Einführung in Beratungshandeln im Rahmen der Heilpädagogik tangiert, zielt auf die didaktische Struktur einer solchen Publikation: Skizziert sie eher theoretische Begründungen des Beratungshandelns oder fokussiert sie die Kompetenzen und Techniken zur Beratung? Mehr noch: Von welcher theoretischen Begründung geht sie aus, damit hierauf aufbauend handlungswirksame Aussagen gelingen können?

In der vorliegenden Darstellung zur Beratung in der Heilpädagogik versuchen wir auf beide Fragestellungen adäquate und sinnvolle Antworten zu finden.

Grundlegend gehen wir von einer heilpädagogischen Betrachtung des Beratungshandelns aus. Also wird der Betrachtung des Beratungshandelns immer die Sichtweise der Heilpädagogik vorausgeschickt, d.h. die Beratungsaufgabe in der Heilpädagogik wird mit heilpädagogischen Prämissen und Implikationen verbunden. Folglich wird die Beratung in der Heilpädagogik immer als eine heilpädagogische Beratung aufgefasst. Diese heilpädagogische Betrachtung hält wie ein Rahmen die beiden Hauptteile dieser Einführung zur Beratung in der Heilpädagogik zusammen: Nach einer theoretischen und methodologischen Begründung zur Beratung (▶ Kap. 1 bis 3) werden unterschiedliche methodische Zugänge zur Beratung vorgestellt und auf zukünftige Themenfelder hin betrachtet

(▶ **Kap. 4** und **5**). Die grundlegende (erkenntnis-)theoretische Begründung besteht hierbei in einer Verbindung von humanistischen und konstruktivistischen Perspektiven. Gerade im Hinblick auf die dargestellten methodischen Grundlagen werden wir sehr deutlich methodische humanistische Hinweise mit konstruktivistischen Grundannahmen vernetzen. Die einzelnen Kapitel sind hierbei wie folgt aufgebaut:

Im ersten Kapitel werden die theoretischen Zugänge zu Beratung und Heilpädagogik skizziert. Nach einer kurzen Einführung in die Grundlagen der Heilpädagogik werden die Grundfragen der Beratung erörtert. Dieses Kapitel schließt ab mit einer Darstellung der Relevanz der Beratung in und für die Heilpädagogik.

Das zweite Kapitel beschäftigt sich mit der Geschichte der Beratung. Nach einführenden historischen Betrachtungen zur Beratung werden unterschiedliche Handlungsfelder hierzu im geschichtlichen Verlauf vorgestellt.

Hieran anschließend erörtert das dritte Kapitel aktuelle rechtliche und institutionelle Rahmenbedingungen zur Beratung. Gerade der juristische Kontext von Beratung sowie ihre institutionelle und organisatorische Eingebundenheit erscheinen uns als zentral, da sie die Basis darstellen, auf der das konkrete beratende Tun stattfinden kann.

Im vierten Kapitel werden dann methodische Zugänge zum Beratungshandeln in der Heilpädagogik vorgestellt. Zuerst wird noch einmal die Verbindung zwischen humanistischen und konstruktivistischen Begründungen erläutert. Diese Darstellung ist als Basis für alle weiteren Beschreibungen und Betrachtungen unumgänglich. Hierauf folgend werden recht ausführlich die methodischen Grundlagen des praktischen beratenden Handelns in der Heilpädagogik erläutert: Ausgehend von ausgewählten Aspekten des Beratungsbegriffes, über die Eckpunkte des Beratungsprozesses, bis hin zu ausgewählten Beratungsansätzen, welche für den heilpädagogischen Kontext von besonderer Relevanz sind. Hierauf folgt dann eine Ausdifferenzierung dieser einleitenden Darstellungen, indem mögliche Beratungskontexte in heilpädagogischen Tätigkeitsfeldern erörtert werden. Ein weiterer Aspekt des Beratungshandelns stellt das Selbstverständnis der beratenden Fachperson dar. Deshalb wird auf dieses Thema in einem nächsten Schritt sehr intensiv eingegangen. Die Gesprächsführung ist zweifelsohne ein zentraler Dreh- und Angelpunkt des Beratungsgeschehens, und deshalb steht sie im Fokus eines weiteren Kapitels. Am Ende des vierten Kapitels stehen fachwissenschaftliche Konnotationen zur Beratung in der Heilpädagogik. Diese können sowohl als Gegenstand als auch als Hintergrund der Beratungsaufgabe betrachtet werden und für eine solche zweckdienlich sein.

In dem abschließenden fünften Kapitel wird das vorher Gesagte bilanziert und in einen methodologischen Kontext gestellt, welcher Zukunftsperspektiven der Beratung in der Heilpädagogik thematisiert.

Dieses einführende Lehr- und Fachbuch zur Beratung in der Heilpädagogik spannt somit den Bogen von einer theoretischen und methodologischen Begründung des Beratungswissens in Heilpädagogik hin zu konkreten methodischen und praxisrelevanten Aussagen und Hinweisen. Damit erfolgt der didaktische Dreischritt:

theoretische Grundlagen → methodische Differenzierungen → praxisrelevante Reflexionen über die gesamte Spannweite dieses Buches. Er wird sich aber auch in jedem Kapitel wieder finden lassen, so dass alle Aussagen sowohl theoretisch begründet als auch methodisch orientiert sind und die potentielle Leserin bzw. den potentiellen Leser zu einer persönlichen, individuellen und begründeten Reflektion und Stellungnahme herausfordern.

Dieses beabsichtigte Wirkungsanliegen soll verdeutlichen, dass die Beratung in den Handlungsfeldern der Heilpädagogik nicht nur ein in historische und gesellschaftliche Bedingtheiten eingewobenes, sondern immer auch ein hoch persönliches Geschehen ist und bleibt. Vor diesem Hintergrund kann und muss es sich immer wieder vollziehen und entfalten.

Stadtlohn/Bochum, im Februar 2013

Heinrich Greving
Petr Ondracek

Abb. 1: Beratung und Heilpädagogik: Inhaltliche Struktur

1 Beratung und Heilpädagogik: Theoretische Zugänge

In diesem einführenden Kapitel werden in drei Schritten die relevanten Beziehungen zwischen Beratung und Heilpädagogik dargestellt.

- Zuerst wird eine kurze Einführung in die Heilpädagogik erfolgen. Statt von der Geschichte der Heilpädagogik auszugehen, werden hierbei diejenigen heilpädagogischen Grundgedanken skizziert, welche für die unterschiedlichsten Beratungsformen in den heilpädagogischen Handlungsfeldern relevant sein können. Es geht darum, die allgemeinen heilpädagogischen Grundsätze des dialogischen und personalen Zugangs zu Menschen (mit Verweisen auf systemische und konstruktivistische Bedingtheiten) mit pragmatischen Orientierungen der beraterischen Vorgehens- und Handlungsweise zu verknüpfen.
- In einem zweiten Punkt werden dann die Grundlagen zur Beratung dargestellt. Dieses erfolgt in einer recht allgemeinen Form, so dass (im weiteren Text dieses Buches) hieran anknüpfend unterschiedliche Betrachtungen der Beratungsaufgabe in der Heilpädagogik erörtert werden können.
- In einem dritten kurzen Punkt wird dann die Relevanz der Beratung in und für heilpädagogisches Handeln bilanziert.

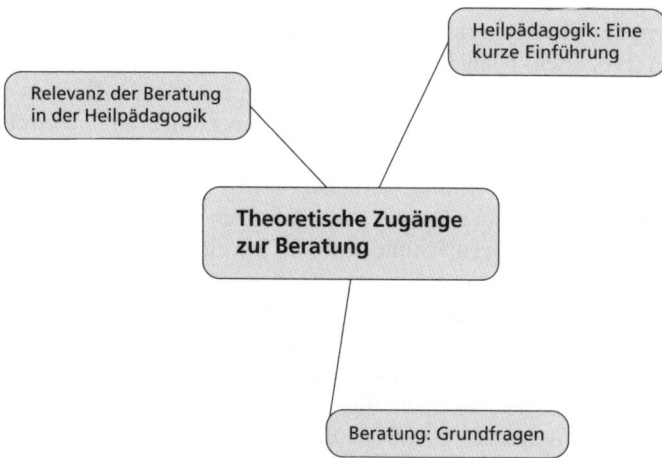

Abb. 2: Kapitel 1 – Inhaltliche Struktur

1 Beratung und Heilpädagogik: Theoretische Zugänge

1.1 Heilpädagogik: Eine kurze Einführung

In einem dreistufigen Verfahren werden im Folgenden die heilpädagogischen Grundsätze in Bezug auf das Themen und Handlungsfeld der Beratung skizziert:

(A) Zuerst werden grundlegende heilpädagogische Themen vorgestellt, so wie sie sich aus der Geschichte der Heilpädagogik ergeben haben und aktuell relevant sind.
(B) Anschießend werden die heilpädagogischen Grundannahmen formuliert, welche für die Betrachtung der Beratungsaufgabe hochrelevant erscheinen. Hierbei wird es vor allem um eine Vernetzung zwischen der Subjektbezogenheit in der Heilpädagogik (also den eigentlichen Fokus in beratenden Prozessen) mit systemischen Ebenen und Elementen gehen, um sowohl die personalen als auch die dialogischen Aspekte der beratenden Prozesse in der Heilpädagogik in den Fokus zu nehmen.
(C) Schließlich wird auf das professionelle beratende Tun im Kontext der Heilpädagogik eingegangen, wobei vor allem die Vernetzung von Sprechen und Handeln hervorgehoben wird.

In der Geschichte der Heilpädagogik kam es seit den ersten Gründungen heilpädagogischer Einrichtungen immer zu einer Vernetzung von pädagogischen, also auf das Subjekt bezogen, und weit über dieses Feld hinausgreifenden Ansätzen. Auch die Handlungsmuster der Beratung weisen solche Vernetzungen auf (vgl.: Bundschuh, 2010, 19–32). Das »klassische« heilpädagogische Handeln mit einem Klienten bzw. einer Klientel sowie die auf diese Klientel bezogenen Ansätze (z. B. die Umfeldarbeit, die Arbeit mit den Eltern, die Arbeit mit weiteren Bezugssystemen wie Lehrern, Erzieherinnen etc.) haben schon immer unterschiedlichste Anteile von beratenden Prozessen beinhaltet. Eine Heilpädagogik, welche sich lebenslauforientiert mit unterschiedlichen Abschnitten des menschlichen Daseins im Verlauf des Lebens beschäftigt, hat natürlicherweise immer auch auf unterschiedlichste Beratungsnotwendigkeiten zu reagieren und hierzu Beratungsmodi anzubieten. Dieses kann schon in der Beratung werdender Eltern (z. B. in Erziehungsberatungsstellen) geschehen, erstreckt sich über beratendes Tun in den Kindertagesstätten, in – so ist zu hoffen – inklusiven Schulformen, bis hin zu beraterischer Unterstützung im Kontext von Wohnen und Arbeiten bei erwachsenen Menschen mit Behinderungen. Im Bereich der Arbeit mit alten Menschen sind Beratungsprozesse ebenfalls in hohem Maße von Nöten (vgl.: Schäper et al., 2010, 96–108).

Es erscheint relativ bedeutungslos, ob in den Beratungsfeldern und Kontexten der Heilpädagogik unterschiedliche Bezeichnungen für die professionelle Unterstützung von Menschen in beeinträchtigter Lebenslage benutzt werden (z. B. Sonderpädagogik, Behindertenpädagogik, Rehabilitationspädagogik etc.).

Bundschuh bilanziert die Diskurse um die unterschiedlichen Bezeichnungen der helfenden Berufe/Professionen wie folgt: »Heilpädagogik steht im Dienste des in Not geratenen ... Menschen und seines Umfeldes, des pädagogischen Geschehens schlechthin, orientiert sich an den speziellen Bedürfnissen von ... [Menschen], die im Rahmen von Erziehung und Unterricht (und Bildung; HG/PO) traditionell als ›Lern-Leistungs-Verhaltensgestört‹ oder ›behindert‹ bezeichnet werden... Dabei sei explizit auf die gegenwärtig sich verdichtende Diskussion der Frage nach der Integration und Inklusion hingewiesen ... Im Kontext ökologischer Denkweisen orientiert sich Heilpädagogik an einer ganzheitlichen Sichtweise des Menschen als Leib-Seele-Geist-Einheit und seiner Welt und schließt die Beziehungs- und Erziehungsverhältnisse ein« (Bundschuh, 2010, 41). Folglich wird hier auf die Menschen in schwierigen Situationen geblickt, die im Kontext lebenslauforientierter heilpädagogischer Unterstützung auch beraterische Hilfe benötigen, um ihr Dasein gut zu gestalten und zu leben.

Gerade die Themen der Integration und Inklusion [welche im Kontext dieses Bandes nicht explizit differenziert verfolgt werden können] stellen sich dennoch in der Heilpädagogik als »Herausforderung und ungelöstes Problem« (Bundschuh, 2010, 69) dar. Integrative und inklusive Prozesse entwuchsen u. a. auch den (seit langer Zeit in der Heilpädagogik »beheimateten«) Konzepten wie z. B. Normalisierungsprinzip, Empowerment-Prinzip, Selbstbestimmungsprinzip sowie dem Verlangen nach Deinstitutionalisierung (heil-)pädagogischer Organisationen. Sie werden als grundlegendes Anliegen des heilpädagogischen Handelns in nahezu allen heilpädagogischen Arbeitsfeldern verfolgt. Ihre Umsetzung schließt die beratende Aufgabe zwangsläufig ein, denn alle Beteiligten betreten ein für sie noch ziemlich unbekanntes und folglich auch verunsicherndes Gebiet. In diesen beratenden Prozessen hat die agierende Heilpädagogin bzw. der agierende Heilpädagoge sowohl die integrative Sichtweise von Pädagogik, besser noch die pädagogische Sichtweise von Integration und Inklusion zu verwirklichen, als auch den zu beratenden Menschen im Kontext dieser Beratungsprozesse seinen eigenen Weg suchen und finden zu lassen.

Dieser sehr apodiktisch formulierte Satz bezieht sich nun darauf, dass beratende Prozesse mindestens doppelgleisig durchzuführen sind: Auf der einen Seite als Prozesse, welche das Subjekt in den Mittelpunkt dieser Beratungsmöglichkeiten setzen, auf der anderen Seite als Veränderung der Umfeldmodalitäten und -geschehnisse, welche im Hinblick auf Integration und Inklusion nicht nur zu überprüfen, sondern auch zu verändern sind. Dieser Zwiespalt in der Integrations-/Inklusionsthematik ist kaum auflösbar, da Heilpädagogik sowohl das Individuum im Blick hat als auch der Gesellschaft gegenüber verpflichtet ist. Eigentlich müsste die Heilpädagogik imstande sein, die Naht- und Verbindungsstellen zwischen Gesellschaft und Individuum durch Beratungsprozesse wahrzunehmen und zu verändern, gleichwohl dies sehr schwierig ist. Eine mögliche Orientierung in dieser schwierigen Situation kann in der Berücksichtigung beider Seiten der Medaille liegen – sowohl der subjektbezogenen Grundlegungen (hier im Sinne einer humanistischen Betrachtung) als auch der umweltbezogenen Ansätze (hier im Hinblick auf systemisch-konstruktivistische Begründungen von Beratung). Dadurch kann durchaus eine tragfähige und nützliche Brücke gespannt werden zwischen einer individuumszentrierten und einer auf das Öko- und Sozialsystem bezogenen Erfüllung der Beratungsaufgabe in der Heilpädagogik.

1 Beratung und Heilpädagogik: Theoretische Zugänge

In der Begründung und in der Ent-Äußerung der Beratungsprozesse der Heilpädagogik finden also unterschiedlichste Begründungsmuster zusammen, welche handlungsorientiert zu strukturieren und zu gestalten sind: Auf der einen Seite die Wahrnehmung einer dialogischen Beziehung zwischen Subjekten, auf der anderen Seite die Veränderungsmodi, welche auf die Subjekt-Umwelt-Beziehung aller beteiligten Handlungspartner hinweisen, im Dritten die Umwelt als solche, in der die Beratung stattfindet und auf welche diese immer wieder zurückgebunden wird. Diese grundlegende Dichotomie bzw. dieses Abhängigkeitsverhältnis zwischen Ich und Welt, welches aus einer Wahrnehmung dieser beiden Pole permanent entsteht, stellt eine »existentielle Frage« (Kobi, 2004, 25) dar. Sie lässt sich für die Beratung in der Heilpädagogik wie folgt modifizieren: Wie und auf welchem Hintergrund werden Beratungsprozesse im Rahmen der Heilpädagogik per definitionem erzeugt?

Grundlegend ist davon auszugehen, dass das »Subjekt als Ausgangspunkt« (Kobi, 2004, 25) zu verstehen ist. Hierzu Kobi ausführlich: »Vor jedem Etwas steht ein Jemand. Was auch immer festgestellt oder negiert, getan, gesagt, gefragt oder beantwortet wird, hat jemand per definitionem ... als Sein oder Nichtsein, als Tun oder Lassen, als Aussage, Frage oder Feststellung erlebt, erkannt, bedeutet und dadurch zur Existenz gebracht. Das Subjekt und seine Gestaltungs- und Erkenntnisbereiche stehen in gegenseitiger Abhängigkeit« (Kobi, 2004, 25/26). Im Bereich einer heilpädagogisch verorteten Beratung geraten somit immer zwei Subjekte aneinander und beziehen sich auf eine gemeinsam zu gestaltende – besser: schon im vornhinein gemeinsam konstruierte und aneinander abgeglichene – Wirklichkeit. Diese Wirklichkeit wiederum stellt sich als »rahmenabhängiges Konstrukt« (Kobi, 2004, 26) dar.

Das, was jemand als Problem/als sein Thema/als Anfrage an Beratungsprozesse wahrnimmt, ist seine Idee von Welt und sein Standpunkt, aus welchem er genau diese Welt als Leidender, nicht Handelnder, problembezogener, suchender und fragender Mensch wahrnimmt. Im Bezug auf die Rolle der Beraterin bzw. des Beraters gilt Ähnliches: Auch sie bzw. er repräsentiert, d.h. vergegenwärtigt sich seine eigene Welt (vgl.: Kobi, 2004, 27), und zwar über die Art und Weise, wie sie bzw. er Realität als Subjekt erfahren, erlebt, ausgestaltet und somit konstruiert hat. Berater und zu beratende Person schaffen sich somit immer ein Konstrukt, in das sie eine ganz bestimmte Form von Wirklichkeit einarbeiten, indem sie schon im vornhinein ihre Perspektive von An-Frage und Antwort einweben. Diese Wirklichkeit entsteht immer in sich verändernden dynamischen, durch die Relation der beteiligten Handelnden bestehenden und konstruktiven wechselseitigen Prozessen: »... wirklich ist, was wirkt und als subjekthaftes Betroffensein und Betreffnis in Erscheinung tritt ... Unsere Frage lautet demnach nicht: Wie ist eine an sich seiende Realität (zum Beispiel eine Behinderung) beschaffen, der wir uns entgegen zu stellen haben? – Sondern: Woraus bestehen unsere Subjektwelten, was sind deren Inhalte und wie verlaufen die Sinnbänder, welche diese bündeln? Worin zeigen sich inhaltliche und strukturelle Differenzen« (Kobi, 2004, 28)?

Gerade diese inhaltlichen und strukturellen Unterschiede sind es, welche Menschen mit und ohne Behinderung in Beratungsprozesse hineinführen, mehr noch: Diese Beratungsprozesse finden häufig an den Grenzen und an den Schnittstellen dieser inhaltlichen strukturellen Differenzen, die sich immer vor dem Hintergrund selbst konstruierter Wirklichkeitsprozesse ereignen, statt. Die grundlegenden Kontexte, in denen somit Heilpädagogik stattfinden kann, sind begründet in einer relativen Wirklichkeit, in welcher immer wieder Entscheidungen darüber Aussagen begründen, was pädagogisch getan werden soll, bzw. diese bestehen in einer relationalen pädagogischen Begründung, in welcher Erziehung durch die Beziehung der Handlungspartner zur Realität wird.

In dieser Dynamik bzw. vor diesem Hintergrund wird Beratung in der Heilpädagogik konkretisiert. Sie ist relativ, also abhängig davon, was alle Handlungspartner in diesem Kontext beitragen, und sie ist relational, d.h. entsteht über die Beziehungsgestaltungen aller Handlungspartner im Kontext von Beratung. Mehr noch: Das, was Kobi grundlegend von der erzieherischen Gestaltung im Rahmen der Heilpädagogik ausgesagt hat, kann auch für die Beratung gelten: Sie entsteht an den Schnittpunkten von Subjektivität, Normativität und Objektivität:

- subjektiv ist Beratung deswegen, weil all das, was ein Mensch, der in den Beratungsprozess hineinkommt, mitbringt, als seine Subjektivität, als seine Befindlichkeit, als seine Problematik zu respektieren ist;
- normativ deshalb, da durch eine Definition sowie durch Wertungen und Haltungen des Umfeldes und der Gesellschaft Fragestellungen und Probleme (wie aber auch Krankheits- und Leiderfahrungen) ihre Bedeutung und ihre Erfahrung von Sinn erhalten;
- objektiv aus dem Grund, da all diese Prozesse immer nach ganz bestimmten charakterisierten Merkmalen wahrgenommen, ja sogar diagnostiziert werden können (vgl.: Kobi, 2004, 33).

Demnach changiert heilpädagogische Beratung immer zwischen unterschiedlichen subjektiven, normativen und objektiven Ebenen, also muss man sich von einer linearen Erklärungsform für die jeweiligen Beratungsnotwendigkeiten verabschieden und auf eine Handlungsweise beziehen, in welcher Beratungsprozesse wechselseitig erzeugt werden. Das gilt für alle heilpädagogischen Handlungsfelder – ob sie nun lebenslauf- oder lebensortorientiert gestaltet werden.

Ebenfalls mit Bezug auf Emil Erich Kobi (vgl.: 2004, 413–433) ist die heilpädagogische Beratungsaufgabe ein bilateraler Prozess und folglich immer in einem dialogischen Kontext zu verstehen. Dies bedeutet: »Beziehungen ›konjugieren‹ lehren und lernen, mich und den … anderen … in wechselnden Konstellationen erfahren und deuten, sich und andere … ›deplatzieren‹, d.h. unter verschiedenen Perspektiven definieren und entdecken und damit eine Grammatik des sozialen Umgangs entwickeln« (Kobi 2004, 414/415).

Beratung findet in Beziehungsnetzen statt. Diese Netze sind gewoben aus den unterschiedlichsten Elementen der hieran beteiligten Personen, primär der Personen, die Beratung benötigen und einfordern und der Personen, die diese Beratungsprozesse mit ihnen gemeinsam gestalten. Das also, was für Erziehungsverhältnisse grundsätzlich gilt, trifft auch für die Beratung zu: »das jede daran beteiligte Person je nach Perspektive aus jeder Position heraus agiert« (Kobi, 2004, 416). Alle – soziologisch gesehen – dargelegten Rollen der Handlungspartner gehen somit in diese Beratungsprozesse ein. Das, was beide füreinander sein können, bedingt sich im Bereich der Beratung (genauso wie im Erziehungsgeschehen) wechselseitig. Weder Beratender noch zu beratende Person sind hierbei ausschließlich und ausschließend autonome Subjekte, welche zielstrebig auf je individuelle Lösungsmodi zuschießen, mehr noch: In einem Beratungsprozess verändert sich der Berater in demselben Maße, in dem er die Beratungsprozesse mit einem zu Beratenden ausagiert.

Hierzu noch einmal abschließend Kobi: »Das ICH hat seinen Ausgangspunkt in einem DU« (Kobi, 2004, 418). Im Sinn einer dialogischen Verständigung (vgl.: Kobi, 2010, 325) ist bei Beratungsprozessen in der Heilpädagogik somit von personorientierten theoretischen und meta-theoretischen Modellen auszugehen, die jedoch immer auch auf eine gesellschaftliche Situation zielen, in der diese Prozesse stattfinden (vgl.: Kobi, 2010, 16–36, 180–187).

Eine professionelle Beratung in heilpädagogischen Kontexten bezieht sich immer auf das, was in jeder Situation, in jedem Moment, d. h. im Alltag der Handlungspartner geschieht. Alltag ist das, woraus komplexe Beziehungsmuster und Problemsyndrome entstehen, Alltag ist das, auf welches eine professionell begründete und gegründete heilpädagogische Beratung zurückzuführen ist. Also: »der Alltag [ist der] ... Ausgang und [die] Aufgabe heilpädagogischer Praxis« (Gröschke, 2008, 69). Dialogik nur als kommunikatives Wechselspiel zwischen zwei Individuen zu verstehen, reicht für eine Gestaltung des Beratungsprozesses in heilpädagogischen Kontexten nicht aus. Vielmehr gehören fachlich begründete, theoretische und konzeptionelle Inhalte in die Beratungsbezüge hinein. Diese sind durch konkrete Verhaltensweisen zu leben und im Hinblick auf die jeweiligen interpersonellen, sozialen und kommunikativen Prozesse der je einzelnen Handlungspartner zu analysieren (vgl.: Gröschke, 2008, 74–77).

An dieser Stelle ist primär eine Kompetenz bzw. eine meta-theoretische Begründung hervorzuheben: die ethische Kompetenz im Rahmen einer faktischen Urteilskraft der tätigen Heilpädagoginnen bzw. Heilpädagogen. Hierzu ausführlich Gröschke: »Professionelles heilpädagogisches Handeln muss sich seiner Wertbindung, seiner leitenden Werte und Normen und seiner Ziele reflexiv bewusst sein und sie auch vor anderen ausweisen und rechtfertigen können. In ethischer Hinsicht ist heilpädagogisches Handeln eine Einheit von ›Gesinnungsethik‹ und ›Verantwortungsethik‹ [...]. Die berufssoziologische Einordnung der Heilpädagogik in die ›sozialen Berufe‹ meint ein Doppeltes: Adressaten sozialer Berufe sind ›vergesellschaftete Individuen‹, Menschen, die unter sozialen, d. h. zwischenmenschlichen und gesellschaftlichen Rahmenbedingungen ein Leben führen ... und der genuine Auftrag sozialer, helfender Berufe ist ein menschenfreundlicher, humanitärer, gemeinnütziger und ›wohltätiger‹, der auf das Wohl des Einzelnen und der Gesellschaft bedacht sein muss. Jeder Auftrag drückt sich in der klassischen Handlungsmaxime ›Hilfe zur Selbsthilfe‹ aus [...]« (Gröschke, 2008, 81). Dieser ethische, also individual- und sozialethische Aspekt muss in die Begründungsformen einer heilpädagogischen Beratung mit aufgenommen werden und diese grundlegend prägen. Hierin liegt der Grund dafür, eine humanistische und konstruktivistische Begründung des beraterischen Denkens und Handelns in der Heilpädagogik besonders hervorzuheben. Denn es wird von einer ethischen Basis getragen, die sich wiederum auf humanistische und konstruktivistische Bedingtheiten bezieht (▶ **Kap. 4**).

Beratung in heilpädagogischen Arbeitsfeldern findet auf einer Ebene statt, auf der sich der sprachliche/kommunikative Ausdruck mit dem übersprachlichen/interaktiven/tätigen Handeln vernetzt. Eine professionelle heilpädagogische Praxis, gerade auch in Bezug auf Beratungsprozesse, gestaltet sich somit als »Einheit von Sprechen und Handeln« (Gröschke, 2008, 164). Dieses Handeln ist, auch im Kontext einer heilpädagogischen Beratung, immer durch zwei Pole gekennzeichnet: durch ein angestrebtes und durch diese Aktion zu erreichendes Ziel und durch die hierzu notwendigen Mittel (vgl.: Gröschke, 2008, 66). Dieser grundlegende Aspekt der Handlungsmomente (schon in der griechischen Philosophie von und nach Aristoteles postuliert) trifft auch für Beratungsprozesse zu. Das angestrebte und durch alle Handlungspartner zu erreichende Ziel besteht häufig in der Lösung ganz grundsätzlicher, manchmal aber auch sehr pragmatischer und praktischer Probleme. Die Mittel zur Verfolgung dieses Ziels sind überwiegend sprachlich orientierte, d. h. im Reden und Verbalisieren sich offenbarende Handlungsmuster. Sprache stellt sich somit als Aktivität im Kontext von Handeln und Beratung dar (vgl.: Gröschke, 2008, 167).

Handeln im Kontext von Praxis führt somit immer zur Daseinsgestaltung der Beteiligten. Diese realisiert sich – gerade in Beratungskontexten – über Botschaften, die sprachlich, aber auch nonverbal vermittelt werden: »Diese systematischen Bezüge zwischen Sprache, Handeln, Praxis und Daseinsgestaltung eröffnen die Möglichkeit, ›Sprache‹ in einem umfassenden Sinn als Paradigma von Praxis zu konzipieren [...] Die Berechtigung für einen solchen von der Sprache herkommenden Begründungsansatz ist ebenfalls eine recht pragmatische: Sowohl Alltagspraxis wie auch Berufspraxis in den personenbezogenen psychosozialen und pädagogischen Professionen bestehen in einem hohen Maße, sogar überwiegend, aus sprachlichen Tätigkeiten. [...] Die beiden anthropologischen Bestimmungsstücke und menschlichen Grundvermögen Handlungsfähigkeit und Sprachfähigkeit gehen so in eins und bilden die wesentlichen Konstitutionsbedingungen sozialer Praxis« (Gröschke, 2008, 168).

Handeln und Sprache, vermittelt über die Fähigkeit des Menschen, sich mit verbalen und nonverbalen Symbolsystemen auszudrücken bzw. Ausdrucksmöglichkeiten zu verschaffen, bilden somit die grundlegenden Begründungsfiguren für ein professionelles pragmatisches Beratungsverständnis im Kontext des Sozialen und somit auch im Rahmen der Heilpädagogik. Das »Grundphänomen Sprachlichkeit« (Gröschke, 2008, 170) ist im Kontext von Beratung immer schon pragmatisch orientiert: Sprache ist etwas, was den Menschen anthropologisch ausmacht, etwas, womit der Mensch über die Symbolbildung sein Innerstes nach außen trägt. Sprache dient also in den Beratungsprozessen der »Austragung« von inneren Repräsentationsbildern und macht sie allen Beteiligten zugänglich – sowohl der ratsuchenden Person als auch der beratenden Fachperson. Dabei ist die Sprache immer gekoppelt an den körpersprachlichen und metakommunikativen Ausdruck, der wesentlich mit der Leiblichkeit des Menschen verbunden ist (vgl.: Gröschke, 2008, 172/173). Es geht also auch um die Art und Weise, wie ein Mensch sich zur Sprache bringt: leise, stotternd, aggressiv, laut, nach Worten ringend, all das gestisch, mimisch unterstreichend oder negierend – und somit sich selbst darstellt, sich ausdrückt.

Zusammenfassend lässt sich Folgendes festhalten:

- Die Heilpädagogik als eine in der Tradition verortete, diese jedoch längst überschreitende und die Ideen der Integration und Inklusion aufnehmende Disziplin verweist grundlegend auf ein sowohl personbezogenes als auch systemisches Verständnis von Beratung. Diese muss in heilpädagogischen Tätigkeitsfeldern professionell orientiert und prozessuell auf die Wahrnehmung der Verschränkung von Sprache und Handeln ausgerichtet sein. Ein professionelles heilpädagogisches Tun in den Kontexten der Beratungsaufgabe besteht darin, sowohl die anthropologische als auch die ethische und methodische Dimension dieses Handlungsfeldes zu bestimmen und immer wieder neu auszutarieren (vgl.: Gröschke, 2008, 214–216).
- Die Beratungsaufgabe in heilpädagogischen Kontexten beachtet – in Anlehnung an die anthropologische Begründung der Heilpädagogik – die integrativ und inklusiv orientierten Aspekte einer personalen und individuellen menschlichen Existenz als wesentlichen Hintergrund. Die humanistische und die konstruktivistische Sichtweisen stellen gleichfalls ein wichtiges Fundament der Beratung in der Heilpädagogik dar, genauso wie die ethische Dimension und Reflexion des Personalitätsprinzips.

Bezogen auf die Beratungsaufgabe in der Heilpädagogik werden diese Aspekte im weiteren Text vom Blickwinkel des relevanten Fachwissens dargestellt (▶ **Kap. 4.3**).

Abschließend werden im Rahmen einer methodischen Betrachtung die praktischen Eckpunkte der Erfüllung von beraterischer Aufgabe im heilpädagogischen Berufsalltag dargelegt. Hierbei kann stellenweise der Eindruck einer inhaltlichen Redundanz entstehen. In der Tat muss die methodisch-praktische Erörterung den gleichen Teilthemen des theoretischen Hintergrunds folgen. Nur geschieht dies auf einer Ebene, die das praktische Tun in den Vordergrund stellt und die theoretischen Ausführungen der vorherigen Kapitel mit etlichen Hinweisen auf konkretes beraterisches Handeln ergänzt (methodische Ansätze, Beratungssettings, Gesprächsführung, beraterisches Selbstverständnis usw.) und auch einige Übungsmöglichkeiten bietet (▶ **Kap. 4.2**).

An dieser Stelle muss Folgendes vermerkt werden: Trotz der Bemühung, dem Leser eine möglichst umfassende Orientierung hinsichtlich Theorie und Methodik der Beratung im Kontext der Heilpädagogik zu geben, bleibt immer ein Rest: ein Rest an Unschärfe, an Ungenauigkeit, letztlich an Grenzerfahrungen und Kontingenzen, die Beratungsprozesse als nie endgültig auflösbar erscheinen lassen. Es ist nämlich nie möglich ganz genau zu bestimmen, wie Lösungen, Antworten und endgültige Schritte zu finden sind. Und dieses ist im hohen Maße gut so: Es erteilt einer kompletten Modifizierbarkeit und Manipulierbarkeit des Menschen eine deutliche Absage, verbleibt doch bei ihm die letzte Entscheidung, Inhalte und Konsequenzen dieser Beratungsprozesse als für sich relevant und wirksam erscheinen zu lassen.

1.2 Beratung: Grundfragen

Nach einer kurzen Stellungnahme im Hinblick auf die Frage, ob Beratung eine Wissenschaft oder eine Profession oder gar eine Kunst sei, werden grundlegende Notwendigkeiten im Hinblick auf eine aktuelle Beratungssituation vorgestellt. Der Hauptaussagekomplex dieses Kapitels besteht jedoch darin, grundlegende Formen von Beratung, d. h. unterschiedliche Beratungsschulen und Formen zur Beratung vorzustellen. Dieses Kapitel schließt ab mit einigen kurzen Hinweisen auf mögliche Beratungskonzepte im Kontext der Heilpädagogik – diese Themen werden jedoch in ▶ **Kapitel 4** noch vertieft werden.

Die Notwendigkeit zur Beratung scheint seit einigen Jahrzehnten mehr und mehr zuzunehmen: So spricht man von Organisationsberatung, Teamberatung, Lebensberatung, Lebenslaufberatung, Eheberatung, Krisenberatung, Suchtberatung, Beratung in Partnerschaftsfragen, Beratung bei spirituellen Themen, Beratung in Trauersituationen usw. Vor dem Hintergrund einer mehr und mehr funktional differenzierten Gesellschaftsstruktur, im Kontext einer postmodernen Allzubeliebigkeit scheint die eigentlich traditionelle Form von Beratung – in welcher es immer schon um gemeinsame Gespräche, um das Ratgeben, um das Miteinanderreden ging – mehr und mehr zuzunehmen.

Die Beratung wird im weiteren Text von folgenden drei Blickwinkeln betrachtet:

(A) Ist sie wissenschaftlich begründet, ja sogar als Wissenschaft zu bezeichnen?
(B) Kann sie als Profession betrachtet und berufsorientiert gestaltet werden?
(C) Lässt sie sich bzw. müsste sie sogar als höhere Kunst eingestuft werden? (vgl.: Moldaschl, 2009, 20–24).

Für die Auseinandersetzung mit dem Thema »Beratung als Wissenschaft« sind folgende Fragen hilfreich: »Kann Beratung theoretisch grundgelegt und ausgebaut werden?« bzw. »Ist Beratung überhaupt eine Wissenschaft, oder ist sie nicht vielmehr eine Methodik« (vgl. Moldaschl 2009, 20/21; Lackner 2009, 44–56)?

Was hätte eine theoretisch ausgerichtete Beratungswissenschaft zu leisten? In einer Welt, in der unterschiedliche Arbeitsweisen von unterschiedlichen Systemen wahrgenommen werden (so wie dieses Luhmann für die funktional differenzierte Gesellschaft behauptet hat), kann es auch ein Arbeitsfeld und eine Nische geben, in der eine wissenschaftlich zugespitzte Form von Beratung ihr Recht bekommt. Eine solche Beratungswissenschaft wird dann noch von unterschiedlichen Wissenschaftsdisziplinen konnotiert, so z. B. von der Psychologie, der Medizin, des Rechts oder auch der Allgemeinen Pädagogik (▶ **Kap. 4.3**), was ihr ermöglicht, Beratung wissenschaftlich zu beschreiben. Real orientiert sich Beratung an konkreten Handlungen (s. o.), ist kompetenzorientiert und wird mittels relevanter umschriebener Handlungen und Verhaltensweisen durchgeführt. Auch hat sich in den letzten Jahrzehnten auf dem Gebiet der Beratungsarbeit mehr und mehr ein kanonisiertes System unterschiedlichster Beratungsschulen und -ausprägungen entwickelt.

Beratung orientiert sich somit an einem ganz bestimmten Gegenstand, nämlich an der Form der Begleitung und Hilfe von Menschen, die eben genau diese Beratung benötigen. Folglich verortet sie sich in ein nichtakademisch-diszplinäres Verständnis von Wissenschaft. »Ein solches leitet seine Fragestellungen an den Gegenstand nicht primär aus den theoretischen und begrifflichen Traditionen und Konventionen des akademischen Faches ab, sondern fragt umgekehrt, was nötig ist, um einen bestimmten Gegenstand der sozialen Praxis zu verstehen, und welche Disziplinen hierzu hilfreiche Beiträge leisten« (Moldaschl, 2009, 21).

Eine Beratungswissenschaft hätte sich zwangsläufig mit der Frage zu beschäftigen, wie der Gegenstand des beratenden Tuns im Kontext einer sozialen Praxis – in unserem Falle im Praxisfeld der Heilpädagogik – zu verstehen sei, und welche referenzwissenschaftlichen Bezüge eben diese Form einer Verwissenschaftlichung von Beratung aufweisen muss.

Eine weitere Frage im Hinblick auf die Verwissenschaftlichung der Beratung stellt sich, wenn man ihre Methoden betrachtet: Ist eine Beratungswissenschaft auch als Methodologie zu betrachten und wozu würde diese dann dienen (vgl.: Moldaschl, 2009, 23)? Deutlich scheint zu sein, dass eine rein methodisch orientierte Beantwortung der Frage nach der Verwissenschaftlichung den disziplinären Charakter eines Faches noch längst nicht beschreibt. Dieses gilt für alle Disziplinen, somit also auch für die Beratung. Die Frage nach der Verwissenschaftlichung muss an dieser Stelle somit vorläufig noch offen bleiben.

Eine weitere Frage besteht darin, ob Beratung denn als eine eigenständige Disziplin zu kennzeichnen sei, » noch dazu [als] eine homogene« (Moldaschl, 2009, 23)? Sie zu beantworten, ist nicht einfach. Einerseits sind Disziplinen nie homogen strukturiert, was eigentlich für eine Beratungswissenschaft spräche, denn die unterschiedlichen Ansätze hierzu sind mitnichten als homogene zu kennzeichnen. Andererseits muss eine theoretisch-disziplinär begründete Wissenschaft relativ konsistent sein, so dass es nicht zu einer wahllosen Vernetzung unterschiedlichster Bezugstheorien kommt.

Beratung agiert im Bereich des Sozialwesens (hier vor allem im Bereich der Sozialen Arbeit, der Sozialpädagogik und der Heilpädagogik), der Psychologie, der Medizin, der Juristerei und vieler anderer Felder. Folglich ist sie eher als Schnittmenge oder auch als Teil unterschiedlichster Fächer, Professionen und Disziplinen zu verstehen. Die Frage, ob sie disziplinär orientiert besteht oder bestehen kann, ist an dieser Stelle noch offen (vgl.: Lackner, 2009, 43). Die Grundlegung der Beratung stellt sich häufig als »Produkt wissenschaftlicher Erkenntnis« (Lackner, 2009, 45) dar.

Unterschiedlichste referenzwissenschaftliche Zugänge führen zu einem individuellen Verständnis von Beratung, wobei dieses Individuelle in den jeweiligen Konnotationen und Ausprägungen dieser Referenzwissenschaften erfolgt und dort wiederzufinden ist. Eine psychologische Beratung wird ihre Grundlagen aus psychodynamischen/psychoanalytischen, lernpsychologischen oder aus humanistisch-psychologischen Begründungen nehmen. Eine Organisationsberatung wird sich eher konstruktivistischen und systemtheoretischen Annahmen zuneigen, eine Gesundheitsberatung wird sich wiederum eher auf medizinische, vielleicht sogar biologische Grundlagen stützen, um mit den Ratsuchenden sinnvolle Beratungsvorgänge zu konzipieren.

Die Anwendungsorientierung von Beratung stellt ein erstes Argument gegen eine a priori Verwissenschaftlichung dieses Handlungsfeldes dar (vgl.: Lackner, 2009, 45–49). Lackner kommt zwar jüngst zu dem Ergebnis, dass sich Beratungswissenschaft als »Metawissenschaft« (Lackner, 2009, 58) verstehen lässt, welche als eigenständige Disziplin im Rahmen einer anwendungsorientierten Wissenschaft eine in Projekten organisierte, ja sogar transdisziplinäre Forschung auflegt. Trotzdem muss skeptisch eingewandt werden, dass die Einlösung dieser Forderung nach einer meta-wissenschaftlichen Betrachtung und Konnotation von Beratung noch aussteht. An dieser Stelle soll eher Moldaschl gefolgt werden, der postuliert, dass Beratung im Moment eher im Kontext einer Beratungsforschung den Weg einer Verwissenschaftlichung einschlägt. Er schlägt hierzu vor, Beratung im Rahmen von Interventionsforschung, sowohl im Hinblick auf eine paradigmatische als auch auf eine theoretische und methodische Pluralität, auszuweisen (hierbei stehen z. B. die Aktionsforschung, die Organisationsentwicklung, die Arbeitsforschung sowie die Therapieforschung im Mittelpunkt des Interesses, Beratung wissenschaftlich konzeptioneller zu verorten) (vgl.: Moldaschl, 2009, 24).

Eine weitere Frage untersucht, ob Beratung als Profession gekennzeichnet werden kann. Der Weg der Profession, also die Professionalisierung, führt dabei immer über die Disziplinorientierung und Verwissenschaftlichung ganz bestimmter Berufe und Berufsorientierungen. Lässt sich die Beratung als Profession betrachten, wenn sie (noch) keine Verwissenschaftlichung aufweist? In einer aktuellen Veröffentlichung geht Moldaschl davon aus, dass nur ganz bestimmte Segmente der Beratung gegebenenfalls als Profession gelten können. Mit ihm können auch die Merkmale von Professionen in diesem Kontext kurz benannt werden. Es ist die Frage zu stellen, ob diese durch (ganz gleich welche) Formen von Beratung erreicht werden. Es handelt sich hierbei um folgende Merkmale:

- »Institutionalisierung als wissenschaftliche Disziplin ...
- Anwendung des Standards dieser Disziplin in der Praxis
- Verfügung über [...] Qualitätsstandards
- Rechtlicher Schutz des Professionszuganges, der formalen Abschlüsse und Qualifikationsnachweise und damit der Märkte
- Professioneller ›Habitus‹« (Moldaschl 2009, 25).

In der Betrachtung dieser fünf Professionsmerkmale bleibt festzustellen, dass sich die Beratung aktuell noch schwer tut, diese zu erfüllen. Qualifizierung zur Beratungstätigkeit findet vor allem über Fort- und Weiterbildungsmaßnahmen statt. Beratungsgrundsätze werden in Studiengängen nur tangiert (falls überhaupt). Werden Beratungstheorie und -methodik doch erörtert, handelt es sich häufig um Studiengänge, die auf bestimmte Handlungsfelder zugeschnitten sind (so z. B. im Hinblick auf Leitungsberatung oder auf Managementprozesse). Eine Institutionalisierung, welche auch immer einhergeht mit einer geschützten Darstellung des jeweiligen Abschlusses, also die Konkretisierung einer wissenschaftlichen Disziplin der Beratung, ist somit noch nicht eingelöst.

Ähnlich verhält es sich mit den Standards: Aufgrund der unterschiedlichen Handlungsfelder (▶ **Kap. 2.2**) und der unterschiedlichen referenzwissenschaftlichen Zugänge können etwaige Beratungsstandards nur in Bezug auf diese Handlungsfelder benannt werden. Von einer Generalisierung von handlungsfeldimmanenten Beratungsstandards kann also keine Rede sein. Gleiches gilt auch für die Qualitätsstandards: Diese sind nur im jeweiligen Kontext eines ganz bestimmten Handlungsfeldes zu betrachten und dort auch zu evaluieren. Da es keinen gesetzlichen Schutz der Qualifikationsnachweise im Kontext von Beratung (analog des Psychotherapiegesetzes) gibt, werden weder der Zugang noch die formalen Abschlüsse rechtlich geschützt. Mehr noch: Die Bereiche und Ausrichtungen im Sozialwesen entwickeln und präzisieren sich im Kontext einer postmodernen und funktionalen Gesellschaftsstruktur fortwährend, was sich durch die Entstehung spezifischer Handlungsfelder offenbart. Folglich gibt es auch auf dem Gebiet der Beratung immer spezifischere Ausbildungen bzw. Strukturierungsmerkmale, sodass auch hier eine Generalisierung bzw. eine Formalisierung von Abschlüssen und Zugängen nicht möglich ist.

Es ist zudem auch nicht möglich, einen professionellen Habitus in Bezug auf die Beratungssituation festzustellen: Beratung findet eher im Kontext einer ganz bestimmten Handlungssituation und eines Handlungsfeldes statt. Also ist für die Beratungstätigkeit vielmehr eine Mannigfaltigkeit der konkreten Zugänge und kommunikativen Ausdrucksformen prägend – was zwar u. U. als ein »Vielfalthabitus« betrachtet werden und erkennbar sein kann, jedoch mit einem Berufshabitus der sog. »stolzen Professionen« (z. B. Arzt oder Jurist) nicht deckungsgleich ist. Es stellt sich auch die Frage, ob dieses in der Tat sinnvoll sei. Hierzu noch einmal bilanzierend Moldaschl:

»Summiert man diese Argumente, so hat es aus professionspolitischer Sicht durchaus Vorteile, wenn verschiedene Teile der Beratungspraxis eine gemeinsame Disziplin und Profession bilden würden. Nochmals Grund also zu fragen, ob es ungeachtet obiger Einwände gegen eine ›Beratungswissenschaft‹ sinnvoll sein könnte, dieses Ziel weiter zu verfolgen. Nun, auch dagegen gibt es Einwände [...]« (Moldaschl 2009, 27).

Diese Einwände von Moldaschl weisen eine Relevanz auch für die Beratung im Kontext von Heilpädagogik auf: Eine Standardisierung der Beraterausbildung und -tätigkeit in die Dimension einer Profession würde eine hochgradige Regulierung nach sich ziehen: Zulassungen, Niederlassungsfreiheiten bzw. deren Einschränkungen und bestimmte Festlegungen zu diesem Dienstleistungsangebot wären die Folge. Aber genau das wäre hinsichtlich der seit mehreren Jahrzehnten gewachsenen Organisationskultur von Beratung kontraproduktiv, ist diese doch im Kontext einer freiheitlichen und freizügigen Gestaltung entstanden und gewachsen. Gerade das beratungsimmanente Eingehen auf hochindividuelle Probleme von Personen und Organisationen lässt Standardorientierungen und Standardlösungen von Beratungssituationen als Hindernis für »maßgeschneiderte« beraterische Unterstützung erscheinen (vgl.: Moldaschl, 2009, 28).

Zusammenfassend lässt sich Folgendes festhalten:
Ähnlich wie mit der Verwissenschaftlichung von Beratung kommt man auch hier zu der Schlussfolgerung, dass die Professionalisierung der Beratungstätigkeit noch aussteht. Es sind zwar einige Schritte in diese Richtung bereits getan worden, nur

führen sie z.T. – sowohl was ihre theoretischen Begründungen als auch ihre konzeptionell-methodische Orientierung angeht – in ziemlich unterschiedliche Richtungen.

Eine weitere interessante Frage untersucht, ob Beratung denn als Kunst gekennzeichnet werden kann. Mit Bezug auf Feyerabend konstatiert Moldaschl, dass »Wissenschaft als Kunst« (Feyerabend, 1984) durchaus dargestellt werden könne. Diese Ansicht beruht auf der Tatsache, dass es im Wissenschaftskontext keine eigentliche Objektivität geben kann, weil eine »interessenfreie Erkenntnis eine Fiktion (sei)« (Moldaschl, 2009, 35).

Gerade im Hinblick auf die Begründung und Durchführung von Beratungsprozessen scheint keine Objektivierung möglich; es geht in beratenden Prozessen immer um eine Subjektorientierung, um subjektive und nur für die Beteiligten im Moment der Beratung gültige Vernehmlassungen und Beziehungsnotwendigkeiten bzw. -alternativen. Diese können zwar auch über die Beratungssituation hinaus wirken, sind jedoch immer an das subjektive Wollen und Tun eben dieser Handlungspartner gebunden. Die Grundlagen, Inhalte, Prozesse und Ergebnisse von Beratung als einer Sicherung der Objektivität dienlichen Pflicht zu gestalten, ja sie sogar objektiv und somit nicht anders als objektbezogen zu verordnen, verbietet sich auf diesem Hintergrund von selbst.

Eine programmatische Orientierung in Hinblick auf eine Wissenschaft als Kunst geht davon aus, dass der »wissenschaftlichen Erkenntnis [nicht] den Anspruch auf Allgemeingültigkeit bzw. universelle Wahrheit abzusprechen« ist (was ihn mit heutigen Konstruktivismen eint), sondern dass »Wissenschaft als soziale Praxis zu beschreiben« ist. Und zwar als eine Tätigkeit, »in der Subjektivität und Erfahrung der Forschenden, ihre Intuition und Kreativität eine maßgebliche Rolle spielen. Wie in der künstlerischen Tätigkeit eben, wo sich niemand mit der Anerkennung dieser Tatsache schwer tut« (Moldaschl, 2009, 36).

Die Frage, ob Beratung nun Wissenschaft, Profession oder Kunst sei, ist zumindest im Hinblick auf die ersten beiden Fragen mit einem »noch nicht« zu beantworten: Beratung ist zwar auf dem Weg einer Verwissenschaftlichung, sie ist auch auf dem Weg, eine Profession zu werden, aber sie ist halt noch nicht Wissenschaft und auch noch keine Profession. Der Vorgang ihrer Verwissenschaftlichung und ihrer Professionalisierung dauert noch an – und es ist nicht absehbar, ob dieser in den nächsten Jahren abgeschlossen sein wird. Mehr noch: Es ist unseres Erachtens auch nicht sinnvoll, das dieses – vor dem Hintergrund der in diesem Kapitel dargelegten kritischen Ansätze hierzu – unmittelbar und unreflektiert erfolgt.

Anders ist es im Hinblick auf eine freie, sozusagen künstlerische Gestaltung von Beratung: Eine auf ein jeweiliges Handlungsfeld zugeschnittene optimale Beratungspraxis hätte sich » dem Reichtum der Welt zu öffnen. Die Kunst des Eingehens und Sich-Einlassens auf den Fall erwiese sich dabei allerdings im Fehlen oder im bloßen Ignorieren von Regeln, [...] in der souveränen Verfügung über solche Wissensbestände bei gleichzeitiger [...] Distanz ihnen gegenüber. Dies mit Bezug auf die immer kontextuelle Herkunft des Wissens, und auf das Neue, Besondere, Einzigartige des aktuellen Falles« (Moldaschl, 2009, 36/37).

Beratung findet grundsätzlich immer in einem schwebenden Prozess zwischen unterschiedlichen Handlungspartnern statt, in denen die hier skizzierte Kunst des Aufeinanderbezugnehmens, des Dialogischen und des gegenüber dem Dialog Verpflichtet-Seins orientiert ist. Die in ▶ **Kapitel 1.1** hierzu skizzierten Grundlagen zu dialogischen Prozessen im Rahmen der Heilpädagogik (vgl.: Kobi, 2004, 2010) können an dieser Stelle noch einmal in Erinnerung gerufen werden: Eine Subjektorientierung, die immer in einem gemeinsam konstruierten Rahmen stattfindet, führt im besten Falle zu einer offenen, die Situation der Beteiligten positiv ausleuchtenden und gegebenenfalls verbessernden (was keine Norm ist!) Situation. Der Weg der Beratung in Hinblick auf ihre Verwissenschaftlichung und Professionalisierung ist kompliziert. Dass er u.a. auch über eine im besten Sinne künstlerische Gestaltung des Beratungsprozesses führt und dass der Berater imstande sein muss, das beraterische Geschehen als Kunst wahrzunehmen und zu gestalten, scheint unbestritten.

Bevor die grundlegenden, quasi schulübergreifenden Merkmale von Beratung skizziert werden, erfolgt an dieser Stelle eine kurze Darstellung der Hintergründe und Zusammenhänge der gegenwärtigen Konjunktur der Beratung in den letzten Jahren bzw. Jahrzehnten. Mit Bezug auf Belardi können folgende Ursachen für einen gestiegenen Beratungsbedarf angenommen werden (vgl.: Belardi u.a. 2007, 18/19):

- Seit Beginn der Industrialisierung haben sich die Individualisierungs- und Modernisierungsprozesse der Menschen verändert, hierdurch kam es zu einer starken Auflösung der traditionellen Lebensbereiche, welche wiederum zu einer Vervielfachung dieser Individualisierungsprozesse geführt haben. Tragende Säulen der Gesellschaft, wie zum Beispiel die Kirchen und die Kommunen halten die einzelnen Personen nicht mehr bzw. diese schaffen es nicht mehr, in einem relativ frei schwebenden und sich permanent beschleunigenden Modernisierungsprozess Stellung bzw. Position zu beziehen.
- Folglich haben die traditionellen Bindungen an kirchliche, soziale und politische Organisationen deutlich an Bedeutung verloren. Für die subjektiven Sinnfragen der Menschen finden diese Organisationen keine bzw. keine für das persönliche Leben sinnrelevanten Antworten.
- Die Perspektive der eigenen Lebensqualität führt dazu, dass der berufliche Leistungsdruck vom Individuum nicht mehr ohne Weiteres positiv konnotiert wird: Die Erhöhung der Lebensqualität erscheint wichtiger als der materielle Wohlstand, doch diese Spannung auszuhalten bzw. eine Klammer zwischen Wohlstand und Lebensqualität zu schaffen, erscheint gerade in wirtschaftlich krisenbehafteten Zeiten, wie der aktuellen, immer problematischer.
- In der postmodernen Welt der Gegenwart erscheint bzw. ist der Entwurf eines geradlinigen Lebens nicht mehr ohne Weiteres umsetzbar. Die Faktoren, welche das menschliche Leben in der modernen Gesellschaft bestimmen, sind nicht planbar. Zusammen mit den Veränderungen gesellschaftlicher Rahmenbedingungen führt diese Tatsache dazu, dass es immer wieder zu einer Neujustierung des Lebens kommen muss. Die Folge: Eine persönliche und/oder durch Organisationen vorgehaltene Sicherheit in Lebensfragen schwindet.

- Der sich permanent vollziehende Wertewandel zieht auch eine Veränderung der Sozialstrukturen einer Gesellschaft und somit eines jeden Gesellschaftsmitglieds nach sich: Das Zusammenleben wird nicht mehr getragen von selbstverständlichen und gegenseitigen Bindungsprozessen. Diese werden auch nicht mehr als unproblematisch dargestellt und erfahren. Vielmehr werden berufliche, persönliche oder Beziehungsprobleme im Lebensverlauf zur Normalität – kaum noch ein Gesellschaftsmitglied geht ohne sie durchs Leben.
- Eine stetige Zunahme von Menschen mit Migrationserfahrung(en) trägt zur Veränderung der Gesellschaftsstruktur bei. Dadurch kommen unterschiedlichste kulturelle Gegebenheiten und Wertvorstellungen zusammen, und die Werte in einer Gesellschaft bzw. die Werte der dort lebenden Menschen haben sich fast zwangsläufig neu zu justieren und sich für kulturell andere Themenbereiche zu öffnen. Dies gilt im umgekehrten Falle natürlich auch für die Menschen, die in diese Gesellschaft hineingekommen sind.
- Die bisherigen tragenden Muster einer Gesellschaft verändern sich, zum Beispiel die traditionelle Familie (welche es in dieser Form wahrscheinlich nie wirklich gegeben hat): Aktuell leben in Deutschland ca. 40 % der Bevölkerung in sogenannten Single-Haushalten, weitere knapp 40 % erleben in ihren Ehen ein Scheitern, und jede Familie zieht nur noch knapp 1,4 Kinder auf. Des Weiteren nimmt die Armut in der Gesellschaft zu, so dass aktuell in Deutschland nahezu jedes 10. Kind in relativer Armut lebt (vgl.: Belardi u. a. 2007, 18).

Die sich ständig ausdifferenzierende und -differenzierte Gesellschaft erfordert vom Sozialwesen eine adäquate Reaktion, was selbstverständlich auch für die Heilpädagogik gilt. Und zwar noch dringender als vielleicht für die Allgemeine Pädagogik und die Soziale Arbeit – ist sie doch in den Kontexten dieser sich verändernden gesellschaftlichen Muster und Grenzsituationen entstanden, auf die und in denen sie zu agieren hat.

Bei welchen konkreten belastenden und schwierigen Situationen und Aufgaben besitzt innerhalb des Sozialwesens (und damit auch in der Heilpädagogik) die beraterische Unterstützung einen hohen Stellenwert? Mit Belardi u. a. (vgl.: 2007, 33–35) können folgende Schwerpunkte einer im Sozialwesen tätigen Beratung benannt werden:

- *Information*: Aufgrund der sehr vielschichtigen gesellschaftlichen Situation, aufgrund der Unübersichtlichkeit von Angeboten, Möglichkeiten, Kriterien und Optionen hat der Berater bzw. die Beraterin dem Nutzer dieser Beratung bzw. ihrer Klientel Informationen über mögliche Verfahrenswege, Hintergründe usw. weiterzugeben.
- *Vermittlung*: Ebenfalls aus Gründen eines hoch differenzierten Leistungs- und Hilfesystems ist genau dieses häufig von den Nutzern der Beratung nicht durchschaubar, so dass die beratende Person hierbei vermitteln muss – so zum Beispiel den Kontakt zum Sozialamt, zum Wohnungsamt, zur Suchtberatungsstelle, zur Kindertagesstätte, zu Förderzentren usw.
- *Rückmeldung*: In den Interaktionen im Sozialwesen erlebt der Ratgebende die ratsuchende Person vielleicht in ganz bestimmten Angeboten. So wird er z. B. in

einer Fall- oder Teamberatung den einzelnen Teammitgliedern eine Rückmeldung über ihre jeweilige Position/ihr Verhalten im Team sowie ihr Verhalten in Bezug auf den konkreten Fall geben müssen. Ähnliches gilt natürlich auch für die Rückmeldung gegenüber Personen (seien es Kinder, Jugendliche oder Erwachsene), die im Rahmen von bestimmten Handlungsfeldern mit dem Beratenden direkt interagieren.

- *Unterstützung*: Häufig erwarten bzw. verlangen ratsuchende Personen vom Berater konkrete Unterstützung, um sozial, wirtschaftlich, psychisch etc. in ganz bestimmten belastenden Situationen zu Recht zu kommen bzw. in diesen Situationen bestehen und leben zu können. Die beraterische Unterstützung hängt hier eng mit der oben genannten Vermittlung zusammen; die Weitergabe von Informationen, welche gegebenenfalls die Verfügbarkeit von persönlichen, sozialen und/oder finanziellen Ressourcen für die ratsuchende Person ermöglicht, stellt einen zentralen Punkt der Beratung in der Heilpädagogik und der Sozialen Arbeit dar.
- *Hilfeplanung*: Immer mehr geht die klassische Form der Beratung dazu über, u. a. auch im Rahmen des sog. Case Managements, eine zielorientierte und über einen längeren Zeitraum hin geplante Maßnahme mit allen Beteiligten zu koordinieren. In einem differenzierten Netzwerk unterschiedlichster Hilfeinstitutionen ist der Beratende nun in die Lage versetzt, mit dem zu Beratenden einen Hilfeplan zu entwickeln, in und an dem unterschiedliche Protagonisten des sozialen Hilfenetzes beteiligt sind. So kann z. B. nach der Diagnose einer Autismus-Spektrum-Störung beim Kind die betroffene Familie unterstützt werden, eine Begleitung ihres Kindes durch eine Autismus-Ambulanz anzustreben, weitere Beratung im Hinblick auf die Familie und die Familiensituation in Anspruch zu nehmen sowie im Hinblick auf die Schulplanung mit Diagnose- und Förderzentren zu kooperieren.
- *Krisenintervention*: Unter dem gegenwärtigen Leistungsdruck, den immer intensiver werdenden Ansprüchen der Gesellschaft auf die Ressourcen des Einzelnen, und auch aufgrund des immer dünner werdenden sozialen Netzes geraten Menschen häufiger in soziale, psychische, finanzielle und strukturelle (wie zum Beispiel berufliche) Krisen. Im Bezug auf die Heilpädagogik kann z. B. die Begleitung von Menschen mit Behinderungen benannt werden, welche in stationären Strukturen vereinsamen, sich resignierend zurückziehen und am Leben der Wohngemeinschaft nicht mehr teilhaben. Hier beratend einen eventuellen Wechsel in einen ambulanten Wohnbereich zu unterstützen, stellt eine Krisenintervention dar. Neben der erforderlichen beraterischen Unterstützung zur Bewältigung der Krise soll sich die Beratung in den Feldern der Sozialen Arbeit und der Heilpädagogik auch präventiv/prophylaktisch einbringen. Also dazu beitragen, dass eine sich abzeichnende Krisensituation in einer sehr frühen Phase vom zu Beratenden wahrgenommen wird, damit schon frühzeitig Coping-Strategien entwickelt werden können. Ist dies nicht möglich, muss die Beratung selbstverständlich in den entstandenen Krisensituationen aktiv tätig werden.

Diese Aufgaben und Postulate eines Beratungsprozesses im Sozialwesen bedingen unterschiedliche Fähigkeitsbereiche bzw. Fertigkeiten, welche die beratenden

Fachpersonen sich aneignen und entwickeln müssen. Im Folgenden werden einige Beraterqualitäten skizziert, welche über einzelne Beratungsschulen hinausgehend, also allgemein als sinnvoll für beratende Tätigkeit betrachtet werden können (vgl. Sander/Ziebertz, 2010, 21):

- *Interpersonelle Fähigkeiten*: Das Zuhören, die Gestaltung von kommunikativen Prozessen sowie die Einfühlung und Präsenz in Beratungsgesprächen stellt eine unhintergehbare Fähigkeit der Beratenden dar. Sie müssen ein Bewusstsein über verbale und nicht verbale Kommunikationsmöglichkeiten und Strategien entwickeln, müssen sich darüber im Klaren sein, wie Gefühle verbal und körpersprachlich ausgedrückt werden, wie dieses in einem sozialen Netzwerk entsteht, wie sich gegebenenfalls in den unterschiedlichen Facetten dieses Netzwerkes (also auch in Familie, Beruf usw.) diese Möglichkeiten ausprägen und in der Beratungssituation abgebildet werden, so dass gegebenenfalls die Interaktionen zum Mittelpunkt einer Beratungssituation werden können (vgl.: Greving 2000).
- *Persönliche Überzeugungen*: Wie schon in ▶ Kapitel 1.1 kurz angedeutet, ist eine ethische Begründung und moralische Auseinandersetzung mit den Grundfragen von Beratung in hohem Maße sinnvoll, ohne eine solche können Beratungsprozesse unseres Erachtens nicht realisiert werden. Die grundlegende Fähigkeit, an den anderen Menschen im Hinblick auf seine Veränderung bzw. seine Veränderungsmöglichkeiten zu glauben, ihn zu akzeptieren, ihm im Prozess aber auch ethische und moralische Wahlmöglichkeiten zu präsentieren, sind unabdingbare Grundlagen, die oben genannte »Kunst« der Beratung umzusetzen. Im Rahmen einer heilpädagogischen Betrachtung und Grundlegung von Beratung ist die anthropologische und ethische Dimension hierbei im hohen Maße relevant; dieses wird in ▶ Kapitel 1.3 dieses Buches noch weiter differenziert.
- *Konzeptionelle Fähigkeiten*: In der Beratung ist es erforderlich, auf der theoretischen Basis eines Beratungsmodells (wie wir dieses im Hinblick auf eine humanistische und konstruktivistische Begründung versuchen) konzeptionelle Fähigkeiten wahrzunehmen und diese auch methodisch, ja beinahe technisch (ohne hierbei technokratisch zu werden) umzusetzen. Dieses bezieht sich unter anderem auf die Fähigkeit, die Lebenssituation des zu Beratenden wahrzunehmen und einzuschätzen, über diagnostische Kompetenzen in Hinblick auf die psychosoziale Situation, aber auch auf die entwicklungspsychologische Begründung aller im Kontext von Beratung relevanten Personen hinzuweisen bzw. diese zu verstehen. Zudem muss der Berater über eine nicht gering ausgeprägte kognitive Flexibilität verfügen, um die jeweils aktuelle und neue Situation im Beratungsprozess einschätzen und modifizieren zu können.
- *Persönliche Integrität*: Der Berater darf im Beratungsprozess keine persönlichen Bedürfnisse verfolgen. Zudem darf er keine Vorurteile gegenüber bestimmten gesellschaftlichen oder religiösen Gruppen haben – wie dieses aus der oben dargelegten permanenten Veränderung der kulturellen Gegebenheiten in einer Gesellschaft deutlich geworden sein sollte. Des Weiteren muss er die Fähigkeit besitzen, auch unangenehme Gefühle in Hinblick auf die Klientel wahrzunehmen und zu tolerieren. Dieses bezieht sich vor allem darauf, dass er in

bestimmten Beratungssettings damit konfrontiert ist, Situationen wahrzunehmen, die von seiner eigenen (auch berufsbedingten) Sozialisation in hohem Maße abweichen (können).
- *Methodisches Know-how* (im Sinne der umfassenden Beherrschung therapeutischer und beraterischer Techniken): Der Beratende muss über ein umfangreiches Wissen bzw. über die Effektivität unterschiedlichster Strategien der Intervention in Beratungsprozessen verfügen. Er muss somit für differenzielle und diffizile Indikationsstellungen der Beratungsprozesse diagnostische Kompetenzen, Interventionskompetenzen, Verbalkompetenzen und Handlungskompetenzen mitbringen. Zudem sollte er über eine intensiv ausgeprägte Erfahrung in der Umsetzung dieser Interventionsmöglichkeiten verfügen, was gerade in Bezug auf noch berufsunerfahrene Berater nicht unproblematisch ist. Im Rahmen von Beratungsprozessen in der Heilpädagogik werden wir in ▶ **Kapitel 4.2.6** unterschiedliche, unseres Erachtens nach in sich kohärente Möglichkeiten der Kommunikation und Gesprächsführung hierzu darstellen, diese bauen auf die in ▶ **Kapitel 4.2.1** dargestellten heilpädagogischen Beratungssettings auf.
- *Fähigkeit zur Orientierung und zum Agieren in Sozialsystemen*: Hierbei geht es vor allem darum, die sich ständig wandelnden Strukturen wahrzunehmen. So zum Beispiel die sich verändernden Familien- und Arbeitsbedingungen (s. o.). Des Weiteren sollte der Berater aber auch selber in der Lage sein, in Netzwerkstrukturen zu arbeiten und bei Bedarf für seine eigene beraterische Arbeit Beratung bzw. Supervision in Anspruch zu nehmen. All dieses ist nur dann möglich, wenn er über eine gut ausgeprägte Fähigkeit zum Verstehen dieser sozialen Netzwerke verfügt, d. h. sich in sie einzufühlen, um möglichst intensiv, aber auch sensibel mit ihnen zu interagieren und zu kooperieren.

Beratung im Kontext der Heilpädagogik stellt also eine integrierte Form unterschiedlichster Kompetenzen dar (vgl.: Sander/Ziebertz, 2010, 39–44). Vor dem Hintergrund eines ausgeprägten Verständnisses von Praxis (somit der Bezugnahme auf eine praxeologische Perspektive) entwickelt der beratend Tätige in einer Beratungsinstitution eine theoretisch-methodische Perspektive im Rahmen einer methodologischen Orientierung, um diese dann institutionell umzusetzen. Diese letztgenannte Perspektive realisiert sich dann, wie die vorher grundgelegte und theoretisch durchdachte Beratung, in ganz bestimmten Handlungsfeldern, wie zum Beispiel der Schwangerschaftskonfliktberatung, der Schuldnerberatung, der Berufsberatung etc. Diese drei Perspektiven sind jedoch nicht getrennt voneinander zu sehen, sondern sind immer auf den Beratungsgegenstand bezogen, also auf das, was klassisch als »Problem« definiert wird. Die Vernetzung dieser drei Perspektiven kann wie in ▶ **Abbildung 3** dargestellt werden.

Die Beratung ist immer als die Bearbeitung, Klärung und Lösung von ganz bestimmten Problemlagen zu verstehen, die in einem ganz bestimmten Kontext entstanden sind (vgl.: Sander/Ziebertz, 2010, 33/34). Die beratenden Prozesse haben hierbei Bezug zu nehmen auf die Lebenswelterfahrung, die Beziehungserfahrung und die Selbsterfahrung der Beteiligten. Bilanziert man die oben dar-

1.2 Beratung: Grundfragen

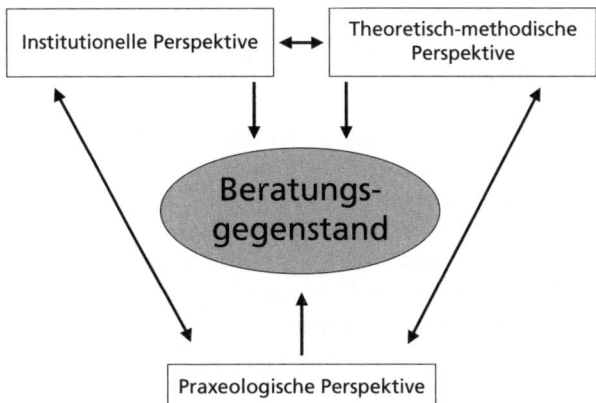

Abb. 3: Eine integrative Perspektive von Beratung (vgl.: Sander/Ziebertz, 2010, 40/41).

gestellten Handlungsmöglichkeiten in der Beratung, so kann man diese in drei Schritte bündeln:

- Information und Orientierung,
- Deutung und Klärung sowie
- Handlung und Bewältigung.

Die Verbindung zwischen Probleminhalten (= die Erfahrungsfelder) und den Beratungsmethoden (= Lösungsstrategien) lässt neun Felder entstehen, die für

Lösungsangebote	Problem-Erfahrungsfelder		
	Lebenswelterfahrung	Beziehungserfahrung	Selbsterfahrung
Information und Orientierung	TYP 1 Sachberatung in den Gebieten Beruf, Arbeit, Recht, Verwaltung, Institutionen, Gesundheit usw.	TYP 2 Ehevorbereitungsberatung, Sexualberatung, klassische Erziehungsberatung usw.	TYP 3 Berufsberatung, Begabungsberatung, diagnostische Beratung, Gesundheitsberatung, Eignungsberatung
Deutung und Klärung	TYP 4 Klärende und überschaubar machende Beratung in Verwaltung, Politik, Gemeinwesen, Wirtschaft usw.	TYP 5 Paarberatung, Familienberatung, Personalberatung, Organisationsberatung, Institutionsberatung usw.	TYP 6 Psychotherapeutische Beratung, Krisenberatung, Sterbeberatung, Selbstklärung, existentielle Beratung usw.
Handlung und Bewältigung	TYP 7 Schuldnerberatung, Beratung über effektiven Umgang mit Institutionen, Behörden, Verwaltungen usw.	TYP 8 Mediationsberatung, Trennungsberatung, lösungsorientierte Familienberatung, Verhaltensmodifikation bei Paaren und Familien	TYP 9 Gesundheitsberatung, Stressberatung, Mediationstechniken, Verhaltensmodifikation bei seelischen und körperlichen Störungen usw.

Abb. 4: Typologie von Beratungssituationen (in: Sander/Ziebertz, 2010, 43)

die Erarbeitung einer Art Typologie von Beratungsvorschlägen dienlich sind. Mit Bezug auf Sander/Ziebertz (2010, 43) kann diese Typologie von Beratungssituationen wie in ▶ **Abbildung 4** wiedergegeben werden.

Innerhalb dieser Problem- und Erfahrungsfelder kann auch eine heilpädagogische Beratung stattfinden. Sie wird vor allem dann angefragt, wenn sich relevante Themen (z. B. Behinderung, psychische Erkrankung, Bildung und Erziehung u. Ä.) in problematischen Situationen ergeben. Vor allem die in dieser Typologie dargestellten Typen 5, 6, 7, 8 und 9 scheinen in Bezug auf heilpädagogische Handlungsfelder und Handlungsnotwendigkeiten relevant. Im heilpädagogischen Kontext steht somit nicht zu sehr die klassische Information und Orientierung im Mittelpunkt, sondern viel eher die Deutung und Klärung einer Lebenssituation, welche an Grenzen zu gelangen scheint bzw. mit diesen Grenzen konfrontiert wird. Darüber hinaus gehört auch die auf Handlung ausgerichtete Bewältigung von kontingenten Lebenserfahrungen unweigerlich dazu.

Obwohl jede Beratungssituation natürlich einen höchst individuellen Verlauf aufweist, kann der Verlauf eines Beratungsprozesses auch generalisierend dargestellt werden. Mit Schäfter (vgl.: Schäfter, 2010, 17) können folgende Phasen des Beratungshandelns benannt werden:

- Die Etablierung einer Beratungsbedürftigkeit sowie die Instanzeinsetzung der Beratung als solche; hierbei geht es darum, dass allen Beteiligten klar wird, dass eine Lebenssituation Beratung erfordert und dass nun diese konkrete Form von Beratung vornehmlich für die Bearbeitung dieses Problemfeldes zuständig sei.
- Die Problemrepräsentation, in der von allen Beteiligten am Beratungsgeschehen höchst umfassend die problematische Situation repräsentiert, also vor dem Hintergrund ihrer eigenen Erlebensweisen subjektiv und subjektorientiert wiedergegeben wird.
- Die Entwicklung einer Problemsicht durch den Berater, wobei dieser gegebenenfalls eine andere Perspektive auf die Repräsentation der Problemsituation präsentiert bzw. auch einen anderen zeitlichen Kontext für diese Situation entwickelt bzw. diese in einen anderen zeitlichen Kontext hineinsetzt.
- Mögliche Neudefinition des Problems durch die Beteiligten sowie die Festlegung eines gegebenenfalls neuen oder alternativen Beratungsgegenstandes. Hierdurch wird die ursprüngliche Problemsituation in einen größeren Kontext gestellt, was möglicherweise zur Aufdeckung von Netzwerkstrukturen, zur Benennung von Hintergründen sowie zum Erkennen von »dunklen Flecken« dieser Beratungssituation führt.
- Findungsversuche einer Problemlösung. Hierbei kann es dann dazu kommen, dass die ursprüngliche Absicht des zu Beratenden in Widerspruch mit diesen Lösungsmöglichkeiten gerät, sodass dieser Schritt nach einer neuen, präziseren Repräsentation verlangt bzw. zu einer klareren Definition der Problemsituation beiträgt.
- Hiermit eng verbunden ist dann auch die Verarbeitung dieses Lösungsangebots durch den zu Beratenden bzw. durch sein soziales Umfeld, in dem diese Problemsituation ursprünglich entstanden ist.

- Abschließend kommt es dann zur Entlastung bzw. auch zur Honorierung des Beraters.

Es handelt sich hier um ein idealtypisches Schema, welches »nicht den realen Verlauf, sondern die Prozesshaftigkeit und die möglichen Phasen [beschreibt]. Der gesamte Beratungsprozess kann sich auf ein einziges Gespräch beschränken [...] oder auf regelmäßige bzw. unregelmäßige, kürzere oder längere Gespräche über die Dauer von Monaten oder Jahren« (Schäfter, 2010, 17).

Von dieser Prozessualität sowie den erforderlichen Grundkompetenzen des Beraters ausgehend ist in jedem (Einzel-)Fall ein Beratungskonzept zu entwickeln. Bezogen auf die Beratungsaufgaben in der Heilpädagogik lassen sich die ersten drei Kapitel dieses Buches als die notwendigen Grundlagen betrachten, Beratung in der Heilpädagogik theoretisch, geschichtlich und rechtlich zu verorten. Das ermöglicht es, eine Konzeption zu entwickeln, in der Beratung beziehungsorientiert und subjektorientiert, aber immer auch auf bestimmte gesellschaftliche Systeme fokussiert zu agieren in der Lage ist. Humanistische und konstruktivistische Begründungen dienen dazu, die Theorie und Methodik dieses Beratungsansatzes methodologisch zu begreifen und zu differenzieren.

Die Anwendung so konzipierter Beratung in unterschiedlichen heilpädagogischen Handlungsfeldern lässt mehrere heilpädagogische Beratungssettings entstehen, die in einer beratungsrelevanten Form der Kommunikation und Gesprächsführung ausagiert werden können. Hinzu kommt noch das notwendige interdisziplinär verankerte Fachwissen, sodass heilpädagogische Beratungssituationen sowohl pädagogische als auch psychologische, medizinische und juristische Aspekte beinhalten können bzw. sogar müssen. Der Verweis auf ausgewählte Beratungsansätze (▶ **Kap. 4.2.3**) stellt mögliche Fokussierungen hierzu dar. Die Alltagswirklichkeit in den unterschiedlichen Handlungsfeldern der Heilpädagogik verlangt jedoch häufig nach einer Kombination dieser Beratungsansätze. Denn das pädagogische Handeln (und folglich auch die heilpädagogische Beratung als eine spezifische Form dieses Handelns) erfordert u. a. auch eine Ansatzflexibilität. Gröning spricht in diesem Kontext von »gemeinsamer Reflexion« (Gröning, 2011, 40).

Die Lebens- und Handlungserfahrung der beteiligten Personen ist in den Mittelpunkt einer Beratungssituation in pädagogischen Bezügen zu setzen: Wie und wodurch erkennt der zu Beratende, dass seine Situation einer Beratung bedarf? Ist er in der Lage, zu erfahren, welche Alternativen sich aus diesen Beratungssettings ergeben? Besteht bei ihm die Möglichkeit, sozusagen sowohl system- als auch lebensweltorientiert diese Erfahrung in seinen Alltagskontexten lebbar werden zu lassen? Mit Gröning kann behauptet werden, dass der besondere Schwerpunkt einer Beratung in pädagogischen Handlungsfeldern »auf den aus den Entwicklungskrisen und Entwicklungsaufgaben resultierenden Ratbedürftigen [liegt] ...« (Gröning, 2011, 41).

Diese Aussage von Gröning bezieht sich zwar primär auf die Beratung von Jugendlichen und Heranwachsenden, kann jedoch unseres Erachtens auch auf die Beratung von erwachsenen Menschen in schwierigen und beeinträchtigten Lebenssituationen (also Menschen mit Behinderung) bezogen werden. Auch bei ihnen kommt es unter den gegenwärtigen postmodernen Lebensbedingungen immer wieder zu einem Mangel an Erfahrungen (Gröning nennt z. B. die Sacherfahrung, die Umgangserfahrung und die Urteilserfahrung) im Kontext der Aufgaben und Erwartungen, welche die Gesellschaft an Menschen heranträgt (vgl.: Gröning, 2011, 42). Folglich hat Beratung in pädagogischen Kontexten auch die Aufgabe, informativ, wertorientiert und entwicklungsorientiert zu agieren.

Die unterschiedlichen Formen von Beratung (auf die noch in ▶ **Kapitel 4.2** näher eingegangen wird) können in einen gemeinsamen heilpädagogischen Kontext gestellt werden – nämlich den Kontext der Mannigfaltigkeit, die problem-, person- und situationsbedingt begründet und zu nutzen ist. So weisen zum Beispiel folgende Formen eine solche Kontextrelevanz auf:

- Eine *systemische Form* von Beratung kann hierbei eine Grundlegung sein, um dann hierauf aufbauend humanistische und konstruktivistische Begründungen zu differenzieren (vgl.: Zwicker/Pelzer, 2010; Aloys, 2009).
- Eine *kooperative Form* von Beratung kann in der Arbeit mit Teams, aber auch mit Menschen und Familien mit Behinderung sowie in Schulen als eine Möglichkeit dienen, Beratungsprozesse im Rahmen der Heilpädagogik umzusetzen (vgl.: Mutzeck, 2008).
- Eine *psychodynamische Form* von Beratung kann dazu dienlich sein, psychosoziale Hilfsangebote und Prozesse im Rahmen der Heilpädagogik, auch hier wiederum in der Arbeit mit Teams, Gruppen und auch gesamten Organisationen zu differenzieren; die Psychoanalyse kann hierbei eine mögliche theoretische Fundierung dieser Beratungsangebote darstellen, welche sich dann als psychodynamische Beratung verstehen lassen (vgl.: Schnoor, 2011).
- Des Weiteren können aber auch die *Supervision* sowie das *Coaching* und die *Organisationsberatung* im Rahmen einer umfassenden Beratungskompetenz in den unterschiedlichsten Handlungsfeldern der Heilpädagogik realisiert werden (vgl.: Buchinger/Klinkhammer, 2007; Greving, 2000).

Von der oben skizzierten Debatte zur Verwissenschaftlichung und Professionalisierung ausgehend bleibt festzuhalten, dass die Grundlagen der Beratung sehr vielfältig sind. Sie müssen nach allen Regeln der Kunstfertigkeit von den beraterisch tätigen Heilpädagogen immer mit Berücksichtigung der konkreten, sozial bedingten und subjektiven Situation umgesetzt werden, mit der die ratsuchenden Personen die Unterstützung in Anspruch nehmen.

Im weiteren Text wird der Frage nachgegangen, wie eine heilpädagogische Systematik die o. g. vielfältigen, additiven und auseinander strebenden Grundlagen zur Beratung bündeln kann.

1.3 Relevanz der Beratung in der Heilpädagogik

Mit Bezug auf Gröschke (▶ Kap. 1.1) können drei Dimensionen bzw. Bedingungen benannt werden, die im Rahmen eines Konzeptes jedweder Arbeit in der Heilpädagogik als relevant erscheinen:

- die anthropologische Dimension,
- die ethische Dimension und
- die methodische Dimension.

Die *anthropologische Dimension* beschreibt die grundlegenden Gegebenheiten einer menschlich-personalen Existenz und begründet damit das Teilhabe-Anliegen der Heilpädagogik: Niemand soll und darf aus dem Kreis des Menschlichen ausgeschlossen werden. »Dabei ist die letzte und entscheidende Prüfinstanz für diese anthropologische Ausrichtung die Person des Schwerstbehinderten. Im Sinne einer empirischen Anthropologie müssen solche Konzepte auch mit dem gesicherten Ergebnissen der Humanwissenschaften in Übereinstimmung gebracht und vereinbar sein« (Gröschke, 2008, 215).

Dementsprechend muss eine heilpädagogische Beratung alle Wesensformen menschlichen Daseins umfassen. Sie darf hierbei nicht an der Grenze der Schwerstbehinderung bzw. der Arbeit mit Menschen in Demenzsituationen bzw. mit Komapatienten stehen bleiben. Vielmehr gilt es, alle diese Situationen mit in ihr Handeln aufzunehmen, die die ratsuchenden Personen als existentiell kritisch erleben bzw. betrachten. Die humanistische Sichtweise, welche auf die Entwicklungsnotwendigkeit, Bedürftigkeit, aber auch Spezifität des Menschen ausgerichtet ist, steht hierbei im Mittelpunkt des Erkenntnis- und Handlungsinteresses einer heilpädagogischen Beratung. Folglich muss die beratende Fachperson über Fachwissen verfügen, welches anthropologisch fundiert ist und sich generell auf das Humanum des Menschlichen und des Menschen bezieht.

Im Rahmen der *ethischen Dimension* müssen Beratungskonzepte von der Anerkennung des Menschen sowie von der Bestätigung des »uneingeschränkten Menschseins und Personseins auch unter den Bedingungen schwerster körperlicher Schädigung, Gebrechlichkeit und Hinfälligkeit (ausgehen)« (Gröschke, 2008, 215). Die Person des Beratenden ist hierbei als unhintergehbarer Ursprung wahrzunehmen: Eine Modifikation, schlimmer noch: eine Manipulation der Person (auch im Kontext seines Gewordenseins und seiner Zukunftschancen) verbietet sich hierbei deutlich von selbst. Ein Beratungskonzept, welches somit ethisch fundiert ist, muss von den wechselseitigen Prozessen der Wahrnehmung von beteiligten Personen ausgehen, die immer aufeinander verwiesen sind bzw. ihre Verwiesenheiten und Sichtweisen an- und miteinander entwickeln. Hierzu erscheint uns eine konstruktivistische Begründung dieses beraterischen Denkens und Handelns zielführend, da der Konstruktivismus von einer ethischen Position der gemeinsam gestalteten, sozusagen ko-ontologischen Entwicklung von Welt und Erfahrung ausgeht.

1 Beratung und Heilpädagogik: Theoretische Zugänge

Letztlich muss eine methodische Dimension diese grundlegenden anthropologischen und ethischen Postulate konkretisieren: »Heilpädagogik als Handlungswissenschaft und Sphäre heilpädagogischen Handelns braucht reale Anknüpfungspunkte für methodisch gestaltetes und methodisch kontrolliertes gutes, humanes, menschenfreundliches, pädagogisch-therapeutisches Handeln, das sich auch als gut und förderlich bewähren und ausweisen lassen muss« (Gröschke, 2008, 215). Das gilt selbstverständlich auch für alle methodischen Aspekte und Grundsätze der Beratung in den Handlungsfeldern der Heilpädagogik. Diese müssen an die Lebenssituation der betroffenen Handlungspartner anknüpfen können. Auch müssen sie im Rahmen einer methodischen Vorgehensweise den gemeinsamen Weg gestalten, der über den Prozess der Beratung hinaus gegangen werden soll und muss. Last but not least – sie müssen bestimmten Qualitätskriterien entsprechen, die nun wiederum nicht als (einengende) Qualitätsstandards auszuweisen sind (s. o.).

Die grundlegenden Ausrichtungen des heilpädagogischen Handelns, d. h. Begegnung, Beziehung, Interaktion, Kooperation und Kommunikation (vgl.: Gröschke, 2008, 215) gelten ebenfalls in den Beratungskontexten. Beratung bezieht sich immer auf den ganzen Menschen in all seinen Lebensbezügen und Lebensvollzügen und grenzt nie jemanden aus. In dem Sinne ist sie nicht primär auf ein Thema, eine Sache oder ein Etwas bezogen, sondern fokussiert immer das Gegenüber bzw. einen Jemand in Bezug auf sein Gewordensein im Kontext der thematisierten Situation und Fragestellung. Folglich entwickelt sie immer auch eine Idee von Entwicklung dieses Jemand in Bezug auf seine weitere Lebensgeschichte (das, was bei ihm und seinem Umfeld noch werden kann bzw. werden könnte).

Diese Postulate gehen natürlich immer mit den Fragen der Kompetenz der beratenden Person in der Heilpädagogik einher. Folgende Kompetenzen gelten als grundlegend:

- Selbstkompetenz, die aus der persönlichen Identität und der Selbstregulation besteht
- Fallkompetenz, die in der Fähigkeit zur Analyse und Bearbeitung des Falles besteht
- Systemkompetenz, die eine Fähigkeit zur Vermittlung und Koordination innerhalb der jeweiligen Systemlogik beinhaltet.

Neben diesen drei Kompetenzbereichen ist für die Erfüllung der Beratungsaufgabe auch die prozessbezogene Kompetenz unentbehrlich, die ebenfalls drei Bestandteile aufweist:

- Fähigkeit zur Planung und Analyse
- Kommunikative und interaktive Fähigkeit
- Reflektivität und Fähigkeit, Prozesse zu evaluieren.

Alle genannten Kompetenzbestandteile (auch als Kompetenzmuster bezeichnet) können zu einem Handlungskompetenzmodell mit neun Ebenen zusammengeführt werden (vgl. Stimmer/Weinhardt, 2010, 12):

1.3 Relevanz der Beratung in der Heilpädagogik

Bereichs-bezogene Kompetenzmuster \ Prozessbezogene Kompetenzmuster	Planungs- und Analysekompetenz	Interaktions- und Kommunikationskompetenz	Reflexions- und Evaluationskompetenz
Selbstkompetenz (Weiter-)Qualifizierung, Identitätsentwicklung, Selbstregulation			
Fallkompetenz Fallanalyse und Fallbearbeitung			
Systemkompetenz Angebotsvermittlung und -koordination, Organisationsentwicklung			

Abb. 5: Das Handlungskompetenzmodell (in: Stimmer/Weinhardt, 2010, 12)

Der Faktor Zeit spielt im Rahmen einer heilpädagogischen Beratung eine wichtige Rolle: Die Art und Weise, wie Menschen in Beratungsprozessen miteinander Zeit teilen und Zeit einbringen, ist nicht loslösbar von den Prozessen, die in dieser Zeit stattfinden. Insbesondere die (für alle Formen der heilpädagogischen Unterstützung charakteristische) Annäherung der unterschiedlichen Lebenswelten beteiligter Personen benötigt Zeit. Also muss die Beratung in heilpädagogischen Tätigkeitsfeldern u. a. auch den Spagat zwischen einer Formalisierung und einer kreativen Gestaltung von Lebenswelt und System aushalten (vgl.: Stimmer/Weinhardt, 2010, 13/14). Konkret besteht die Aufgabe darin, die Grenzen von (theoretisch verankerter) Betrachtung der Beratungsaufgabe zu überschreiten, um an einer Lebenssituation des ratsuchenden Menschen teilhaftig zu werden, welche sich eben nicht in wissenschaftstheoretische Schulen aufteilen lässt. Auch wenn wir im Rahmen dieses Buches vor allem die humanistische und konstruktivistische Begründung hervorheben, sind darüber hinaus doch weitere Möglichkeiten der Gestaltung und Nutzung von Zeit im Kontext von Beratung möglich, ja sogar angeraten.

Das Spannungsfeld zwischen klientenzentrierter Beratung und systemtheoretischer Beratung bzw. zwischen klientenzentrierter Sichtweise und systemischer Sichtweise ist im Rahmen einer heilpädagogischen Beratung nicht aufzulösen. Vielmehr sind bestimmte Beratungsprozesse eher der einen oder aber mehr der anderen Seite zuzuordnen. Diese Tatsache wird in folgender Abbildung deutlich:

1 Beratung und Heilpädagogik: Theoretische Zugänge

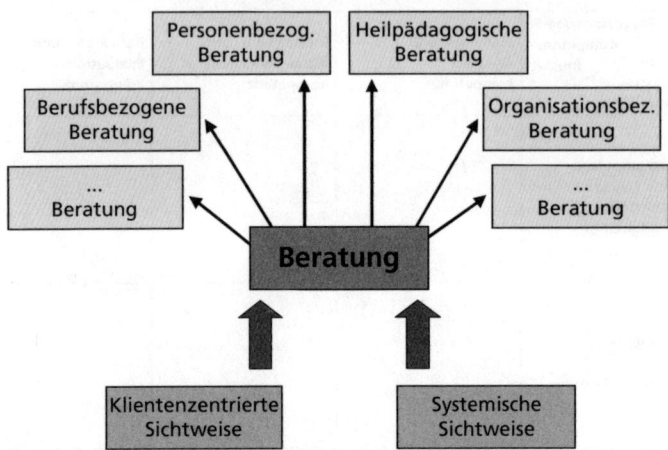

Abb. 6: Adressaten und Konzepte von Beratung (modifiziert nach Hechler, 2010, 19)

Eine eindimensionale Sichtweise von Beratung, die ausschließlich klientenzentriert bzw. ausschließlich systemorientiert ausgerichtet wäre, würde also der dargestellten Mehrdimensionalität nicht entsprechen. Aus mehreren Quellen zu schöpfen, stellt allerdings keinen unreflektierten methodischen Eklektizismus dar. Vielmehr trägt die mehrdimensionale Sichtweise der Tatsache Rechnung, dass eine Beratungssituation immer mit den unterschiedlichsten Perspektiven zu tun hat, was differenzierte Handlungsoptionen aller Handlungspartner im Feld der Beratung erfordert. Unser Modell einer humanistischen (also eher handlungstheoretisch orientierten) und konstruktivistischen (also eher systemtheoretisch begründeten Wahrnehmung) mag dazu dienlich sein, dieses Spannungsfeld im Rahmen heilpädagogischer Beratungsfelder wahrzunehmen, zu gestalten und nötigenfalls auszuhalten.

2 Zur Geschichte der Beratung

In diesem kurzen Kapitel wird zuerst eine sozio-historische Betrachtung zur Entwicklung der Beratung skizziert. Anschließend werden einige als relevant für die Heilpädagogik erscheinende Handlungsfelder der Beratung in ihrem geschichtlichen Verlauf vorgestellt. Diese Trennung ist lediglich mit der Darstellungsausrichtung des Textes begründet. Beide Aspekte lassen sich nämlich nicht strikt voneinander getrennt betrachten, da Beratung immer an theoretischen, konzeptionellen und methodischen Schnittstellen operiert, die folglich als sich überlappende Aspekte zu verstehen sind.

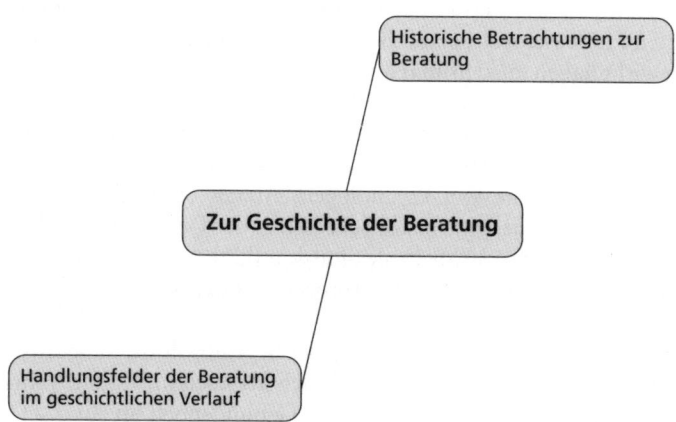

Abb. 7: Kapitel 2 – Inhaltliche Struktur

2.1 Historische Betrachtungen zur Beratung

Um das gegenwärtige Selbstverständnis der Beratung im pädagogischen Kontext und somit im Rahmen der Heilpädagogik zu verstehen, ist es notwendig, zumindest schlaglichtartig die Geschichte der Beratung in Augenschein zu nehmen, was schwierig ist, weil gerade die Wahrnehmung der Beratung im Kontext der Heilpädagogik als kaum erforscht erscheint (vgl. Gröning, 2010, 9). Auch in der Erziehungswissenschaft scheint die geschichtliche Betrachtung von Beratung als kaum einmal wahrgenommen, geschweige denn wissenschaftstheoretisch erarbeitet: »Die Erziehungswissenschaft hat bis heute keine hinreichende Bearbeitung des Themas pädagogische Beratung geleistet. [...] Die Beratung scheint ganz weit weg von der Pädagogik institutionalisiert zu sein« (Gröning, 2010, 9/10).

Erst in jüngster Zeit hat Gröning eine umfassendere Darstellung zu Konzepten und Positionen im Rahmen einer geschichtlichen Verortung der Beratung erarbeitet. Die weiteren Ausführungen stützen sich auf ihre wissenschaftstheoretischen Begründungen. Gröning fokussiert vor allem die Erziehungsberatung, die Berufsberatung und die Sexualberatung, setzt diese jedoch in den Kontext von pädagogischen Beratungsformen und umfasst somit auch den Rahmen, in welchem eine heilpädagogische Beratung stattfindet. Es ist davon auszugehen, dass die grundlegenden Aussagen, die für diese Beratungsformen gelten, auch für eine heilpädagogische Beratung Gültigkeit besitzen.

Die oben genannten Beratungsformen für Jugendliche und Erwachsene weisen aufgrund ihres pädagogischen Bezuges eine relative Nähe zu Bildung und Erziehung bzw. zu Lernprozessen auf. Ähnlich wie die Heilpädagogik kommt diesen Beratungsformen auch eine lebenslauforientierte Ausrichtung zu, was sie eng mit heilpädagogischen Beratungsmodellen verbindet. Die geschichtlichen und institutionalisierten Einflüsse, welche auf diese bildungs- und erziehungsnahe Beratungsform eingewirkt haben (also primär auf die Erziehungs-, Berufs- und Eheberatung), operierten häufig »bereichsüberlappend«. Dies bedeutet, und diese Aussage deckt sich mit Analysen von Gröning (vgl.: Gröning, 2010, 11/12), dass die Beratung in heilpädagogischen Kontexten häufig gar nicht von Heilpädagogen durchgeführt wurde, sondern vielmehr von Psychologen, Ärzten oder Allgemeinpädagogen. Hieran wird deutlich, dass eine historische Skizze der Geschichte der Beratung vor allem auch offene oder verdeckte Professionskonflikte andeutet, welche sich in und zwischen den Feldern dieser Beratungsprozesse vollziehen (vgl.: Gröning, 2010, 19).

Es ist ersichtlich, dass – unabhängig von der Beratungsform – alle Ausrichtungen der Beratungsarbeit sowohl ideengeschichtlich als auch im Rahmen ihrer Institutionalisierung und ihrer organisatorischen Gebundenheit in ihrer Historie mit aufklärenden und emanzipatorischen Bewegungen eng verknüpft sind. Beispielhaft hierfür ist die Verknüpfung zwischen Beratung und der ersten Frauenbewegung in Deutschland: Die Gründerinnen der ersten Beratungsstelle für Mutterschutz und Sexualreform sowie für Berufsberatung und für Rechtschutz waren Frauen. Hier eine kurze Übersicht des historischen Geschehens:

Im Januar 1894 wurde in Dresden ein erster Rechtsschutzverein für Frauen (von Adele Gamper und Marie Stritt) gegründet. Kurze Zeit später kam es dann 1898 in Berlin zur Gründung einer ersten Auskunftsstelle für Fraueninteressen. Diese wurde durch den Bund deutscher Frauenvereine eingerichtet. Hierauf aufbauend erfolgten in ganz Deutschland parallel zu den Ideen der Rechtsschutzstellen für Frauen Auskunftsstellen für Frauenberufe (vgl. Gröning, 2010, 22–25). Ebenfalls kurz danach, nämlich 1905, gründete Helene Stöcker den Bund für Mutterschutz und Sexualreform, der einer erste Beratungsstelle 1924 in Hamburg und kurz danach 1926 eine zweite in Berlin eröffnen konnte. Eine intensiven Schub bekam das Beratungsgeschehen in Deutschland, als Ende der 1920er Jahre Marie Juchacz die Arbeiterwohlfahrt gründete, die in ihren Tätigkeitsfeldern auch inzwischen professionell gewordene Beratungstätigkeiten im Rahmen der Sexualberatung sowie der Beratung von jungen Müttern aufnahm. In dieser Zeit war bei den eher sozialistisch geprägten Frauen für die Beratungstätigkeit »der Gedanke der Fürsorge und der Hilfe [handlungsleitend]« (Gröning, 2010, 28). Beratung ist hierbei noch deutlich umfangreicher zu konzeptionalisieren, so dass diese als psychosoziale und als allgemeine soziale Beratung zu verstehen ist.

Aber auch schon in dieser ersten Zeit, also im Kaiserreich, lassen sich Beratungstätigkeiten nicht als eindeutig von sozialarbeiterischen und sozialpädagogischen (und somit auch heilpädagogischen) Handlungsfeldern abgrenzen: »An vielen Punkten verschmilzt Beratung [...] mit sozialer Arbeit und Fürsorge und hat weniger einen aufklärenden, sondern vielmehr einen helfenden, deutlich normativen Charakter« (Gröning, 2010, 21).

Diese ersten Schritte zu Beratungsstellen gehen also auf konkrete politische, vor allem sozial- und bildungspolitische Motivationen und Konzepte der Frauenbewegung des 19. und 20. Jahrhunderts zurück. Sie »beginnen mit ihrer Arbeit noch vor der Jahrhundertwende, lange vor der Weimarer Republik und lassen sich bis zur Machtergreifung und den Beginn des NS-Regimes in unterschiedlicher Ausprägung nachweisen. Sie werden vom so genannten gemäßigten Flügel der Frauenbewegung angeboten, hier sind die Berufsberatung und die allgemeine Auskunftsstelle des Bundes für Frauenvereine hervorzuheben und als Institutionen und Institutionennetzwerke nachweisbar« (Gröning, 2010, 28/299).

Eine erste wissenschaftliche Auseinandersetzung mit der Erziehungsberatung in Deutschland stellt die 1928 publizierte Dissertationsschrift zur Institutionalisierung von Organisationen von Erziehungsberatungsstellen in Deutschland durch Sophie Freudenberger dar. »Diese Arbeit stellt einen qualifizierten empirischen Fundus zur Frage von Verbreitung, Konzeptionen und Entwicklung von Erziehungsberatung dar und gibt einen Überblick sowohl über die Anzahl der Erziehungsberatungsstellen im Jahr 1928 als auch über deren inhaltliche Ausrichtung. Freudenberger differenziert in amtliche Erziehungsberatungsstellen, in halbamtliche und in freie Erziehungsberatungsstellen. Sie differenziert ebenfalls nach Erziehungs- und Jugendberatungsstellen und hat ein eigenes Kapitel zur Bedeutung der Erziehungsberatung für erziehungsschwierige und verwahrloste Kinder verfasst. Die Einrichtung von Erziehungsberatungsstellen führt sie dabei auf Erziehungsschwierigkeiten als Ausdruck sozialer Probleme zurück« (Gröning, 2010, 39).

Freudenberger hebt die Bedeutung der Beratung im Kontext der pädagogischen Arbeit mit erziehungsschwierigen und verwahrlosten Kindern hervor, was sie in eine inhaltliche und konzeptionelle Nähe zur Heilpädagogik der damaligen Zeit bringt. Denn Hanselmann arbeitet fast zeitgleich an der Universität Zürich an der Verwissenschaftlichung der Heilpädagogik im deutschsprachigen Raum und fokussiert dabei das »entwicklungsgehemmte« Kind. Die Faktoren, die Freudenberger nennt, damit Beratung notwendig wird, scheinen auch denen der heutigen Zeit in hohem Maße zu ähneln: Die sozialen Probleme größerer Bevölkerungsschichten, die Störungen in familiären Kontexten des Zusammenhalts, Individualisierungs- und Verstädterungstendenzen sowie dogmatische Theorien zur Erziehung (vgl.: Gröning, 2010, 39).

Der letztgenannte Punkt kann heute eher auf die Auflösung erzieherischer Theorien und ihre offensichtliche Unwirksamkeit bezogen werden. Auch an dieser Stelle scheint sich Geschichte zu wiederholen, wenn sie nicht bearbeitet wird. In der Konkretisierung dieser Thesen geht die Autorin vor allem auf die sozialen Probleme, sogar auf die Armut in der deutschen Gesellschaft ein; weiter skizziert sie die Problematik des Umgangs in den damaligen bürgerlichen Familien. Abschließend erläutert sie die Veränderung der Gesellschaft durch großstädtische Siedlungsformen sowie die Verunsicherung durch konkurrierende Formen der Pädagogik in Bezug auf die Eltern – auch dieses scheint eine deutliche Nähe zu heutigen erziehungsberaterischen Fragestellungen aufzuweisen.

Ein deutlicher Bezug zur Heilpädagogik lässt sich erkennen, wenn man die fünf Funktionen und Aufgaben der Erziehungsberatung betrachtet, welche Freudenberger 1928 in ihrer Dissertation beschreibt:

- »Wegweiser und Integrationsfunktion einschließlich Diagnostik und Eignungsprüfung im Rahmen der Schullaufbahnberatung,
- Helfen, schützen und fördern,
- Fürsorgliche Aufgaben im Rahmen der Jugendhilfe,
- Heilende Fürsorge im Rahmen der Heilpädagogik und
- schließlich Bildung und Qualifizierung der Erzieher« (Gröning, 2010, 40).

Die Benennung erziehungsberaterischer Aufgaben im Rahmen der Jugendhilfe sowie ganz konkrete Aufgaben der Fürsorge im Rahmen der Heilpädagogik sowie die Erziehung der Erzieher – auf welche dann später sehr deutlich auch Paul Moor verweist – deuten an, dass die Vernetzung zwischen allgemeinpädagogischen und heilpädagogischen Themen zu dieser Zeit eine bedeutende Rolle gespielt hat.

Im weiteren Verlauf geriet die Entwicklung der Erziehungsberatung jedoch auch in Konflikte mit einem gerade aufblühenden heilpädagogischen System, welches deutlich exklusiv, d. h. ausschließend und eher einer manipulativen Pädagogik anheim gestellt wurde. Gröning bezieht sich bei ihrer Analyse dieser Situation auf eine Arbeit von Klug aus dem Jahr 2006. In dieser Arbeit werden die Entwicklungslinien der Erziehungsberatungsstellen und deren Institutionalisierungskontexte geschichtlich ausgedeutet. Klug »... verortet die Gründung der Erziehungsberatungsstellen in der Zeit, in der [...] [die] misshandelnde schwarze Pädagogik immer noch die tägliche Erziehungspraxis darstellt und nennt auch die Bedingungen der Schulen und der Kindergärten« (Gröning, 2010, 47).

Die überforderten Erzieherinnen in den Kindergärten, die 50 bis 60 Kinder in einer Gruppe zu begleiten hatten, hatten kaum eine Chance, eine dialogische interaktive Pädagogik zu realisieren, so dass sowohl sie als auch die beteiligten Eltern dazu genötigt waren, weitere Beratung aufzusuchen. Die Gründung heilpädagogischer Beratungsstellen stand zu Beginn des 20. Jahrhunderts in einer engen Verbindung zur Psychologie und zur Medizin: So wurde zum Beispiel 1903 in Hamburg vom Kriminalpsychologen Walter Zimbal eine heilpädagogische Beratungsstelle gegründet, 1919 gründete Homburger eine heilpädagogische Beratungsstelle an der Uni-Klinik in Heidelberg, 1919 schließlich wurde eine heilpädagogische Beratungsstelle in Berlin durch einen Verein zur Fürsorge für jugendliche Psychopathen eingerichtet. Zudem erwähnt Klug in seiner Arbeit eine individualpsychologische Beratungsstelle, welche durch den Psychiater Leonhard Seif in München gegründet worden sei. »Diese Beratungsstellen [...] seien aus dem Gesundheitswesen entstanden, weshalb Ärzte in der Regel die Leitung innegehabt hätten und in den Beratungsstellen eine stark medizinisch orientierte Konzeption zugrunde lag [...]. Mit dieser Aussage wird ein Stück vorsichtige Kritik an professionelle Erziehungsberatung geübt, wobei der Lobbyismus und die Beeinflussung der Jugendhilfe durch die Ärzteschaft wie auch die Verknüpfung der Beratung mit der Konstitutions- und Charakterforschung kaum wirklich problematisiert werden. Die Geschichte der Erziehungsberatung wird hier wieder einmal, wie sehr oft [...] als Geschichte der Heilpädagogik verortet und unkritisch mit der Heilpädagogik verknüpft« (Gröning, 2010, 48). Eine kritische Aufarbeitung dieses Themas gerade aus der Perspektive der Heilpädagogik, die zugleich eine selbstkritische Aufarbeitung sein müsste, steht noch aus. Sie kann auch im Rahmen dieser kurzen Einführung in die Geschichte der Beratung nicht geleistet werden.

Die Leitidee der Verwahrung in der Heilpädagogik in den 1940er bis 1960er Jahren hat auch die pädagogische Beratung in hohem Maße bedingt. Die dieser Leitidee entsprechende heilpädagogische Haltung offenbart sich sowohl inhaltlich wie auch konzeptionell als »... eine Figur aus Lenkung, Fürsorge und Fernhalten von der Gesellschaft, die die erziehungswissenschaftliche Kritik besonders herausgefordert hat. Zwar lässt sich der Heilpädagogik kein Bezug zur Kindereuthanasie zum Konstrukt des unwerten Lebens vorwerfen, jedoch baut ihre Profession auf den teilweise unhaltbaren Konstruktionen von Psychopathie, Charakteranomalität und Organminderwertigkeit auf und verbindet diese mit Funktionen von Verwahrung, Lenken und Selektieren. Die Heilpädagogik hat sich damit deutlich als Ordnungspädagogik erwiesen, mit einer hohen Affinität zur instrumentellen Vernunft und zu einem Utilitarismus der erziehungsschwierige Kinder als Last wahrnimmt. So hat die Heilpädagogik vor allem eine Funktion für die Gesellschaft eingenommen, die vor den langsameren, gebrechlichen und lernbehinderten geschützt werden will. [...] Das heilpädagogische Denken des Schutzes und der Lenkung hat in der Erziehungswissenschaft immer wieder zu diversen Kontroversen geführt und ist hochgradig strittig, denn unausweichlich ist die heilpädagogische Konzeption für die Klienten identitätsgefährdend, da sie im anerkennungstheoretischen Sinne weder Selbstachtung, noch Selbstvertrauen, noch Wertschätzung bereit hält« (Gröning, 2010, 49).

Dieser deutlichen Kritik hat sich die gegenwärtige Beratung in der Heilpädagogik zu stellen, wenn sie nicht in die atavistische Verwahrhaltung des letzten Jahrhunderts zurückfallen will. Die Zeiten der Inklusion erfordern es geradezu, dass die heilpädagogische Beratung die schon in ▶ Kapitel 1 angesprochene Subjektorientierung aller beteiligten Personen zu fokussieren hat. Demnach muss sie die Entwicklungspotentiale in allen Lebens- und Handlungsfeldern wahrnehmen und in den Mittelpunkt stellen bzw. als Ziel betrachten. Mit dieser Verortung der heilpädagogischen Beratung ist kein Beratungsprozess kompatibel, der exklusive, also ausschließende Ziele, entweder implizit oder explizit verfolgt.

Erste Schritte aus dieser in den 1940er bis 1960er Jahren vorherrschenden medizinischen Verwahrhaltung heraus machte die Heilpädagogik, indem sie angefangen hat, sich als Erziehungswissenschaft zu verstehen: Sie ist lt. Paul Moor Pädagogik und nichts anderes. Wobei sich dieses Postulat in den letzten 30 Jahren über den Weg der Auseinandersetzung mit sozial- und bildungspolitischen Fragen bis hin zu organisationstheoretischen Debatten erweitern lässt. So gesehen ist die Heilpädagogik heute einerseits auf dem Boden einer pädagogischen Fachwissenschaft klar verankert, aber andererseits auch über die Grenzen dieses fachlichen »Heimatbodens« hinaus orientiert. Sie muss sich hierbei ihrer Nähe zur Psychologie und Medizin immer bewusst bleiben, damit sie nicht in diese längst überholt geglaubten Zustände zurückfällt. Ebenfalls muss sie sich heute der ökonomischen (Spar-)Tendenzen erwehren, so dass sie sich in einem Spannungsfeld von Medizin und Ökonomie als pädagogische Fachwissenschaft (in unserem Fall mit konzeptionellen und inhaltlichen Fokussierungen zur Beratung) bewähren muss (vgl.: Dederich/Greving/Mürner/Rödler, 2009, 7–10).

Die oben angedeutete Verstrickung der heilpädagogischen Beratung mit unreflektierten institutionellen Bedingtheiten in der ersten Hälfte des 20. Jahrhunderts kann generell auch von der pädagogischen Beratung, auch im Hinblick auf die Entwicklung nach dem 2. Weltkrieg behauptet werden. »Zunächst einmal muss, nach kritischer Sichtung der Geschichte der pädagogischen Beratung in Deutschland eingeräumt werden, dass es im Bereich der Beratung keine Stunde Null gegeben hat und kein demokratisches Beratungswesen aus den Trümmern der Nazizeit aufgestiegen ist, auch wenn vereinzelt Beratungsstellen nach 1945 und mit tatkräftiger Hilfe von Personen, die einer Verstrickung mit dem NS-System nicht nachgewiesen werden konnten, entstanden sind. Dies ist aber eher die Ausnahme. Weder in den neu gegründeten Gesundheitsämtern noch in der Arbeitsverwaltung oder in den Jugendämtern der jungen Bundesrepublik, weder in der Erziehungsberatung noch in der Eheberatung, der Mütterberatung oder anderer Beratungsformen kann eine Aufarbeitung und wirkliche Neugestaltung der Beratungsangebote nachgewiesen werden – mindestens bis in die 1960er Jahre. Für die Mehrheit der Beratungsangebote gilt zunächst Kontinuität – bis auf wenige Ausnahmen« (Gröning, 2010, 95/96).

Die Schatten des sogenannten Dritten Reiches fielen somit noch sehr lange über die inhaltlichen und strukturellen Gründungen der Beratungsstellen der damals noch jungen Bundesrepublik: Viele Mitläufer, aber auch ausgewiesene Mitglieder der NS waren noch bis weit in die 1960er Jahre hinein »direkt und aktiv beteiligt [...] in der Erziehungsberatung und in den Gesundheitsämtern [...] und haben hier ihre [...] Sozialhygienekonzepte weiter vertreten können [...]« (Gröning, 2010, 26).

Eine Erziehungsberatung, welche sich von dem rassischen und psychohygienischen Gedankengut der NS-Zeit lösen wollte, musste nach 1945 neu beginnen. Dennoch war die Wahrnehmung der scheinbaren Minderwertigkeit der zu Beratenden bzw. ihres Umfelds lange in diesen Einrichtungen dominant. Erst in den 1960er Jahren kam es zu einer vorsichtigen Veränderung der Sichtweisen, die den ratsuchenden Menschen als ein selbstbestimmtes, autonomes Subjekt in den Blick nahm, mit welchem dialogisch interagiert werden konnte. »In die 1960er Jahre fällt eine ganze Reihe von sozialen und politischen Reformen, die die Entwicklung einer eigenständigen pädagogischen Beratung günstig beeinflusst haben« (Gröning, 2010, 121).

Gröning zählt hierzu die Reform des Arbeitsförderungsgesetzes, d. h. also die Veränderung im Hinblick einer aktiven Arbeitsmarktpolitik, so dass die Berufsberatung hierzu konkret und kreativ im Rahmen einer individualisierten Beratung tätig werden kann. Im Kontext der sogenannten sexuellen Revolution konnten sich auch die Sexualerziehung, die Sexualpädagogik und somit auch die Sexualberatung im Rahmen einer emanzipatorischen Sexualität entwickeln: »Diese allgemeine Entwicklung hat die pädagogische Beratung ungeheuer beflügelt. Lediglich die Erziehungsberatung hatte sich als ambulante Einrichtung der Kinder- und Jugendpsychiatrie fest institutionalisiert und von der Erziehungswissenschaft losgekoppelt, aber auch hier im Bereich der Erziehung hatten ›die deutsche Bildungskatastrophe‹ und die Anfänge der Bildungsreform deutliche Zeichen der Veränderung hinterlassen, und schließlich durchlief die Erziehungsberatung ihre eigene Revolution durch die Veränderung in der Psychologie. Allerdings fiel diese Revolution deutlich zaghafter aus als in der Pädagogik« (Gröning, 2010, 121).

In den 1960er Jahren kommt es zu einer Neudefinition und Neuausrichtung der pädagogischen Beratung. Sie wird als eine Methode im Rahmen der Erziehungswissenschaften verortet, welche die Zusammenhänge zwischen Schule und Bildungsreform neu auslotet und bestimmt. Zunehmende Forschungsergebnisse im Rahmen der Organisationsanalysen sowie der Wirkung von Institutionalisierungsprozessen im Rahmen pädagogischer Einrichtungen (vgl.: Beck/Greving, 2011, 35–48) sowie Forschungsprozesse im Bereich der Bildungs- und Schulprozesse (vgl.: Gröning, 2010, 122–125) führten dazu, der verbalen und nonverbalen Kommunikation in der institutionell eingebundenen Beratung ein intensiveres Gewicht beizumessen. Pädagogischer Beratung kam immer mehr die Funktion einer kritischen Aufklärung zu, so wie diese von Mollenhauer u. a. in den 60er und 70er Jahren des 20. Jahrhunderts formuliert wurde (vgl.: Gröning, 2010, 125).

Sie wurde als »Hilfe zur Mündigkeit« (Gröning, 2010, 126) verstanden, so dass sie auf allen institutionalisierten Ebenen immer auch einen sozial- und bildungspolitischen, ja sogar reformistischen Ansatz realisieren konnte und musste. Dass sie hierbei allerdings immer auch an die Grenzen einer sozial- und bildungsstaatlichen Sichtweise geriet, welche diese aufklärenden und zur Mündigkeit hinführenden Gedanken ablehnte, muss nicht weiter ausgeführt werden. Dennoch konnte sie im Rahmen dieser Verortung, beginnend mit dem Ende der 1960er Jahre, eigenständige Beratungskonzepte entwickeln, welche das Verhältnis von Erziehung und Demokratie, von Autonomie und Kritik, von Bildung und Gerechtigkeit mehr und mehr aufnahmen. Die 1970er Jahre waren dann deutlich geprägt von einer pädagogischen Beratung im Rahmen einer pädagogischen Psychologie: Lern- und Bildungsprozesse in Gruppen, demokratische Kommunikationstechniken, die Kommunikation über Kommunikation usw. führten dazu, supervisorische und nahezu metaberaterische Tätigkeiten zu etablieren und zu institutionalisieren (vgl.: Gröning, 2010, 129–138).

Eng verknüpft mit der sich erweiternden beraterischen Tätigkeit war auch die Beratung in Sexualberatungsstellen, die sich mit der Veränderung des § 218 StGB auseinandersetzen mussten. Die Entwicklung sogenannter feministischer Institutionskulturen wirkte sich deutlich auf beraterische und helfende Professionen aus (vgl.: Gröning, 2010, 159–166) – leider häufig unter Umgehung heilpädagogischer Prinzipien und Sichtweisen. Genderorientierte Beratungsprozesse sind somit erst das Ergebnis der letzten 20 Jahre. Eine Wahrnehmung von Behinderung im Kontext der Institutionalisierung und Organisiertheit von Pädagogik, so zum Beispiel im Rahmen der Disability-Studies, entsteht streng genommen erst seit ca. 20 Jahren, wenn man den anglo-amerikanischen Raum mit einrechnet, sowie erst seit 10 Jahren im deutschsprachigen Raum. Eine konzeptionell und methodische Wahrnehmung von beraterischen Prozessen im Kontext dieser Disability Studies ist zurzeit noch gar nicht erkennbar. Dennoch stellt sie eine relevante und wichtige Aufgabe dar, um die inklusionsbezogenen Aspekte einer heilpädagogischen Beratung aus dieser Perspektive wahrzunehmen und zu konkretisieren.

In den letzten 30 Jahren finden sich im Bereich der (heil-)pädagogisch verankerten Beratung Diskurse, die auch die Entwicklung von Konzepten in der Pädagogik und im Sozialwesen prägen: Es geht um die Ambivalenz pädagogischer Tätigkeiten, die einerseits dem Lebensweltkonzept folgen und andererseits das systemische Verständnis verwenden sollen. Das, was auf der einen Seite als Alltagsbezug und auf der anderen Seite als alltagstheoretische Verortung genannt wurde, geriet in einen Diskurs im Hinblick auf eine systemische (und manchmal konstruktivistische) Sichtweise, die stärker an den Vernetzungsstrukturen und -mustern zwischen System und Umwelt interessiert ist als an den lebensgeschichtlichen Notwendigkeiten und Bedingtheiten der jeweils handelnden Protagonisten im Rahmen der Beratung. Aktuell ist somit feststellbar, dass sich Beratung immer mehr im Hinblick eines interdisziplinären Prozesses institutionalisiert und organisiert hat. Ob sie hierbei als Beratungswissenschaft betrachtet werden kann, ob sie auf dem Weg zu einer solchen ist oder ob die Frage der Professionsorientierung eher aus der Perspektive einer subjektorientierten, sozusagen künstlerischen Gestaltung im Rahmen der Beratungsprozesse beantwortet werden muss: diese Fragen sind unseres Erachtens zurzeit nicht endgültig und abschließend zu beantworten (▶ Kap. 1).

Abschließend wird die kurze Skizze des geschichtlichen Hintergrunds der Beratung mit dem Hinweis von Gröning auf die enge Verbindung von historischer Betrachtung und Professionsentwicklung beendet: »Der Wunsch nach Professionalisierung, sozialer Anerkennung und Aufstieg zieht sich wie ein roter Faden durch die Geschichte der pädagogischen Beratung, nicht nur mit Höhen und Tiefen, sondern auch mit geglückten und missglückten Professionalisierungsstrategien« (Gröning, 2010, 186).

Gerade von diesen geglückten, aber auch von den nicht geglückten Professionalisierungsstrategien im Rahmen der Etablierung von Beratungsorganisation kann, auch im Rahmen der heilpädagogischen Beratung gelernt werden, wie und wodurch diese stattfinden kann. Gerade in Hinblick auf die erst entstehende sogenannte Peer-Beratung, d. h. also im Rahmen einer Beratung, bei der Menschen mit Behinderungen andere Menschen mit Behinderungen beraten, ist dieses nicht gering zu schätzen, da genau hierdurch eine bestimmende, Macht ausübende, exklusive Beratung und Heilpädagogik infrage gestellt wird. Das Wissen um die enge Verbindung einer heilpädagogischen Beratung mit medizinischen, psychologischen und ökonomischen Mustern und Bedingtheiten muss dazu führen, dass die Heilpädagogik darauf achtet, nicht erneut in die Abhängigkeit dieser institutionellen Ränke zu geraten. Folglich muss sich eine heilpädagogische Beratung ihres historischen Gewordenseins bewusst sein, um aktuell die Grenzen zwischen Subjekt und Organisation, zwischen System und Umwelt, zwischen unterschiedlichen Konstruktionsmerkmalen wahrzunehmen, auszuloten und für die Beratungsprozesse nutzbar zu machen.

2.2 Handlungsfelder der Beratung im geschichtlichen Verlauf

In diesem Abschnitt werden nun kurz einige ausgewählte Arbeitsfelder einer pädagogischen Beratung skizziert, so wie sich diese im Verlauf der letzten Jahrzehnte entwickelt haben. Es wird hierbei vor allem auf diejenigen Handlungsfelder eingegangen, welche eine deutliche Relevanz für heilpädagogisches Tun besitzen bzw. an den Schnittstellen zwischen Allgemeiner Pädagogik und Heilpädagogik operieren.

Wie im voran gegangenen Kapitel schon angedeutet, stellt die Erziehungsberatung eine sowohl historisch als auch institutionell hoch relevante Form der Beratung dar, die sich in den letzten 120 Jahren nachhaltig entwickelt hat. Über die in ▶ Kapitel 2.1 schon erwähnten historischen Muster hinausgehend kann an dieser Stelle vor allem darauf verwiesen werden, dass die Gründung der Erziehungsberatungsstellen nach 1949, vor allem in den 1970er und 1980er Jahren intensiv zugenommen hat: Wurden z. B. 1949 18 Gründungen im Bereich der Bundesrepublik Deutschland gezählt, waren es zwischen 1970 und 1974 schon 136 und zwischen 1975 und 1979 150 Neugründungen. Diese Zahl nahm dann in den 1980er und 1990er Jahren des letzten Jahrhunderts wieder ab, verharrte jedoch auf einem relativ hohen Niveau (vgl.: Belardi u. a., 2007, 110). Einen bedeutenden Schritt taten diese unterschiedlichen Erziehungsberatungsstellen, indem sie sich 1992 zur Bundeskonferenz für Erziehungsberatung, Gesellschaft für Beratung und Therapie von Kindern, Jugendlichen und Eltern e. V. in Fürth zusammenschlossen.

Die Bundeskonferenz agiert insbesondere auf folgenden Aufgabenfeldern: dem Erfahrungsaustausch, der Fort- und Weiterbildung, der Planung und Durchführung von Fachtagungen sowie der wissenschaftlichen Dokumentation und Öffentlichkeitsarbeit, die sich mit dem Ziel einer Interessenvertretung der beratenden Organisationen in den letzten Jahren mehr und mehr ausdifferenziert hat. Darüber hinaus existieren noch weitere Verbände, die im Rahmen der Erziehungsberatung tätig sind, so z. B. die »Katholische Bundesarbeitsgemeinschaft für Beratung e. V.« sowie auch die »Evangelische Konferenz für Familien- und Lebensberatung e. V.« (vgl.: Belardi u. a.. 2007, 111).

In den letzten 50 Jahren kam es oft zu deutlichen Veränderungen der Berufe im Rahmen der Erziehungsberatung: »Während in den Jahren vor 1973 die Psychologen so gut wie überhaupt nicht in den Beratungsstellen vertreten waren, bildeten sie schon 1987 mit knapp 50 % die größte Berufsgruppe unter den 2400 Fachkräften in den Beratungsstellen […] [Die] der sozialen Arbeit verbundenen Berufe, Sozialarbeiter, Sozialpädagogen und Diplompädagogen, […] bilden nach der Zählung der Bundeskonferenz von 2003 mit etwa 800 Fachkräften […] die zweitgrößte Gruppe nach den Diplompsychologen. Aber ihre Bedeutung ist in mehrfacher Hinsicht geringer zu veranschlagen. Sozialarbeiter und Sozialpädagogen verfügen über eine kürzere Hochschulausbildung, werden deswegen schlechter bezahlt und sind seltener in Leitungsfunktionen« (Belardi u. a., 2007, 114/115). Ähnliches gilt auch für die Heilpädagogen. Sie sind zwar in den Beratungsstellen vertreten, füllen jedoch i. d. R. bzw. häufig spezielle heil- bzw. sonderpädagogische Aufgabenfelder aus (vgl.: Belardi u. a., 2007, 116).

Die aktuelle Situation in der Erziehungsberatung sieht so aus, dass diese immer noch regional höchst ungleich im Hinblick auf die Beratungsstellen verteilt sind. Daraus ergibt sich ein Informationsmangel für die potentiellen Nutzer von Beratungsstellen – oft wissen sie nicht, dass sie die Beratung in ihrer schwierigen Situation in Anspruch nehmen können oder dürfen. Aber von wem sollen sie auch informiert werden, wenn es in ihrer Nähe keine Beratungsstellen gibt? Zudem kommt es auch zu einem »Kompetenzdefizit: Nicht nur die Erreichbarkeit der Beratungsstellen und das Wissen um diese kostenfreien Möglichkeiten sind entscheidend, sondern es sind auch eine Reihe sozialer Fähigkeiten notwendig, um die Hilfe wirklich in Anspruch zu nehmen. Um die Schwellenangst zu überwinden, muss man in der Lage sein, zu telefonieren, das eigene Anliegen als ›dringend‹ vorzutragen, sich einen Termin geben zu lassen und eventuell Wochen später, auch wenn das Problem sich gemildert haben könnte, zu diesem Zeitpunkt zu erscheinen« (Belardi u. a. 2007, 130).

Der nächste Punkt bezieht sich auf die Distanzierungsphänomene, die in der Bevölkerung immer noch existieren. Sie machen es den Menschen nahezu unmöglich bzw. erschweren es ihnen hochgradig, die Angebote von Beratungsstellen wahrzunehmen. Die Vorbehalte und Vorurteile müssen in Beratungsprozessen einkalkuliert werden, denn sie stellen eine erste Hürde für Beratungsverläufe dar. Es klingt zwar bizarr, aber es ist in der Tat so: Die Schwierigkeiten, die sich aus dem Zugang zur Beratung ergeben, sind originärer Bestandteil von Beratungssituationen. Dies kann sich in Bezug auf Heilpädagogik und Beratung noch deutlicher offenbaren, weil sie an Grenzsituationen menschlichen Lebens operieren. Folglich haben sie auch intensiver mit Abwehr, Scham, Trauer, Krisenbewältigung usw. zu tun (vgl.: Belardi u. a., 2007, 130).

Eine zweite Beratungsform stellt die gemeinwesenorientierte Familienberatung dar. Diese wird häufig durch die Richtlinien des jeweiligen Bundeslandes als eine Beratungsstelle für Familien bzw. Erziehungs-Ehe-Lebensfragen definiert. Träger einer solchen Beratungsstelle können hierbei christliche, aber auch kommunale Vereinigungen sein. »Der Name der Beratungsstelle Familienberatung steht für einen ganzheitlichen, integrativen Arbeitsansatz. Er umfasst neben der Familien-, Erziehungs-, Ehe- und Lebensberatung als weitere Arbeitsschwerpunkte Sozial- und Schuldnerberatung sowie Gruppen- und Gemeinwesenarbeit« (Sonnen, 2007, 139). Diese ganzheitliche Sichtweise dieser Beratungsstellen steht in enger Verbindung zur ebenfalls ganzheitlichen (als humanistisch und systemisch verfassten) Sichtweise von Beratung in der Heilpädagogik. Es geht um den Bezug auf die Alltagssituation der Ratsuchenden, auf ihre Quartiersbezogenheit sowie auf die Wahrnehmung all jener Schnittstellen, welche sich zwischen Individuum, Familie und Gesellschaft ergeben« (vgl.: Sonnen, 2007, 140/141). Gerade die Sozial- und Schuldnerberatung trägt dazu bei, die Situation eines einzelnen Menschen bzw. einer Familie in gesellschaftlichen Themen und Strukturen zu verorten bzw. die hierin auftauchenden, häufig finanziellen, Probleme als Kontextvariablen von psychischen und sozialen Problemen zu verstehen und mit diesen beraterisch tätig zu werden. In diesen Formen der Beratung finden häufig auch Kriseninterventionen statt, wenn die Familie bzw. einzelne Personen der Familien in Grenzbereiche geraten sind, aus welchen sie alleine nicht mehr herausfinden. Das Tätigwerden mit unterschiedlichen Altersgruppen, also mit Kindern, Jugendlichen und Erwachsenen, zum Teil in Gruppen, stellt eine grundlegende Orientierung dieser Beratungsstellen dar (vgl.: Sonnen, 2007, 143–145).

Für die Heilpädagogik stellt diese Form der Beratung in jüngster Zeit wichtige Optionen bereit, um dort alltags- und wohnortorientiert tätig zu werden, d. h. die Ratsuchenden bei Alltagsangelegenheiten in ihrem Lebensumfeld beratend zu unterstützen; also lebensweltorientiert, gleichwohl auch an den Grenzen von System und Umwelt agierend. Diese Ausrichtung stellt einen neuen und wichtigen Anteil einer heilpädagogischen Beratung dar. Das sie noch weiter ausdifferenziert werden muss, kann an dieser Stelle leider nur behauptet, aber nicht weiter ausgeführt werden.

Menschen mit Migrationserfahrung und Behinderung stellen eine mehr und mehr zunehmende Klientel von heilpädagogischen Beratungsstellen dar, so dass die Ausländerberatung in den Blickpunkt auch einer heilpädagogischen Beratung gerät. Ausländerberatung kann somit als »Querschnittsthema der Beratungsarbeit« (Akgün, 2007, 151) bezeichnet werden. Mit Akgün kann hierzu grundlegend Folgendes bestimmt werden: »Knapp 7 Mio. der Einwohner Deutschlands (oder auch 8,5 %) haben eine ausländische Staatsbürgerschaft. 97 % der Ausländer leben in den alten Bundesländern. Etwa die Hälfte hält sich länger als 10 Jahre in Deutschland auf. Die weitaus größte Gruppe sind türkische Staatsbürger; danach kommen etwa eine halbe Millionen Menschen aus dem ehemaligen Jugoslawien und der Nationalitäten Italiener, Griechen, Spanier mit jeweils einigen Hunderttausend Einwohnern« (Akgün 2007, 151). Die Lebenssituation von Menschen mit Migrationserfahrung in der Bundesrepublik Deutschland weist drei zentrale Faktoren auf:

- kulturelle Faktoren,
- Schichtfaktoren und
- Migrationsfaktoren (vgl.: Akgün, 2007, 153–159).

Das Leben und die Wahrnehmung einer fremden Kultur, das Leben und Wahrnehmen eines sozialen Umfeldes, das immer noch als »Unterschicht« gelten kann, prägt hierbei die Menschen (auch wenn dieses neudeutsch mit dem natürlich viel passenderen Begriff des Prekariats bezeichnet wird). Als prägend lassen sich ein relativ niedriger Bildungsgrad, eine frühe Partnerbindung, ein relativ autoritärer Erziehungsstil und die unterschiedlichen Werte bei betreffenden Personen betrachten. Dies in Verbindung mit den Faktoren der Entwurzelung, des Kulturschocks sowie einer problematischen Integration im Rahmen der Migration erzeugt einen erhöhten Beratungsbedarf bei vielen Menschen mit Migrationserfahrung. Erschwerend hinzu kommt noch die Tatsache, dass die (verinnerlichten) Welten von Beratungsperson und Ratsuchenden ziemlich unterschiedlich sein können bzw. sind.

Gerade Familien mit Menschen mit Behinderung sind durch die Art der Behinderung ihres Familienmitglieds noch einmal deutlich intensiver von diesen Faktoren betroffen. Folglich stellen sie eine wichtige Klientelgruppe für Heilpädagogen in Beratungsstellen dar. Insbesondere bei ihnen hat die gemeinwesenorientierte Arbeit einen hohen Stellenwert. Soll sie doch u. a. auch einer weiteren kulturellen und migrationsspezifischen Vereinsamung entgegen wirken (vgl.: Akgün, 2007, 159–161). Gerade die Verbindung der Beratung von Menschen mit Migrationserfahrung und Behinderung stellt in den kommenden Jahren eine intensive Anforderung (und auch Herausforderung) für heilpädagogische Beratungsstellen dar. Konzepte, die hierbei interdisziplinär und interkulturell orientiert sind, entstehen erst in jüngster Zeit.

Eine beratende Methode changiert quasi an den Grenzen zwischen der Tätigkeit des Heilpädagogen im Krankenhaus sowie in der Frühförderung (vgl.: Greving/Ondracek, 2009, 191–205): die Schwangerschaftskonfliktberatung. Immer dann, wenn Risikoschwangerschaften vorzuliegen scheinen bzw. wenn in einer Familie schon ein Kind mit einer Behinderung geboren worden ist, ist die Schwangerschaftskonfliktberatung ein möglicherweise erstes Ziel von betroffenen Eltern. Sie operiert hierbei häufig in Koppelung mit anderen Beratungsangeboten, so z. B. mit der Ehe- und Lebensberatung, der Familienplanungs- oder auch der Sexualberatung (vgl.: Gregor, 2007, 193). Ähnlich wie in anderen Beratungsformen agiert die Schwangerschaftskonfliktberatung nicht nur mit einer Problematik, sondern ist eingebunden in ein Netzwerk vielfältiger psychosozialer, wirtschaftlicher und medizinischer Problembereiche. Häufig hat sie die Form einer Zwangsberatung, so dass die Frauen (manchmal aber auch die Paare), die sie wahrnehmen, nicht freiwillig zu dieser Beratung kommen. Hinsichtlich der Entwicklung der Schwangerschaftskonfliktberatung bleibt festzuhalten, dass es schon in der Weimarer Republik mehrere Versuche gab, den Paragraphen 218 StGB zu modifizieren bzw. aus dem Gesetzeswerk zu streichen. Eine eigentliche Reform wurde allerdings erst im Jahr 1976 durchgeführt. Hierbei wurde zum ersten Mal die Beratung als Schwangerschaftskonfliktberatung in einem Gesetzeskontext einbezogen. »Diese Gesetzesänderung macht es möglich, dass Frauen unter ganz bestimmten Voraussetzungen eine legale Abtreibung vornehmen lassen können, wenn einer der folgenden Indikatoren vorlag. Unter Indikation ist zu verstehen, dass das Fortsetzen der Schwangerschaft für die Schwangere mit einer Belastung verbunden wäre, die erheblich über das mit einer Schwangerschaft sonst verbundenen Risiko hinausgeht« (Gregor, 2007, 193).

Folgende Indikationen sind für eine Schwangerschaftskonfliktberatung relevant:

- die medizinische Indikation, in der es um die Gefahr für das Leben der Mutter durch die Schwangerschaft geht. Hierbei war in dieser Gesetzesnovellierung keine zeitliche Begrenzung vorgesehen;
- die kindliche oder sogenannte eugenische Indikation, die sich auf eine nicht modifizierbare physiologische Schädigung des Kindes bezieht;
- die kriminologische Indikation, welche eine Schwangerschaft nach einer Vergewaltigung kennzeichnet, wobei die Abtreibung dann durchgeführt werden kann, wenn weniger als 12 Wochen nach der Empfängnis vergangen sind;
- die sogenannte Notlagenindikation, die darauf hindeutet, dass sich die Schwangere in einer Notlage befindet, die so problematisch ist, dass die Schwangerschaft aufgrund dessen nicht zu Ende geführt werden kann. Auch hierbei dürfen nicht mehr als 12 Wochen nach der Empfängnis verstrichen sein.

Diese Indikationen können nur von Medizinern ausgestellt werden. Im Hinblick auf die dritte und vierte Indikation sieht der Gesetzgeber hierbei die Schwangerschaftskonfliktberatung vor. Durchgeführt wird sie von Beraterinnen in anerkannten Beratungsstellen. Im Juni des Jahres 1992 wurde ein Bundesgesetz verabschiedet, das den Abbruch neu regelte: Die Frauen bekamen die Möglichkeit, selber zu entscheiden, ob sie eine Abtreibung vornehmen lassen wollten oder auch nicht. Die Fristenlösung ersetzt(e) hierbei die Indikationsregelung. Doch das Bundesverfassungsgericht setzte diese Neuregelung außer Kraft, so dass schließlich am 28. Mai 1993 ein Grundsatzurteil hierzu gefällt wurde. »Demnach ist ein Schwangerschaftsabbruch weiterhin mit medizinischer, kriminologischer und embryopathischer (entspricht der früheren eugenischen) Indikation möglich. Die Kosten werden von den Krankenkassen übernommen. Die sogenannte Notlagenindikation entfällt. Ein Abbruch ohne Indikation bleibt zwar straffrei, gilt aber als gesetzwidrig und wird nicht von den Krankenkassen finanziert.

Aufgrund dieser Vorgabe des Bundesverfassungsgerichts hat der Bundestag ein neues Abtreibungsrecht verabschiedet, das seit dem 1. Oktober 1995 gilt. Es handelt es sich um eine Abbruchregelung mit Beratungsfrist, also eine Zwangsberatung. Ein Abbruch bleibt danach in den ersten 12 Wochen straffrei, wenn die betreffende Frau sich mindestens drei Tage vor dem Abbruch einer Beratung unterzogen hat und diese durch eine Bescheinigung nachweist« (Gregor, 2007, 194).

Im Rahmen einer ethischen und heilpädagogischen Betrachtung der Schwangerschaftskonfliktberatung steht fest, dass es nach der Diagnose eines Kindes mit Behinderung, gerade wenn es sich hierbei um eine Trisomie 21 handelt, in ca. 90 % der Fälle zu einer Abtreibung kommt. Eng verbunden mit der Schwangerschaftskonfliktberatung sind auch die Themen der pränatalen Diagnostik bzw. der humangenetischen Beratung im Rahmen der Begleitung von Eltern (vgl.: Wunder, 2007, 222–227).

Die Fragen nach dem Lebensrecht und der Menschenwürde von Menschen mit Behinderung zielen unmittelbar auf die Arbeitsfelder der Schwangerschaftskonfliktberatung. In Bezug auf die in ▶ Kapitel 2.1 dargestellte Inklusionsdebatte erscheint es als notwendig, die Fragen nach Ethik und Menschenwürde im Rahmen einer heilpädagogisch ausgerichteten Schwangerschaftskonfliktberatung immer wieder neu zu stellen. Hier steht die Heilpädagogik klar an der Grenze zu einer angewandten Ethik, die immer wieder neu auf aktuelle Anforderungen des medizinischen Systems zu reagieren hat. In den Grenzbereichen heilpädagogischen Handelns, somit also im Hinblick auf die Abtreibungsproblematik, die pränatale und Präimplantationsdiagnostik vereinigen sich konzeptionelle Themen der Beratung mit grundlegenden heilpädagogischen Fragen nach deren Wertorientierung im Rahmen einer angewandten Ethik (vgl.: Horster, 2012, 31–37). Die heilpädagogische Orientierung in der Schwangerschaftskonfliktberatung kommt an der grundlegenden Frage nach dem Lebensrecht aller Menschen nicht vorbei. Sie muss sich bewusst auf der Basis einer ethischen Fundierung als ein Gegengewicht zu den gegenwärtigen Liberalisierungstendenzen einer postmodernen Gesellschaftsstruktur profilieren, was sicherlich nicht leicht ist. Grundsätzlich kann man davon ausgehen, dass sich Schwangerschaftsabbrüche reduzieren lassen, wenn eine professionelle Beratung die betroffenen Paare, Familien und Frauen unterstützt (vgl.: Gregor, 2007, 205).

Abschließend zu diesem Kapitel steht fest, dass es eine eigenständige heilpädagogische Beratung in dieser Form nicht gibt bzw. dass diese nicht als notwendig erscheint, weil die Heilpädagogik in unterschiedlichsten Themenbereichen der Beratung agiert bzw. agieren kann. Je intensiver sie hierbei an die Fragen der Ausgrenzung, der Bildung und Erziehung kommt (vor allem bei Menschen, die als behindert bezeichnet werden), umso intensiver ist sie auf ihre heilpädagogischen Prämissen verwiesen, um in einem dialogischen Prozess mit den Beteiligten beraterisch unterstützend wirken zu können.

Dieses kann in den hier skizzierten Handlungsfeldern stattfinden, kann jedoch auch weit darüber hinaus in allen Arbeitsfeldern stattfinden, in denen Heilpädagogen lebenslauforientiert tätig sind. So zum Beispiel in Wohneinrichtungen, in Werkstätten, in ambulant betreuten und assistierten Diensten, in Krankenhäusern oder in freien Praxen. Eine grundlegende Spezifizierung der Heilpädagogik auf ein Handlungsfeld erscheint in diesem Kontext somit weder sinnvoll noch notwendig, da die Beratung durchaus als Querschnittsthema heilpädagogischer Tätigkeitsfelder zu betrachten ist. Das feldübergreifende Anliegen heilpädagogisch-beraterischer Unterstützung setzt sich zusammen aus Ermutigung, Bildung, Assistenz und Teilhabe, die insgesamt eine Entbeeinträchtigung der Lebenssituation beteiligter Personen bewirken sollen. Beratung wird hierbei zur »Daseinsgestaltung« (Kobi, 2004, 89), in der die beratenden Handlungen in und mit einem Netzwerk stattfinden, in dem der Behinderungszustand (vgl.: Kobi, 2004, 115–118) eine Variable darstellt.

3 Gegenwärtiger rechtlicher und institutioneller Rahmen der Beratung

In diesem Kapitel werden zuerst die rechtlichen Rahmenbedingungen zur Beratung skizziert. Anschließend werden institutionelle Bedingungen von Beratung benannt, die sich aus den rechtlichen Bedingungen ergeben.

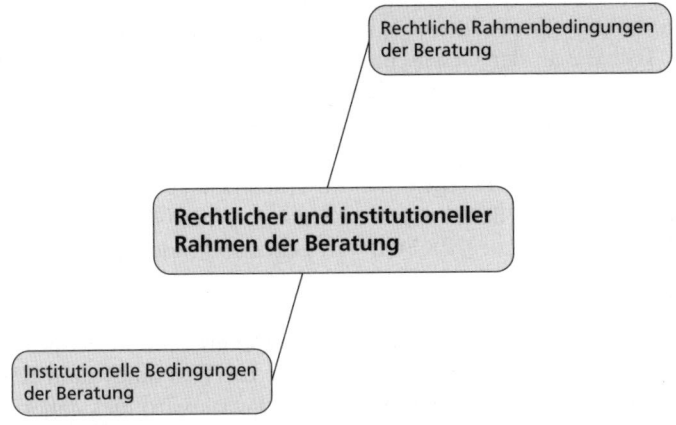

Abb. 8: Kapitel 3 – Inhaltliche Struktur

3.1 Rechtliche Rahmenbedingungen der Beratung

Neben den rechtlichen Rahmenbedingungen zur Beratung im Allgemeinen werden einige formale Grundlagen für Beratungsprozesse dargelegt (vgl.: BKE, 2009).

Der Zugang zur Erziehungsberatung erfolgt über den § 27 SGB VIII. Sie kann dann als eine mögliche Unterstützungs- oder Hilfeart geleistet werden, »wenn eine dem Wohl des Kindes entsprechende Erziehung nicht gewährleistet ist«. Der Rechtsanspruch auf eine Hilfe im Hinblick auf die Erziehung liegt grundlegend bei den Personen der Sorgeberechtigten, gleichwohl der § 27 auch einen Zugang zur Beratung für Kinder und Jugendliche ermöglicht. Hierzu ist eine förmliche Feststellung dieses Hilfebedarfes durch ein Jugendamt nicht notwendig, »da § 36a Abs. 2 die direkte Inanspruchnahme der Erziehungsberatung vorsieht. Beratungen, die auf dieser Grundlage erfolgen, sind von den Erziehungsberatungsstellen als Beratungen nach § 28 SGB VIII an die Bundesstatistik zu melden« (BKE, 2009, 14).

Der Rechtsanspruch auf Hilfeleistungen für junge Erwachsene ist in einem eigenen Paragraphen geregelt: § 41 SGB VIII stellt fest, dass diese Hilfe diese Personengruppe bei der »Persönlichkeitsentwicklung und [...] eigenverantwortlichen Lebensführung« unterstützen kann. Auch diesmal können die jungen Erwachsenen diese Beratung im direkten Verfahren, das heißt ohne förmliche Inanspruchnahme und Gewährung dieser Leistung durch das Jugendamt in Anspruch nehmen.

Ein weiterer Paragraph zur Beratung ist in § 8 Abs. 3 SGB VIII zu finden: Kinder und Jugendliche haben hiernach einen individuellen und eigenen Anspruch auf Beratung, »ohne Kenntnis des Personensorgeberechtigten [...], wenn die Beratung aufgrund einer Not- und Konfliktlage erforderlich« ist. Des Weiteren haben Kinder und Jugendliche dann Anspruch auf Eingliederungshilfe nach § 35 a SGB VIII, wenn »ihre seelische Gesundheit [...] vom alterstypischen Zustand abweicht« und »und ihre Teilhabe an der Gesellschaft beeinträchtigt ist oder eine solche Beeinträchtigung zu erwarten ist«. Diese Form der Eingliederungshilfe kann zudem als ambulante Hilfe auch in Form der Erziehungsberatung geleistet werden (vgl.: BKE, 2009, 15).

Die §§ 17, 18 SGB VIII regeln die Zuständigkeit von Erziehungsberatungsstellen. Sie sind immer in Beziehung zu setzen zum § 28 SGB VIII. Im Hinblick auf das Verhältnis von § 17 zu § 28 SGB VIII gelten folgende Beratungsbereiche als relevant:

- Die Trennungs- und Scheidungsberatung. Sie kann dann in Anspruch genommen werden, wenn sie primär auch als Hilfe bei Trennungs- und Scheidungsproblematik benannt werden kann. »In der Praxis wird dies daher häufig zu einer Unterstützung bei dieser familiären Problemlage auf der Grundlage von § 28 und gleichzeitig einer Unterstützung zur Wahrnehmung der elterlichen Sorge nach § 17 Abs. 1 Nr. 3 und Abs. 2 SGB VIII kommen« (BKE, 2009, 18).
- Eine präventive Partnerschaftsberatung. Sie soll die Eltern dabei unterstützen, »ein partnerschaftliches Zusammenleben aufzubauen« (§ 17 Abs. 1 Nr. 1 SGB VIII). Diese Form der Beratung kann, noch bevor es zu eigentlich tiefer greifenden Problemen im familiären Zusammenleben kommt, von der Erziehungsberatung nach § 28 abgegrenzt werden.
- Beratung zum Sorgerecht. Sie kann dann in Anspruch genommen werden, wenn alleine das Sorgerecht in einer Familie zum Beratungsgegenstand erhoben wird, d.h. ohne dabei die Entwicklungssituation der Kinder bzw. ihre Beziehung zu den Eltern zu fokussieren. »Die Konstellation kann sich zum Beispiel bei einer Beratung auf Anraten des Familiengerichts ergeben, wenn Eltern es ablehnen, sich näher mit der innerfamilialen Dynamik zu befassen« (BKE, 2009, 18).

Im Verhältnis von § 18 zu § 28 SGB VIII lassen sich weitere drei Beratungsbereiche unterscheiden:

- Die Beratung zur Ausübung der Personsorge. Der § 18 Abs. 1 »räumt Müttern und Vätern, die allein für ein Kind oder einen Jugendlichen zu sorgen haben oder tatsächlich sorgen, einen Anspruch auf Beratung ›bei der Ausübung der Personsorge‹ ein. Wesentlicher Teil der Personensorgen neben Aufsicht und Aufenthaltsbestimmung ist die Erziehung des Kindes. Damit ergibt sich auch hier ein natürlicher Überschneidungsbereich zur Erziehungsberatung« (BKE, 2009, 18). Demnach ist eine Beratung von allein erziehenden Personen nach § 18 Abs. 1 SGB VIII im Rahmen der Erziehungsberatung mit einer Beratung nach § 28 verbunden.
- Eine Beratung von Kindern und Jugendlichen, die auf den Aspekt »der Ausübung des Umgangsrechts nach § 1684 BGB«, also im Rahmen des § 18 Abs. 3 SGB VIII begrenzt wird. Dieses kann sich z. B. dann ereignen, wenn Kinder oder Jugendliche nach einer Scheidung Kontakt zu einem Elternteil halten möchten.
- Die Beratung von Eltern und anderen umgangsberechtigten Personen, wie z. B. einem Stiefelternteil oder den Großeltern bei der Umsetzung des Umgangsrechtes mit dem Kind. Diese Unterstützung kommt dann zustande, wenn z. B. »ein neuer Lebenspartner des Elternteils, bei dem das Kind lebt, nach einer Trennung von diesem Elternteil weiterhin Kontakt mit dem Kind halten möchte« (BKE, 2009, 19).

Auch die Leistungen nach § 16 Abs. 2 Nr. 2 SGB VIII sind für die Beratung relevant. Die Rechtsgrundlage dazu umfasst zwei mögliche Konstellationen: Erstens die Beratung in allgemeinen Fragen zur Erziehung und Entwicklung von Kindern und Jugendlichen. Des Weiteren kann diese Aufgabe aber auch einzelfallbezogen in den allgemeinen sozialen Diensten, quasi als formlose erzieherische Betreuung, also als funktionale Erziehungsberatung konkretisiert werden.

SGB VIII stellt auch eine Verbindung zwischen der Erziehungsberatung und der Hilfeplanung her: »Erziehungsberatung ist eine niederschwellige Hilfe für Kinder, Jugendliche und Familien, die direkt in Anspruch genommen werden kann. Deshalb ist aufgrund von § 36a SGB VIII eine Gewährung dieser Hilfe durch das Jugendamt nicht zwingend erforderlich. Bei einer direkten Inanspruchnahme ist es dann die Aufgabe der Erziehungsberatung, die Grundsätze der Hilfeplanung nach § 36 SGB VIII selbst umzusetzen. Dies ist insbesondere dann der Fall, wenn der Beratungsprozess länger als ein Jahr dauert und mehr als zwanzig Kontakte in Anspruch nimmt. Aufgrund ihrer umfangreichen Erfahrung mit den Entwicklungsproblemen von Kindern und Jugendlichen, der damit zusammenhängenden Interaktionsdynamik von Familien und ihrer Kenntnisse der Möglichkeiten und Grenzen der Veränderungen von Familiensystemen kann Erziehungsberatung einen Beitrag zur Qualifizierung der Hilfeplanung des Jugendamtes für andere Hilfen zur Erziehung leisten. Durch ihre spezifischen Kompetenzen kann Erziehungsberatung die Passgenauigkeit erzieherischer Hilfen erhöhen und damit zur Effizienz der Leistungen beitragen« (BKE, 2009, 20).

Die Hilfeplanung stellt ein hochinnovatives Moment im Rahmen der Einführung des Kinder- und Jugendhilfegesetzes dar. Sie stellt die kooperative Gestaltung erzieherischer Prozesse im Rahmen der Hilfen zur Erziehung deutlich in den Vordergrund. Folglich werden jeweils vor der Gewährung von Hilfen zur Erziehung durch das örtliche Jugendamt betroffene Kinder und Jugendliche sowie ihre Familien in die Hilfeplanung mit einbezogen. Die Erziehungsberatung ist durch die Einbindung in die Hilfen zur Erziehung auch den dort geltenden Verfahrensvorschriften unterworfen: »§ 27 gibt die Anspruchsgrundlagen vor, bei denen Personensorgeberechtigte eine durch das Jugendamt gewährte erzieherische Hilfe in Anspruch nehmen können; § 36 bestimmt das Verfahren zur Konkretisierung der ›notwendigen und geeigneten‹ Hilfe. Gleichwohl hat Erziehungsberatung unter den möglichen Hilfen eine Sonderstellung« (BKE, 2009, 21).

Das im Jahr 2005 erlassene Kinder- und Jugendhilfeweiterentwicklungsgesetz (KICK) versucht, für alle Beteiligten Klarheit herzustellen. So leistet die Erziehungsberatung nach § 28 eine niederschwellige Hilfe für Kinder, Jugendliche und Erwachsene, diese kann direkt in Anspruch genommen werden, ohne eine vorhergehende formale Bewilligung durch das Jugendamt. Dieses wiederum hat zur Folge, »dass für diese Leistung in der Regel keine Hilfeplanung bei der für die Gewinnung von HzE (Hilfen zur Erziehung; HG/PO) im Einzelfall zuständigen Fachkraft des Jugendamtes erfolgt« (BKE, 2009, 21). Die Steuerung dieses Angebotes erfolgt durch eine Vereinbarung über die vorzuhaltenden Leistungen, jedoch nicht über die Steuerung des Jugendamtes. Die Träger der Beratungsstellen müssen prüfen, ob die bisherigen Grundlagen zur Finanzierung ihrer Einrichtung den gegebenen Kriterien entsprechen (siehe hierzu: § 36 a Abs. 3 SGB VIII) bzw. ob sie aktualisiert werden müssten (vgl.: BKE, 2009, 21).

Wie bereits in ▶ Kapitel 1 dargestellt, wandeln sich aktuell die Sozial- und Familienstrukturen im hohen Maße. Eine Folge dieses Wandels sind häufige Trennungen und Scheidungen, welche von den Kindern und Eltern bewältigt werden müssen. Dieser Tatsache entspricht die relativ hohe Anzahl von ca. einem Drittel der Ratsuchenden in den Erziehungs- und Familienberatungsstellen, die als Grund ihres Kommens die Trennungs- und Scheidungsproblematik angeben (vgl.: BKE, 2009, 28).

Die in der Scheidungssituation häufig entstehenden und zu regelnden Fragen des Sorgerechts bzw. des Umgangs zwischen den Eltern und ihren Kindern müssen oft vom Familiengericht geklärt werden. Eine Kooperation zwischen dem Familiengericht und der Erziehungsberatungsstelle ist dann unumgänglich. Allein der Auftrag des Kinderschutzes nach § 8 a SGB VIII legt nahe, »dass die institutionelle Erziehungsberatung [...] stärker mit dem Familiengericht kooperiert [...]« (BKE, 2009, 28). Dies trifft vor allem in folgenden vier kindschaftsrechtlichen Verfahren zu, in denen die Beratung vom Familiengericht zur Mitwirkung angefragt werden kann:

- die elterliche Sorge bei Trennung und Scheidung,
- der Aufenthalt des Kindes,
- das Umgangsrecht,
- die Herausgabe des Kindes (vgl.: BKE, 2009, 34).

Eine besondere Rolle spielt hierbei die sogenannte verpflichtende Beratung. Seit dem 01. 09. 2009 können die Eltern vom Familiengericht verpflichtet werden, eine Beratung durch die Kinder- und Jugendhilfe in Anspruch zu nehmen. Dies stellt für die Erziehungs- und Familienberatungsstellen eine nicht geringe Herausforderung dar – agieren sie doch nach dem Freiwilligkeitsprinzip, d. h. sie werden grundsätzlich von den zu Beratenden aufgrund ihrer eigenen freiwilligen Entscheidung angefragt (vgl.: BKE, 2009, 33/34). Die grundlegenden Aufgaben, die sich hierzu für die jeweilige Beratungsstelle ergeben, sollen in einem längeren Zitat angemerkt werden:

»Wenn Eltern zu einer Inanspruchnahme von Beratung verpflichtet werden, dann wird neben den vielfältigen individuellen Aspekten ihrer Problemsituation eines dieser Gruppe insgesamt charakterisieren: Die Eltern haben die ihnen gemeinsam obliegende Pflicht, für das Wohl ihres gemeinschaftlichen Kindes zu sorgen, in den Hintergrund treten lassen und ausgerechnet diesen Teil ihres elementaren Elternrechtes nach Artikel 6 GG in ihre persönliche Auseinandersetzung mit einbezogen. Deshalb wird es ein wesentliches Ziel dieser Beratung sein müssen, die Eltern für die ihnen obliegende Pflicht der Pflege und Erziehung ihrer Kinder zu sensibilisieren und auf dieser Basis eine tragfähige Regelung zur Wahrnehmung der elterlichen Sorge bzw. des Umgangs für ihr gemeinsames Kind zu entwickeln. Eltern werden dann nicht nur zur Beratung verpflichtet; sondern Beratung verpflichtet auch Eltern auf ihre Verantwortung für ihr Kind. Eine vom Gericht angeordnete Beratung erfüllt hier ihre Aufgabe als die Eltern verpflichtende Beratung. Die Anordnung des Familiengerichts, Beratung in Anspruch zu nehmen, kommt da insbesondere in Betracht, wenn Eltern sich in einer hoch konflikthaften Auseinandersetzung befinden, bei der sie versuchen die verschiedenen Institutionen, mit denen sie im Zusammenhang mit ihrer Scheidung befasst sind (Familiengericht, Jugendamt, Rechtsanwälte, Beratungsstellen) zu Koalitionspartnern in ihrer Auseinandersetzung mit dem (ehemaligen) Partner zu machen. Die Anordnung der Beratung ist dann eine Möglichkeit, um bei den Eltern überhaupt eine Voraussetzung für eine wirksame Beratung zu schaffen [...]« (BKE, 2009, 34/35).

Von diesem Blickwinkel betrachtet sind Beratungsleistungen der Heilpädagogik gerade im Bereich der Jugendhilfe als hoch relevant anzusehen. Eine Krisen- bzw. Kriseninterventionsberatung, eine Konfliktberatung sowie eine Beratung im Rahmen des pädagogischen Umgangs miteinander können im Kontext der Erziehungs- und Familienproblematik hervorragend auch von beraterisch wirkenden Heilpädagogen durchgeführt werden. Noch intensiver wird sich eine solche heilpädagogische Beratung jedoch darstellen, wenn ein nächster Themenbereich angesprochen wird: die Kindeswohlgefährdung.

Mit der Neuregelung des § 1666 Abs. 1 BGB wird auf die Feststellung der Ursachen einer Kindeswohlgefährdung verzichtet. Aktuell kommt es nun darauf an, festzustellen, ob das körperliche, geistige oder seelische Wohl des Kindes gefährdet ist und ob die Eltern nicht gewillt oder nicht in der Lage sind, diese Gefahr abzuwenden. »Ausschlaggebend ist also die aktuelle Situation, in der sich das Kind befindet. Sie kann von den Familiengerichten festgestellt werden, ohne den Eltern ein Erziehungsversagen in der Vergangenheit attestieren zu müssen. Materiell hat sich die im § 1666 BGB definierte Eingriffsschwelle nicht verändert. Eine Kindeswohlgefährdung setzt nach der Rechtssprechung des Bundesgerichtshofes (BGH 1356) eine gegenwärtige Gefahr für die körperlichen, seelischen, geistigen oder erzieherischen Bedürfnisse des Kindes voraus, bei der sich in der weiteren Entwicklung mit hoher Wahrscheinlichkeit eine Schädigung des Kindes ergeben wird« (BKE, 2009, 36).

Eine heilpädagogisch orientierte Beratung in diesem Kontext ist – dem Selbstverständnis der Heilpädagogik entsprechend – nicht auf etwaige Sanktionierungen der elterlichen Verhaltensweisen ausgerichtet, sondern auf Diagnostik und Prognose der zukünftigen Entwicklung des Kindes sowie auf die gemeinsame Suche nach einem Weg aus dieser intensiven Krisen-, ja Gefahrensituation. Auf die familiengerichtlichen Maßnahmen, die hierzu notwendig sind bzw. die dann die jeweilige konkrete Beratungssituation tangieren, kann an dieser Stelle nicht weiter eingegangen werden (vgl. hierzu: BKE, 2009, 36–39).

Relevant für heilpädagogische Beratung ist auch die Verbindung von Eingliederungshilfe und Erziehungsberatung. Die Eingliederungshilfe für seelisch behinderte Kinder und Jugendliche ist 1993 durch ein zweites SGB-VIII-Änderungsgesetz als eigenständige Leistung im § 35a aufgenommen und geregelt worden. Im SGB IX wurde der Begriff der Behinderung neu gefasst. Im oben schon erwähnten Kinder- und Jugendhilfeweiterentwicklungsgesetz (KICK) wurde 2005 die Definition einer drohenden seelischen Behinderung aus dem SGB XIII übernommen, wodurch auch der Auftrag des Psychotherapeuten bzw. des Arztes exakter bestimmt werden konnte (vgl.: BKE, 2009, 97).

Erziehungsberatungsstellen sollten diesen Teil der Eingliederungshilfe vor allem dann übernehmen, wenn sie durch Diagnostik und Stellungnahme die Prüfung der Anspruchsberechtigung wahrgenommen, die Hilfeplanung des Jugendamtes hierbei berücksichtigt und die Hilfe im Einzelfall konkretisiert haben. Entsprechende Eingliederungshilfen werden vom Jugendamt in Anlehnung an den § 36 SGB XIII geplant. In diesem Klärungs-, Entscheidungs- und Planungsprozess kann die Erziehungsberatung hilfreich mitwirken.

Heilpädagogisch relevant (gleichwohl nicht wenig problematisch) ist die Neufassung des § 35a SGB VIII. Hier hat der Gesetzgeber sich zwar mit einer Neuformulierung des Behinderungsbegriffs an die Definition der Weltgesundheitsorganisation angelehnt (so dass hier nicht mehr nur von Schädigung und Behinderung, sondern auch von einer Teilhabe und Partizipation der beteiligten Personen gesprochen wird). Sie hat aber »das grundlegende Problem, Kinder unter dem Gesichtspunkt einer erforderlichen Rehabilitation betrachten zu müssen, nicht gelöst. Kinder und Jugendliche befinden sich in einem Prozess der seelischen Entwicklung; vorrangige Aufgabe ist da die Förderung ihrer Verselbständigung und Integration in die Gesellschaft. Bei Kindern und Jugendlichen geht es grundlegend um ›Habilitation‹ nicht um ›Re-Habilitation‹ […]. Eine Klassifikation von Kindern und Jugendlichen in Begriffen von Krankheit, Behinderung und erzieherischem Bedarf bleibt daher nicht sachangemessen […], da die notwendigen Abgrenzungen nicht einmal theoretisch begründet vorzunehmen sind […]. Der Übergang zwischen den Hilfesystemen bleibt sowohl hinsichtlich der Diagnostik wie der Beratung bzw. der Therapie von Kindern und Jugendlichen fließend und das Bemühen um Vermeidung der Stigmatisierung der Betroffenen ein weiter zu verfolgender Auftrag […]« (BKE, 2009, 101).

Dieses Thema ist gerade im Rahmen der aktuellen Inklusionsdebatte intensiv zu beleuchten. Denn durch eine falsch verstandene juristische Begründung bzw. durch eine falsche Umsetzung juristischer Normen kann es gegebenenfalls eher zu einer Exklusion als zu einer Inklusion der betroffenen Kinder und Jugendlichen und ihrer Familien kommen. Fraglich ist auch die Umschreibung der Behinderungsbegriffe (hierbei auch die sogenannte geistige Behinderung betreffend) im Rahmen des SGB IX und SGB XII. Sie sind weder mit der Definition der Weltgesundheitsorganisation noch mit der Definition der ICF noch mit der Definition der UN-Behindertenrechtskonvention deckungsgleich. Diese fehlende Präzision der Begrifflichkeiten in juristischen Bestimmungen führt immer wieder zu unterschiedlichen Wahrnehmungen der Beratungsaufgaben im Rahmen integrativer und inklusiver Prozesse.

Weitere Problemfelder, die sich hieraus ergeben, sind die Abstimmungsnotwendigkeiten und -modi, die sich auf den zum Teil nicht miteinander zu vereinbarenden Normen des SGB IX und des SGB XI sowie des SGB XII ergeben: Eingliederungshilfe und Pflege geraten immer noch in Konflikt miteinander, so dass Beratungsaufgaben, welche an den Nahtstellen zwischen Eingliederungshilfe und Pflege operieren bzw. operieren müssen (gerade wenn es sich um Menschen mit einer schweren Mehrfachbehinderung handelt bzw. um alte Menschen, die evtl. neue und intensivere Pflegenotwendigkeiten aufweisen), zu Krisensituationen im Prozess der Beratung führen können.

Die formalen Grundlagen der Beratung kann man in Anlehnung an BKE wie folgt beschreiben: Da die Erziehungs- und Familienberatung als niederschwellige Hilfe ausgebaut ist, stellt der § 36a Abs. 2 SGB VIII klar, dass alle Träger einer öffentlichen Jugendhilfe, also primär das Jugendamt, diese niederschwellige Hilfe zulassen soll. »Abweichungen können nur im Einzelfall erfolgen und müssen aus dem Einzelfall begründet sein. Damit ist eine lange, kontrovers geführte Debatte zur Inanspruchnahme von Erziehungsberatung an ihren Endpunkt gelangt. Als eine Voraussetzung für die direkte Inanspruchnahme soll der Träger der öffentlichen Jugendhilfe Vereinbarungen mit den Trägern der Erziehungsberatungsstellen abschließen über:

- die Voraussetzungen der Leistungserbringung,
- die Ausgestaltung der Leistungserbringung,
- die Übernahme der Kosten.

Örtlich sollte deshalb geprüft werden, ob ein entsprechender Vertrag bereits besteht. Wenn dies nicht der Fall ist, sollte ein Abschluss angestrebt werden [...]. Wenn ein Vertrag bereits abgeschlossen wurde, der Aussagen zu den oben genannten Punkten enthält, sollte gegenüber dem Träger der öffentlichen Jugendhilfe schriftlich die Auffassung verdeutlicht werden, dass mit dem Vertrag den Anforderungen des § 36a Abs. 2 SGB VIII Genüge getan ist. Wenn Beratungsstellen sich in öffentlicher Trägerschaft befinden, sollte durch interne Dienstanweisung klar gestellt werden, dass eine niedrigschwellige Inanspruchnahme entsprechend § 36a sichergestellt ist« (BKE, 2009, 131/132).

Die formale Strukturierung und Refinanzierung von Beratungsleistungen ist auch für jede institutionalisierte heilpädagogische Beratung eine unabdingbare Notwendigkeit, um den Prozess der Beratung formal-strukturiert sicher zu planen. Da die Darstellung weiterer rechtlicher Rahmenbedingungen den Rahmen dieser

Publikation bei weitem überschreiten würde, bleiben wir an dieser Stelle beim Hinweis auf die Veröffentlichung »Rechtsgrundlagen der Beratung«, BKE, 2009, 130–226.

3.2 Institutionelle Bedingungen von Beratung

Die hier folgende kurze Schilderung der grundlegenden institutionellen Bedingungen von Beratung stellt zuerst vier Merkmale der institutionalisierten Beratung in Organisationen dar. In einem zweiten Schritt werden kurze Hinweise zur Konkretisierung einer Institutionalisierung von Beratung in Organisationen gegeben.

Gerade im Hinblick auf eine systemische und konstruktivistische Betrachtung von Beratung (▶ Kap. 4.1) können vier Punkte benannt werden, die die Institutionalisierung von Beratung thematisieren:

- Systemberatung. Eine Beratung in Organisationen (auch der Heilpädagogik) vermittelt zwischen unterschiedlichen Relevanz- und Referenzsystemen. Es geht insbesondere darum, unterschiedlichste Perspektiven der Organisation zu berücksichtigen und miteinander in Beziehung zu setzen. Für Organisationen der Heilpädagogik kann dieses bedeuten, dass z. B. hierarchische Teilsysteme miteinander kommunizieren (müssen), um das Handeln des je anderen zu verstehen. Die unterschiedlichen Sichtweisen der Beratenden in diesen Organisationen sind somit miteinander zu vernetzen und abzugleichen, so dass eine systemische Sichtweise der Netzwerkstrukturen schon in einer Organisation stattfinden kann.
- Die Kultur der Organisation. Organisationskulturelle Notwendigkeiten geraten immer intensiver in den Fokus der Beratung. Vorab jeder Beratung ist die Kultur einer Organisation, in der diese Beratung stattfindet, vom Berater zu antizipieren bzw. zu überprüfen. Auch eigene Handlungsvollzüge des Beraters müssen selbstkritisch be- und hinterfragt werden, wenn es nicht zur Bearbeitung eigener dunkler Stellen im Prozess der Beratung kommen soll. Kommunikations- und Interaktionsprozesse und -stile sind konkret in den Blick zu nehmen. Zentral erscheint gegebenenfalls aber auch die Frage nach dem Sinn der jeweiligen Beratung im Kontext des organisatorischen Eingebundenseins.
- Perspektivenwechsel. Der Berater muss immer wieder dazu in der Lage sein, die eigene Perspektive im Kontext der Beratungsprozesse zu verändern bzw. den Beratungsprozess aus der Sichtweise der Beteiligten wahrzunehmen (▶ auch Kap. 1.3). Alle hierzu notwendigen Rollen bzw. Rollenprozesse und Veränderungsmodi müssten hierbei fokussiert werden. Es kann sogar u. U. auch zu einer Modifikation der Verantwortlichkeiten in diesen Beratungsprozessen kommen.
- Interferenzen. Beratungssituationen verwirklichen sich immer in Bereichen von persönlichen und strukturellen Überschneidungen, Brechungen und Doppeldeutigkeiten. Gerade im Hinblick auf die Überlagerung zwischen den unter-

schiedlichen Sichtweisen der Lebenspraxis der Handlungspartner sowie der Reflexion eben dieser Sichtweisen kann es zu Brüchen im Beratungsprozess kommen. Also sind Konflikte und Auseinandersetzungen im Verlauf von Beratungsprozessen keine Seltenheit. Dies ist in dem Sinne als Ergebnis der Beratung zu betrachten, weil diese Konflikte ohne den Beratungsprozess nicht hätten thematisiert werden können. Was natürlich nicht nur für die zu Beratenden gilt, sondern auch für die Berater im Kontext ihrer jeweiligen eigenen Organisation (vgl.: Greving, 2000a, 128/129).

Diese grundlegenden vier Merkmale können nun durch weitere institutionelle Themen konkretisiert werden (vgl.: Belardi u. a., 2007, 222–231):

- Hat die Beratungsstelle bzw. die Beratungssituation eine hohe oder niedrige Zugangsbarriere?
- Im Rahmen einer heilpädagogischen Beratung ist darauf zu achten, dass vor allem eine gemeinwesenorientierte und quartiersbezogene Beratung institutionell und funktional so weit am Ratsuchenden orientiert werden muss, dass es eben nicht zu einer Zugangsbarriere kommt.
- Eine hohe Institutionalisierung zieht häufig einen hohen Grad an Spezialisierung nach sich, so dass im Rahmen der Konzeptentwicklung einer Beratungsstelle klar sein muss, inwieweit diese spezialisiert oder eher generalisiert aufgestellt ist. Eine heilpädagogische Beratung weist – bedingt durch die Arbeit mit der Klientel der Heilpädagogik (Menschen, Behinderung, Verhaltensprobleme etc.) – eher einen höheren Grad von Spezialisierung auf.
- Dennoch müssten auch die grundlegenden Themen von Erziehungsberatung, Schwangerschaftskonfliktberatung, Familienberatung etc. berücksichtigt werden, da diese sehr häufig den Rahmen darstellen, in dem eine heilpädagogische Beratung stattfinden kann. Auch muss der beratende Heilpädagoge in spezifischen Beratungssituationen entscheiden können, ob er eher spezialisierter oder aber generalistischer vorgeht.
- Ebenfalls wichtig ist die Frage, ob sich die Form der Beratung als Kontrolle oder als Hilfe darstellt.
- Bei angeordneten Beratungen (s. o.) wird der zu Beratende den Berater wahrscheinlich in der Rolle eines »Kontrolleurs« sehen (bewusst oder unbewusst). Dies ist zu klären und der Kontrollaspekt weitestgehend nach hinten zu stellen – das ermöglicht dem Ratsuchenden, die Beratungssituation vordergründig als Hilfesituation zu erleben. Hierbei sind die in ▶ **Kapitel 3.1** skizzierten rechtlichen Rahmenbedingungen relevant und zu beachten.
- Beratungsstellen sind immer intensiver dazu aufgefordert, sich miteinander und mit weiteren Anbietern im Bereich des Sozial- und Gesundheitswesens zu vernetzen. In Frage kommen vor allem die unterschiedlichen sozialen Dienste (z. B. der allgemeine Sozialdienst oder die Schuldnerberatung), aber auch weitere Einrichtungen, die ihre Handlungsfelder tangieren (z. B. Schulen, Kommunalpolitik und Selbsthilfegruppen). Dabei stellt sich nicht zwingend die Frage, ob es eine hohe oder niedrige Vernetzung sein muss, vielmehr sind die Beratungsstellen darauf angewiesen, sich mit ihnen zu vernetzen. Berater stehen also oft als die

Entwickler eines Netzwerkes da. Dieses geht weit über die bloße Weitergabe von Informationen hinaus. Und zwar immer mehr in Richtung einer Unterstützung im Rahmen eines Case Managements (vgl.: Belardi, 2007, 224).
- Ein letzter Punkt bezieht sich auf die Frage, ob eine selbsthilfeorientierte oder aber eine professionelle Beratung besser bzw. sinn-voller oder relevanter wäre. »Diese platte Gegenüberstellung ist in jedem Falle falsch![(…] es ist wissenschaftlich erwiesen, dass die Teilnahme an einer Selbsthilfegruppe einen hohen therapeutischen Effekt haben kann. […] heute verstehen wir Selbsthilfe keineswegs als Gegensatz zu professioneller Beratung […], sondern als sinnvolle Ergänzung berufsmäßiger sozialer Arbeit [und Heilpädagogik; HG/PO] […]« (Belardi u.a., 2007, 229). Gerade in Hinblick auf die sich intensivierende Inklusionsdebatte sind z. B. die Erfahrungen der sogenannten Disability Studies sowie personenorientierte Hilfen im Rahmen einer sozialen Netzwerkförderung bzw. im Hinblick auf Umfeldkonzepte mit einzubeziehen (vgl.: Waldschmidt, 2007, 161–168; Franz/Lindmeier/Ling, 2011, 100–109). Beratung in den Kontexten der Heilpädagogik wird sich immer mehr auf die Wahrnehmung der Situation aus der Perspektive der Betroffenen stützen. Was sie notwendigerweise auf das Grenzgebiet zwischen Selbsthilfe und professioneller Beratung führt. Eine Erhebung des So-geworden-Seins des Ratsuchenden zur Grundlage von heilpädagogischen Beratungssettings ist dann nur die logische Folge dieser Position.

Diese Konkretisierungen leiten über zur Theorie und Methodik von Beratung im nächsten Kapitel. Dabei werden sowohl die humanistische als auch die konstruktivistische Begründung von Beratungsmodi und -notwendigkeiten fokussiert. Auch die Entwicklungspotentiale aller Beteiligten sowie die gemeinsame Gestaltung von Beratungsprozessen werden als die grundlegenden Momente einer Beratung in der Heilpädagogik dargestellt.

4 Beratung und Heilpädagogik: Methodische Zugänge

In diesem Kapitel werden ausgewählte Aspekte der Methodik beraterischer Unterstützung dargelegt, es stellt den praxisbezogenen Kern des vorliegenden Buches dar und weist folgende aufbaulogische Struktur auf:

- Am Anfang steht eine humanistische und konstruktivistische Begründung der Beratung in der Heilpädagogik.
- Die praxisbezogene Methodik erfolgt dann mit der Darstellung von Faktoren, die eine Relevanz für die Erfüllung der Beratungsaufgabe in der Heilpädagogik besitzen (Begrifflichkeit, Prozess, Ansätze, Kontexte, Selbstverständnis, Gesprächsführung).
- Abschließend wird noch auf beratungsrelevantes Fachwissen aus der Heilpädagogik sowie den beiden wichtigen Referenzdisziplinen der Heilpädagogik (Psychologie, Medizin) hingewiesen.

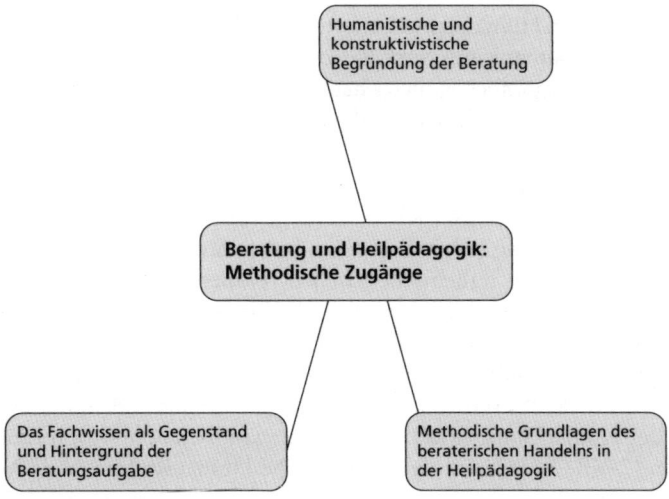

Abb. 9: Kapitel 4 – Inhaltliche Struktur

4.1 Eine humanistische und konstruktivistische Begründung der Beratung in der Heilpädagogik

Die Beratungsaufgabe in den Handlungsfeldern der Heilpädagogik wird hier aus der humanistischen und konstruktivistischen Perspektive skizziert. Dabei wird auf die Vernetzung dieser beiden Perspektiven Bezug genommen, die schon bei der Grundlegung einer Didaktik/Methodik der Heilpädagogik vorgenommen wurde (vgl.: Greving/Ondracek, 2009, 43–81). Davon ausgehend werden dann mögliche Realisationspunkte benannt, wie Beratung konstruktivistisch und humanistisch verstanden und durchgeführt werden kann. Dieses Kapitel schließt ab mit einigen kurzen Hinweisen zur Verwissenschaftlichung der Beratung aus einer systemisch-konstruktivistischen Perspektive – eingedenk all der Probleme, die eine Verwissenschaftlichung im Rahmen der Beratung nach sich ziehen kann (▶ Kap. 1.2).

Die humanistische Perspektive weist (u. a.) folgende etymologische Bedeutungen auf:

- Humanismus: Streben nach Menschlichkeit, Achtung der Menschenwürde; Bestrebungen, die von einer unbegrenzten Entwicklungs- und Bildungsfähigkeit des Menschen ausgehen und die Höherentwicklung und Vervollkommnung der Menschheit zum Ziel haben; an der antiken Kultur orientiertes Bildungsideal des späteren Mittelalters;
- Humanist: jemand, der Humanismus praktiziert; Anhänger des Humanismus;
- humanistisch: den Humanismus betreffend, zu ihm gehörend, auf ihm beruhend; die Ideale des Humanismus verfolgend;
- humanisieren: menschlicher, menschenwürdiger, sozialer gestalten (Lebens- und Arbeitsbedingungen) (vgl. Microsoft 2004).

Im Humanismus offenbart sich ein Menschenbild, das besonders die Wertvorstellungen und die Würde des Menschen hervorhebt. Auch die Aspekte der Toleranz und Selbstverwirklichung haben hier einen hohen Stellenwert. Als Begründer des Humanismus wird der italienische Dichter Francesco Petrarca (1304–1374) angesehen. Sich auf die philosophischen Schriften der Antike stützend stellte Petrarca den Menschen ins Zentrum der humanistischen Sichtweise, indem er die mitfühlende Hinwendung zum Mitmenschen als Erziehungsziel formuliert und als Grundaspekt der Gesellschaft postuliert hat. Weitere bekannte europäische Vertreter des Humanismus sind z. B. der niederländische Philosoph Erasmus von Rotterdam (1469–1536) und der französische Humanist Michel de Montaigne (1533–1592).

Der italienische Humanismus entwickelte sich hauptsächlich auf dem Gebiet der Literatur und der Kunst. In Mitteleuropa umfasste die Bewegung auch andere Gebiete. So erarbeiteten die deutschen Gelehrten Johannes Reuchlin und Melanchthon Grundlagen einer humanistischen Theologie und Erziehung. Als wichtigste Vertreter des deutschen Humanismus gelten Friedrich Schiller (1759–1805) und Wilhelm von Humboldt (1767–1835). Die deutsche Bezeichnung Humanismus

4.1 Eine humanistische und konstruktivistische Begründung der Beratung

wurde zu Beginn des 19. Jahrhunderts vom lateinischen Ausdruck »humanitas« (Menschlichkeit) abgeleitet. Genauer betrachtet lässt sich der Humanismus in der deutschen Ausrichtung eher als eine pädagogische Bewegung einordnen, die auf die Wiederbelebung der klassischen Antike für den Schul- bzw. Universitätsunterricht zielte und sich durch gebildete Bürger eine Humanisierung der Gesellschaft erhoffte. Die angestrebte Humanität im Umgang der Menschen miteinander besteht in der Verinnerlichung einer der Würde des Menschen verpflichteten Gesinnung – ist somit also ein Ideal vollkommener Menschlichkeit.

Das Menschenbild dieser Bewegung besagt, dass jeder Mensch ein lernfähiges Individuum ist und dass der Sinn seiner Existenz darin liegt, diese Eigenschaft für die Bildung zu nutzen: Der Existenzgrund des Menschen liegt in seiner Bildung. Ein bestimmtes Maß an Bildung stellt gleichzeitig auch eine Grundlage für die sittliche Qualität der menschlichen Existenz dar (vgl. Microsoft 2004).

Im Kontext der Heilpädagogik stellt sich die Frage, inwieweit diese Grundansichten des Humanismus auf diejenigen Menschen anwendbar sind, die eine organische Schädigung, Behinderung, chronische Erkrankung, psychische Störung u. Ä. aufweisen und infolge dessen bzw. aufgrund der stigmatisierenden und ausschließenden Prozesse der Gesellschaft eine Beeinträchtigung im Lebensvollzug zu ertragen haben. Anders gefragt: Lohnt es sich, Entwicklung und Bildung dort zu fördern, wo eigentlich nur sehr wenig bis gar nichts zu machen ist? Die Antwort ergibt sich aus der Geschichte und dem Selbstverständnis der Heilpädagogik. Von Anfang an hat die beeinträchtigte Lebenslage und ein hiermit verbundenes Leiden der betroffenen Menschen vor allem diejenigen aktiviert, die sich als Philanthropen verstanden (aus dem Griechischen: den Menschen liebend) und für ein menschenwürdiges Leben der Ausgestoßenen und Geächteten eingesetzt haben.

Gerade in der Heilpädagogik stellt sich die Erforderlichkeit der Humanisierung von Lebensbedingungen Betroffener sehr intensiv dar: Die humanistische Perspektive auf die Heilpädagogik und das heilpädagogische Handeln stellen ein Grundcharakteristikum des heilpädagogischen Selbstverständnisses dar. Welche grundlegenden Themen sind hierbei zu betrachten?

Eine hohe Relevanz nimmt hierbei das »Wertgeleitet-Sein« ein: Die Anthropologie gilt als ein Grundbereich der Philosophie. Sie beschäftigt sich im Konkreten mit der theoretischen Selbstbestimmung des Menschen sowie mit seiner Abgrenzung gegenüber der Natur und seinem praktischen Handeln in einer Gesellschaft. Allgemein sucht sie das allgemein Menschliche zu finden und zu formulieren. Demnach lautet die anthropologische Grundfrage »Was ist der Mensch?« und die Anthropologie versteht sich als die Wissenschaft vom Menschen. Die Beantwortung der anthropologischen Grundfrage führt zu Menschenbildern. »Das ›Menschenbild‹ einer Person oder Gruppe bezeichnet das Gesamt all ihrer expliziten oder impliziten Auffassungen über das, was den Menschen ausmacht bzw. ausmachen soll« (Jakobs, 1997, 21). Menschenbilder als Ausdruck der Beantwortung der anthropologischen Grundfrage stehen immer in Abhängigkeit von historischen, gesellschaftlichen, kulturellen und religiösen Variablen und weisen große Unterschiede und Veränderungen auf.

Ethik wird als eine Disziplin verstanden, die Kriterien aufstellt, welche die Frage nach dem Guten und damit die Frage nach Haltungen und Handlungen von

Menschen in einer Gesellschaft bestimmen sollen. Sie hat also einen konventions-, institutions-, situations- und subjektunabhängigen Anspruch, indem sie nach qualitativ übergeordneten Bewertungskriterien sucht und ihre Aussagen als intersubjektiv nachweisbar und verbindlich ausweisen will. Das Hauptanliegen der Ethik ist eine Aufklärung der Praxis menschlichen Zusammenlebens, eine Einübung ethischer Begründungs- und Argumentationszusammenhänge und schließlich die Hinführung zu einem humanen menschlichen Zusammenleben (vgl.: Pieper, 2000, 11 f). Die ethischen Antworten auf Fragen nach einem leitenden Kriterium für gutes und schlechtes menschliches Handeln lassen verschiedene Positionen erkennen – so z. B. den Zugang im Sinne der deontologischen, utilitaristischen und diskursethischen Methode (vgl.: Antor/Bleidick, 2000, 77 ff). Es gibt auch die beschreibende (deskriptive) und die vorschreibende (normative) Herangehensweise (vgl. Pieper, 2000, 234 ff.). Wie kompliziert das Gebiet der handlungsleitenden Grundsätze ist, belegt die Tatsache, dass eine Entscheidung für ein bestimmtes ethisches Kriterium immer auch mit der Beantwortung der anthropologischen Grundfrage nach dem Wesen des Menschen einhergeht.

In diesem Sinne sind Anthropologie und Ethik sehr eng aneinander gekoppelt. Das dies Bedeutungen für die Beratungsprozesse in der Heilpädagogik hat, muss an dieser Stelle nicht weiter ausgeführt werden – hierzu wird in den methodischen Aussagen der nächsten Kapitel ausführlich Bezug genommen.

Was heißt es nun konkret, wertgeleitet zu sein? Bei einer ersten Betrachtung kann man diesen Grundaspekt des heilpädagogischen Handelns missverstehen – allgemein gesehen richtet sich doch jeder Mensch im alltäglichen Tun danach, was ihm persönlich wichtig, also wertvoll ist. Demnach würde das heilpädagogische Handeln einer subjektiven Beliebigkeit unterworfen, die den Raum für jegliche denkbaren Vorgänge öffnet und eine Rechtfertigung nach dem Motto »Was für mich wichtig ist, ist auch richtig!« ermöglicht. Dieser subjektive Grundsatz mag zwar im privaten Leben (mit Einschränkungen) zutreffen, ist jedoch im beruflichen Tun vollkommen inakzeptabel. Denn dort sind nicht die »privaten Werte«, sondern ein theoretisch begründeter Werterahmen des jeweiligen Berufs handlungsleitend. In diesem Kontext wird von Berufsethik, in unserem Kontext von der Berufsethik der Beratung in der Heilpädagogik, gesprochen.

Werte sind ideal gedachte Vorstellungen über das Menschsein bzw. die gesellschaftliche Idealzustände. Allgemein gültige Werte existieren (heute) nicht (mehr). Vielmehr geht es um nicht beweisbare Annahmen (Postulate), denen sich der Einzelne anschließt. Es gibt Werte, die in der Gesellschaft weitgehend geteilt werden und deshalb auch als Grundwerte betrachtet werden. Andere Werte werden von verschiedenen gesellschaftlichen Gruppierungen unterschiedlich bewertet und gewichtet. Im Kontext der eigenen Lebensgeschichte bildet jeder Mensch ein individuelles Wertesystem aus (persönliche, subjektiv Sinn ergebende Überzeugungen und Bewertungskriterien), das sein Denken und Handeln beeinflusst.

Das »Wertgeleitet-Sein« ist weder ein Verdienst noch ein Privileg der Heilpädagogik, denn alle, die sich für Würde und Solidarität einsetzen, müssen sich als wertgeleitet verstehen. Nichtsdestotrotz ist das wertgeleitete Handeln gerade für die Heilpädagogik besonders wichtig. Die Personen und deren Lebenslagen, für die sich Heilpädagogen zuständig fühlen, erfordern im Vergleich mit anderen Berufen durchaus ein Mehr sowohl in qualitativer (Beziehungsoffenheit, innere Stabilität, Respekt, Geduld ...) als auch in quantitativer (Wissen, Methoden, Know-how, Zeit ...) Hinsicht (vgl.: Bundschuh, 1995, 23). Hieraus ergibt sich die besondere Notwendigkeit einer tragenden und Zuversicht gebenden Verankerung in dem erschwernisreichen alltäglichen Erleben und Tun. Hierfür ist die Orientierung an den Werten der uneingeschränkten Würde und der tätigen Solidarität unentbehrlich und gilt als charakteristisches Merkmal des heilpädagogischen Handelns.

Der heilpädagogische Einsatz im Sinne eines humanistischen Menschenbildes bedeutet vor allem, sich dem Schutz des Lebens und der Solidarität mit hilfsbedürftigen, schwachen und ausgegrenzten Menschen verpflichtet zu fühlen. Außerdem gilt es für die heilpädagogisch Tätigen, sich ...

- an den individuellen Fähigkeiten der Betroffenen zu orientieren, d.h. ihre Bedürfnisse wahrzunehmen und sich ihnen vorbehaltlos (ohne Ansehen der Person, Herkunft, sozialer Stellung, Religion oder Leistungsfähigkeit) zuzuwenden,
- zu bemühen, die ganz persönliche Eigenart der Betroffenen ernst zu nehmen, ihre Ausdrucksweise zu verstehen, ihnen Schutz und Geborgenheit zu bieten, ihre Lebenszufriedenheit zu fördern und sie bei der Findung eigener Wege zur Entfaltung von Potentialen zu ermutigen,
- als Begleiter eines Wachstumsprozesses, einer Entwicklung, die aus dem Menschen selbst kommt, zu verstehen – ohne zu dominieren oder eigene Vorstellungen und Werte in den Entwicklungsprozess einzubringen,
- bei jedem Einzelnen unterstützend, fördernd und begleitend hinsichtlich der Persönlichkeitsbildung, des Personsein-Erhalts, des Selbstwertgefühls und der Selbstbestimmung zu engagieren,
- auf die Findung von individuellen, sozialen und ökologischen Ressourcen zu konzentrieren und sie als Quelle akzeptabler Lösungen für den Einzelnen, für die Gemeinschaft und für die Gesellschaft zu nutzen,
- dafür einzusetzen, dass alle Betroffenen die Möglichkeit bekommen, ganz »normal« zu leben, zu handeln und am gesellschaftlichen Geschehen teilzuhaben, d.h. genauso wie alle anderen Mitglieder der Gesellschaft.

Demnach sind die heilpädagogisch Tätigen, gerade auch im Kontext der aktuellen Bedingungsfaktoren der Beratung, zur Reflexion ihres Handelns und wertbezogenen Stellungnahmen herausgefordert. Sie müssen die Wert- und Zielfragen ihres Wirkens formulieren und beantworten. Haeberlin verweist auch auf den dialogischen Aspekt heilpädagogischen Handelns im Sinne von Martin Buber (s. o.). Die Annahme des Gegenübers, das Vertrauen in sein Potential und seine Fähigkeiten und die Echtheit im Moment des Kontakts und der Kommunikation mit ihm sind hierbei erneut als tätige Ausdrucksformen der o. g. ethischen Wertorientierung zu verstehen (vgl.: Haeberlin, 1996, 37 ff). Als Grundanliegen einer ethisch-anthropologischen, wertgeleiteten Heilpädagogik kann somit die »Parteinahme für die Würde behinderter Menschen« (Haeberlin, 1996, 28) betrachtet werden. Die Aufforderung zur mitmenschlichen Solidarität mit den Betroffenen gilt allerdings nicht nur für die Heilpädagogik, sondern auch für die Gesellschaft. Eine

wichtige Bedingung für die Herausbildung einer solchen Solidarität ist ein für alle Menschen gültiges Menschenbild. Deshalb muss den behindertenspezifischen Menschenbildern eine deutliche Absage erteilt werden (vgl.: Haeberlin, 1996, 68) – was dieses auch und gerade für Beratungsprozesse bedeutet, wurde in
▶ Kapitel 2.1 im Hinblick auf die eher nihilistischen Ausprägungen eines biologistisch-medizinischen Ansatzes in der Heilpädagogik bereits beschrieben.

Die konstruktivistische Perspektive weist (u. a.) folgende etymologische Bedeutungen auf:

- Konstruktion: Entwurf, Plan; Denkgebäude, Vorstellungskomplex; etwas Erfundenes oder Ausgedachtes; weit geholter, wenig sinnvoller Zusammenhang;
- Konstrukt: Denkmodell, gedankliche Hilfskonstruktion;
- konstruieren: entwerfen, planen; sich etwas theoretisch überlegen, sich etwas ausdenken; mühsam künstliche und komplizierte Zusammenhänge herstellen (vgl.: Microsoft, 2004).

Die Bezeichnung »Konstruktivismus« wird als ein Sammelbegriff für unterschiedliche erkenntnistheoretische Konzepte verwendet, die davon ausgehen, dass Menschen mit ihren Wahrnehmungen nicht einfach eine objektiv existierende Welt »abbilden« können, sondern sie erst subjektiv »konstruieren«. Die Wahrnehmung spiegelt hierbei nicht einfach die äußere Welt, sondern stellt einen Prozess dar, in dem Informationen zu einer selbst erzeugten Erfahrungswirklichkeit des Beobachters verarbeitet werden. Konstruktivismus fragt, wie man Wissen über die Welt erlangt und geht davon aus, dass es keine a priori gegebene Objektivität gibt – kein Mensch kann ausschließen, dass es neben seinem eigenen Erfahrungs- und Erkenntnisweg nicht noch andere Wege geben könnte. Nichtsdestotrotz kann der Begriff der Objektivität nicht gänzlich aus dem konstruktivistischen Vokabular gestrichen werden.

Obwohl unsere Wahrnehmung nur ein Konstrukt subjektiver Wirklichkeit erstellt, ist es erstaunlich, wie viele Gegenstände und Bilder mit denen anderer Menschen scheinbar übereinstimmen und von diesen auch so bestätigt werden. Demnach lassen sich der Austausch von Erfahrungen und die intersubjektive Wiederholung von Erlebnissen als Grundlage der Entstehung einer kommunikativ erarbeiteten »objektiven« Wirklichkeit betrachten. Folglich werden im Sinne des Konstruktivismus solche Meinungen und Vorstellungen als »objektiv« bezeichnet, die von möglichst vielen Subjekten bzw. lebenden Systemen geteilt werden.

Die heute diskutierten konstruktivistischen Positionen entstanden in den 1960er und 1970er Jahren, gehen philosophiegeschichtlich allerdings bis auf Vico und Kant zurück. Aus philosophischer Sicht ist der Konstruktivismus keine Lehre des Seins (also keine Ontologie), sondern eine Epistemologie, d. h. eine Form der Erkenntnistheorie, die Möglichkeiten und Grenzen menschlicher Erkenntnisse und Reflexionsprozesse zu bestimmen versucht. Die erkenntnistheoretischen Fragen hierbei können auch als anthropologische und ethische Fragen bestimmt werden: »›Was können wir wissen?‹ ist nicht zu trennen von ›Wer sind wir?‹ und ›Wie sollen wir handeln?‹« (Siebert, 2005, 7) Die Vorläufer dieser Erfassung menschlicher Erkenntnis gehen schon weit zurück in die Philosophiegeschichte (vgl.: Siebert,

2005, 7–17): bis hin zu den Skeptikern der griechischen Philosophie, welche starke Zweifel darüber hegten, ob die Welt wirklich erkannt werden kann und ob der Mensch jemals wissen kann, was wirklich ist, kann die Geschichte des Konstruktivismus zurückverfolgt werden.

Was sind nun aber die eigentlichen Grundaussagen des Konstruktivismus?

Der Konstruktivismus geht von folgender Tatsache aus: Die gegenwärtigen Kulturen und Gesellschaften weisen solch unstrukturierte und komplexe Formen aus, dass es in ihnen kaum Gewissheiten zu geben scheint – wie dieses in der sog. Postmoderne zurzeit der Fall ist. Folglich berücksichtigt er in seiner Erkenntnis über den Menschen auch das Nichtwissen, die Skepsis und die Möglichkeit des Scheiterns bzw. sogar seine logische Notwendigkeit. Ohne hier auf die unterschiedlichen Schulen und Ausprägungen des Konstruktivismus konkreter eingehen zu können (vgl. hierzu ausführlich: Siebert, 2005a, 11–20), kann er mit folgender Grundaussage charakterisiert werden:

»Die Kernthese des Konstruktivismus lautet: Menschen sind autopoietische, selbstreferenzielle, operational geschlossene Systeme. Die äußere Realität ist so sensorisch und kognitiv unzugänglich. Wir sind mit der Umwelt lediglich strukturell gekoppelt, d. h. wir wandeln Impulse von Außen in unserem Lernsystem ›strukturdeterminiert‹, d. h. auf der Grundlage biographisch geprägter psycho-physischer kognitiver und emotionaler Strukturen, um. Die so erzeugte Wirklichkeit ist keine Repräsentation, keine Abbildung der Außenwelt, sondern eine funktionale, viable Konstruktion, die von anderen Menschen geteilt wird, und die sich biographisch und gattungsgeschichtlich als lebensdienlich erwiesen hat. Menschen als selbstgesteuerte ›Systeme‹ können von der Umwelt nicht determiniert, sondern allenfalls pertubiert, d. h. ›gestört‹, und angeregt werden« (Siebert, 2005a, 11).

Wie durch diese umfassende Definition deutlich geworden ist, kann der Konstruktivismus nicht als eine von anderen Erkenntnisansätzen streng getrennte Wissenschaftsdisziplin bezeichnet werden. Vielmehr ist er als eine Leitidee zu verstehen, welche inter- und transdisziplinär versucht, sich von allgemeingültigen Wahrheitsansprüchen zu distanzieren. »Wirklichkeit ist beobachterabhängig – dies ist der kleinste gemeinsame Nenner dieser Diskussion« (Siebert, 2005a, 11). Auf diesem Hintergrund verbindet der Konstruktivismus sowohl natur- als auch sozialwissenschaftliche Erkenntnisse, für ihn waren (wie dieses schon in der kurzen Beschreibung der Geschichte des Konstruktivismus deutlich geworden sein sollte) diese Unterscheidungen immer von Menschen gemacht – die Grenzen werden nun fließend.

Der Konstruktivismus stellt folglich nicht nur einen Erkenntnisansatz dar, er ist zugleich auch (in vorsichtiger Art und Weise formuliert) eine Handlungstheorie. Dies ist auf die Tatsache zurückzuführen, dass Erkennen und Handeln immer miteinander verbunden und untrennbar aufeinander bezogen sind. Die Erkenntnis ist grundlegende Voraussetzung für den Handlungsprozess, Erkennen stellt sogar eine Form des Handelns dar, diese wirkt wiederum sofort auf die Erkenntnisprozesse zurück. Eine Trennung von Emotionen und Kognitionen ist in diesem Kontext gar nicht möglich – sie stellt eine Grundlegung der conditio humana auf dem Hintergrund der Erkenntnistheorie des Konstruktivismus dar. Für Humberto Maturana (einer der Begründer einer biologischen Sichtweise des Konstruktivismus) stellt z. B. das Beobachten eine soziale Handlung dar. Er spricht von einem »doppelten Blick« der Erkenntnistheorie: »Einerseits der psychische Aspekt menschlichen Erkennens, anderseits der Aspekt des sozialen Verhaltens« (Siebert, 2005a, 21). Diese Erkenntnis weist eine deutliche Relevanz für das (auch beratende) Handeln in der Heilpädagogik auf: Dieses ist weder ohne das handelnde Subjekt noch ohne das Subjekt des Gegenübers (an und mit welchem gehandelt wird) dar- und vorstellbar. Beide Individuen bewegen sich in einem fortschreitenden Zirkel eines wechselseitigen Erkenntnisprozesses zwischen Handeln und Erkennen und Erkennen und Handeln aufeinander zu. Hierdurch entsteht eine (wie auch immer gestaltete) Identität der Handlungspartner.

Konstruktivismus geht davon aus, dass die Handlungen der beteiligten Personen auf dem Hintergrund eines ganz bestimmten Sinns erfolgen: Der Mensch ist individuell und subjektiv davon überzeugt, dass das, was er tut, für ihn (und vielleicht auch für andere) sinnvoll und sinnhaft gestaltbar ist. Zudem wird diese Art des Sinns von gesellschaftlichen und historischen Bedingungen und Bedingtheiten umfasst und eingegrenzt (vgl. so z. B. die Überlegungen von Berger und Luckmann, sowie von Kenneth Gergen; vgl.: Siebert, 2005a, 22/23). Von den Aussagen von Emil E. Kobi ausgehend (vgl.: Kobi, 2004) kann die Sinnfrage im Kontext heilpädagogischer Handlungen als eine zentrale Kategorie der heilpädagogischen Denk- und Handlungsweise betrachtet werden (▶ auch **Kap. 1.1**). Für den Konstruktivisten Siegfried Schmidt stellt dieser Sinn sogar eine »konstruktivistische Schlüsselkategorie« (Siebert, 2005a, 23) dar. Er geht davon aus, dass jede Konstruktion von Wirklichkeit auf der grundlegenden Basis der individuellen und kulturellen Sinngebung basiere. Diese abgemilderte Form eines sozialen interaktionistischen Konstruktivismus ist folglich für die Beratungsprozesse in den Handlungsfeldern der Heilpädagogik, wichtig und erhält einen noch höheren Stellenwert, wenn sie mit humanistischen Annahmen und Vollzügen gekoppelt wird.

Jede Konstruktion der Wirklichkeit wird also immer im kommunikativen Prozess zwischen Einzelnen oder Gruppen und auch in der Gesellschaft mittels Kommunikation ausgehandelt/erarbeitet. Demnach stellt die Kommunikation einen grundlegenden Begriff konstruktivistischer Theorie dar. Für Niklas Luhmann ist Gesellschaft in Reinform Kommunikation, »obwohl Menschen als autopoietische Systeme sich nur bedingt verstehen und verständigen können, so dass Missverstehen der Normalfall ist« (Siebert, 2005a, 24). Kommunikation ist »conditio sine qua non« für die Koordination sozialer Handlungen. Sie basiert auf Sprache, gleichwohl im heilpädagogischen Kontext sowohl Verbalsprache als auch Körpersprache mit gemeint ist. All das, was Sprache und Sprechen ausmacht, ist kulturell vorgegeben und ausgezeugt. Deshalb findet sich in den jeweiligen Kommunikationsprozessen unterschiedliche Konstrukte eben dieser Kultur wieder. Kommunikation unterschiedlichster Menschen ist also immer (unabhängig von Behinderung oder Nichtbehinderung) auf den Prozess wechselseitiger Verständigung, ja wechselseitigen Verständnisses sowie der Annahme, dass jede Kommunikation scheitern kann, angewiesen. Was dieses konkret für das Sprach-Handeln in der Beratung bedeutet, wird in den folgenden Kapiteln dieses Buch im Hinblick auf eine methodische Orientierung und Ausprägung beschrieben.

4.1 Eine humanistische und konstruktivistische Begründung der Beratung

In diesem Kontext ist des Weiteren der Begriff der Viabilität (also der Passung) von Bedeutung. Er bezieht sich auf Handlungen, die auf dem Hintergrund einer bestimmten Gesellschaftsstruktur und ihm Rahmen eines individuellen Handelns funktionell nützlich sind. Hierbei gilt: Es muss nicht immer zu einer Passung zwischen gesellschaftlicher und persönlicher Nützlichkeit kommen. Hierzu nur soviel: Das, was sich im Rahmen kommunikativer Strukturen ereignet, ereignet sich immer dann als für die Handlungspartner sinnvoll, wenn es zu einer Passung dieser unterschiedlichen Kommunikationsmöglichkeiten kommt.

Die Sichtweise des Konstruktivismus erfährt eine interessante Erweiterung bzw. Ergänzung durch den Ansatz des Dekonstruktivismus (vgl.: Siebert, 2005a, 26–28): Diese philosophische Richtung bezieht sich auf den französischen Philosophen Jacques Derrida. Sie geht davon aus, dass eine Dekonstruktion allgemein verbindlicher Sätze unabdingbar ist für die neue Konstruktion der Wirklichkeit: Das, was einmal geschrieben und gesagt wurde, muss dekonstruiert werden, indem es in jeweils unterschiedlichen Kontexten und Konstellationen neu interpretiert wird (vgl.: Siebert, 2005a, 269). Um neue Wirklichkeiten konstruieren zu können (wenn es denn diese überhaupt gibt), müssen also die bereits vorhandenen Erkenntnis- und Deutungsmuster von Welt und Wirklichkeit erst dekonstruiert werden. Diese Sichtweise spielt in der Beratung in heilpädagogischen Handlungsfeldern insbesondere dann eine wichtige Rolle, wenn es darum geht, neue Kontexte für ein gemeinsames Leben und Handeln zu erschließen. Mit Siebert (vgl.: 2005a, 27) ist davon auszugehen, dass die Konstruktionsprozesse vor allem dann stattfinden, wenn neue soziale oder berufliche Kontexte realisiert werden müssen, d. h. wenn z. B. lieb gewonnene Erfahrungsmuster als nicht mehr passend gelten, da eine neue Beziehung, ein Berufswechsel oder die Auseinandersetzung mit einer Krisen- und Konfliktsituation hierzu herausfordern. Gerade kritische Lebensereignisse wie Krankheiten, Behinderungen usw. erfordern es, dass Menschen sich auf neue Be-Deutungen einlassen müssen.

Ein konstruktivistisches Erkennen, Denken und Handeln stellt auch ein »systemtheoretisches Erklären« dar (Simon, 2006, 12). Erkennen, Denken, Erklären und Handeln gehen ineinander über und sind miteinander verschränkt. Für die konstruktivistische Ausrichtung in der Heilpädagogik erscheinen diese Vernetzungen zwischen Kognitionen, Emotionen und Handlungen als notwendig: Das, was getan werden muss, wird nicht nur deshalb getan, weil es eine Person will, sondern weil sich dieses immer nur in der Form von Kommunikations- und Handlungsprozessen zwischen zwei Personen ereignen kann, die immer in einem historisch-gesellschaftlichen Kontext eingebunden sind, die über Gefühle und Emotionen verfügen, sich austauschen und gemeinsam Handlungen entwickeln. Diese Handlungen erzeugen für beide Personen einen Sinn, der allerdings relativ zu verstehen ist: Es muss nicht immer von außen erkennbar sein, dass das, was getan wird, sinnvoll ist. Vielmehr sind diese Prozesse vor dem Hintergrund einer Sinnhaftigkeit der individuellen Vollzugs-, Kommunikations- und Handlungspartner zu verstehen und zu deuten. Dieses gilt erst recht, wenn hierbei gestaltete und zu gestaltende Prozesse im Rahmen von Beratungshandeln konkretisiert werden. Folglich ist ein (auch in der Beratung zu suchender) Sinn nicht unbedingt dann ein Sinn, wenn er sich erschließt, sondern vielleicht eher dann ein Sinn, wenn er – sogar selbst für die Handelnden – verborgen bleibt. Diese Tatsache begründet die deutliche Absage an lineare und kausale Erklärungsmuster in den Handlungsprozessen der Heilpädagogik. Der konstruktivistische Blickwinkel hebt hierbei die zirkulären Erklärungen der Handlungen hervor. Auch dürfte klar sein, dass nicht Objekte an- und miteinander handeln, sondern dass immer die Relationen und Beziehungen zwischen den Personen in den Kontext der Erklärungen und des Handelns treten (vgl.: Simon, 2006, 13).

Soziale Handlungen in der Heilpädagogik sind also immer auch »konstruierte Wirklichkeiten« (Gergen, 2002). Alle Handlungen sind sozial eingebunden und primär von der Geschichte der je aktuellen Befindlichkeit der Partner abhängig. Ungeachtet der Unterscheidungen zwischen radikalem Konstruktivismus und sozialem Konstruktionismus kann hier zusammenfassend festgehalten werden, dass die konstruktivistische Sichtweise sich in folgender Grundannahme offenbart (vgl. Lindemann/Vossler, 1999, 14/15): Die Beobachtung des Menschen liefert ihm keinen deutlichen und direkten Zugang zur Realität und deswegen ist eine Aussage über diese Realität relativ unmöglich.

Folgende Aussagen differenzieren diese Grundannahme:

- Wahrnehmungs- und Erkenntnisprozesse sind Konstruktionsleistungen eines immer wieder aktiv seienden Subjektes. Das Subjekt handelt, weil ihm das Handeln in der Sache als sinnvoll erscheint bzw. weil es von diesen Handlungen mit Sinn erfüllt wird. Der Mensch konstruiert auf diesem Hintergrund das, was er erlebt, erfährt, ja sogar das, was er im Letzten ist und sein möchte.
- Alle Beobachtungen werden von einem Menschen durchgeführt, der wiederum sich selbst in diese Beobachtungsprozesse einbringt. Alles Wissen und alles Tun sind subjektiv bestimmt und nicht von dieser Subjektivität loslösbar. Die Prozesse der Wissenserzeugung sollen nicht die Realität abbilden, sie sind vielmehr dafür nutzbar, offene Wege zu subjektiv sinnvollem Handeln zu schaffen. Was hierbei als effektiv und sinnvoll erscheint, wird nur durch den einzelnen Handelnden bestimmt. – In Beratungsprozessen wird dieser Vorgang durch die Handlungen des Beraters oder der Beraterin pertubiert, also: gestört und somit im besten Fall auf eine neue und weitere Ebene des subjektiven Sinns »gehoben«.
- Da alle Handlungen subjektiv gedeutet sind, führen auch viele Wege nach Rom: Die Unterschiedlichkeit und Widersprüchlichkeit des Handelns in der Verfolgung eines bestimmten Ziels ist also als Normalfall und nicht als Ausnahme zu betrachten.
- Jedes konstruierende Subjekt hat eine unlösbare Verantwortung für seine Konstruktionen und Handlungen. Das, was ist, entsteht nicht durch die Verpflichtung von außen, sondern durch eine innere Motivation, durch die Wahrnehmung des Individuellen von innen.

Der Konstruktivismus als Erkenntnistheorie teilt sich auf in radikal-konstruktivistische, sozial-konstruktivistische, konstruktionistische und systemtheoretische sowie weitere vielfältige, höchst unterschiedliche Ausprägungen. In dieser Hinsicht bleibt er seinen Grundaussagen treu, was seinen Stellenwert steigert und ihn

4.1 Eine humanistische und konstruktivistische Begründung der Beratung

sympathisch macht: Die eigene Sichtweise selber immer wieder neu zu hinterfragen, verlangt nach Mut und Offenheit genauso, wie der Frage nicht auszuweichen, ob die Konstruktionsprozesse im Hinblick auf die Erklärung der Wirklichkeit als passend bezeichnet werden können. Also gilt auch für die Erkenntnistheorie des Konstruktivismus: »Ohne den Beobachter gibt es nichts – alles Gesagte ist gesagt« (Maturana/Pörksen, 2002, 24).

Neben der Pluralisierung von Welt und Gesellschaft (▶ Kap. 1) scheint ein weiteres Thema aus konstruktivistischer Sicht im Rahmen der Beratung in der Heilpädagogik von Bedeutung zu sein: Das, was die Gesellschaft als soziale Probleme definiert, entsteht exakt in dieser Gesellschaft. Die Probleme werden in der Gesellschaft in sog. »kommunikativen Definitions- oder Bedeutungsprozessen« erzeugt (Kleve, 1996, 37). Vor diesem Hintergrund entstehen Organisationen (u. a. der Heilpädagogik), welche sich mit den Problemen befassen. Sie verbalisieren die Probleme und arbeiten mit betroffenen Menschen, d. h. mit denjenigen, die z. B. aus rechtlichen, intellektuellen oder sonstigen psychosozialen Gründen aus dem Funktionssystem der Gesellschaft herausgefallen sind (vgl.: Kleve, 1996, 37; Kleve, 2005, 77–79).

Dieser Vorgang ist in dem Sinne zwiespältig, insofern die Heilpädagogik einerseits selbst die Klienten und ihre Probleme definiert und andererseits »davon lebt«, dass sie eben diese Probleme vorgibt zu lösen. Die Sichtweise von Problemlagen wie auch die Formen der Kommunikation bzw. der Nicht-Kommunikation werden i. d. R. häufig von den in diesem Prozess vermeintlich stärkeren Kommunikationspartnern definiert – und diese sind nur sehr selten die Menschen mit Behinderung, psychischen Erkrankungen oder anderen beeinträchtigten Lebenslagen. Die Definitionsmacht der Heilpädagogik schafft somit (wenn dies unreflektiert geschieht) eigenständige Problematisierungs- und Kommunikationszusammenhänge, welche dann oft dafür sorgen, dass der Ausgeschlossene eine andere Form von Exklusion über sich ergehen lassen muss (▶ Kap. 2) – wo doch vornehmlich Inklusion stattfinden sollte.

Wie ist es nun mit der Relevanz des Konstruktivismus für eine heilpädagogische Beratung bestellt? Hierzu sind folgende Punkte bedeutsam:

- Die Bedeutung der Wahrnehmung. All das, was geschieht – wie schon öfter dargestellt – geschieht und wird zugleich konstruiert durch den Beobachter. Beobachtungen stellen sich also »als Konstruktion von Wirklichkeit« (Siebert, 2003, 11) dar. Davon ausgehend ist für die heilpädagogische Einflussnahme sehr wichtig, ob es den Handlungspartnern jeweils gelingt, die Prozesse der Beobachtung und Beratung zu reflektieren bzw. einen Perspektivenwechsel anzunehmen.
- Die Bedeutung der Kommunikationsprozesse. Die Kommunikation des einen Handlungspartners beeinflusst immer auch die Kommunikation des anderen. Hierbei wirken die Prozesse der Beobachtung mit, welche wiederum Kommunikationsprozesse modifizieren und zu weiteren Beobachtungen und Kommunikationsprozessen usw. führen. Hiervon ausgehend ist für die heilpädagogische Tätigkeit relevant, wie und wodurch es den Handlungspartnern gelingt, im Kontext der Lebenskontingenz die Kommunikation nachzuvollziehen bzw.

wie und wodurch die Prozesse des Einschlusses bzw. des Ausschlusses provoziert, differenziert, ausgehalten und verändert werden.
- Die Bedeutung des Lernens und Lehrens, gerade auch im Hinblick auf die Vorgänge des Umlernens (wie diese in und für Beratungsprozesse geboten sind). Für Beratungsprozesse in der Heilpädagogik stellen sich die Fragen, wie diese Lernprozesse konstruiert bzw. dekonstruiert oder rekonstruiert werden (vgl.: Reich, 2002, 118–145, 256–284): Die wechselseitigen Lernprozesse gehören untrennbar zu den heilpädagogischen Modellen sowie zu Beratungskonzepten. Folglich sind auch diese Konzepte und Modelle auf ihre jeweiligen Konstruktionsmechanismen hin zu überprüfen. Es geht darum, ob und wie die kognitiven und sozialen Prozesse miteinander verdrahtet sind und wie es zu einer »Konstruktion pädagogischer Wirklichkeit« (Herzog, 2002) kommt.
- Mit Siebert (vgl.: 2005 a, 29/30) lässt sich die Bedeutung folgender Tatsache hervorheben: Die subjektive Wirklichkeit besteht aus Erfahrenem und Gelerntem – der Mensch ist das, was er gelernt hat. Diese gelernte und erfahrene Wirklichkeit ist unsere gemeinsame Lebenswelt. Auf diesem Hintergrund sind Weltbild und individuelle Geschichte unmittelbar und untrennbar miteinander vernetzt. Das Entstehen einer gemeinsamen Identität vollzieht sich darin, wie wir diese Vernetzungen reflektieren und verbal und nonverbal weitergeben. Hierbei stellt sich Lernen als »sinnhafte Selbst- und Weltkonstruktion« (Siebert, 2005 a, 30) im Kontext eines lebenslangen Prozesses dar. Wichtig sind in diesem Lernprozess die unterschiedlichen Perspektivverschränkungen und Perspektivwechsel: Diese müssen – von allen Handlungspartnern – immer wieder neu eingeübt werden.

Fazit: Auch der Beratungsprozess in den Handlungsfeldern der Heilpädagogik stellt sich (wie alle anderen Formen der heilpädagogischen Unterstützung) als Konstruktion dar, die dialogisch das Ziel einer Sinngebung im Rahmen ko-konstruktiver Prozesse verfolgt und im besten Falle verwirklichen kann. Das gemeinsame Tun, Lernen und Leben, das gemeinsame Suchen nach Antworten im Beratungsgeschehen kann nur gelingen, wenn alles, was vom heilpädagogisch Tätigen angeboten und von der Organisation vorgehalten wird, in deren Auftrag er tätig ist, von der ratsuchenden Person immer wieder auf Kompatibilität mit dem subjektiven Wirklichkeitskonstrukt überprüft wird.

Zusammenfassend lässt sich zu der humanistischen und konstruktivistischen Verankerung beraterischer Aufgaben in der Heilpädagogik Folgendes festhalten:

- Beide Theorien entstanden beinahe zeitgleich in der Mitte des letzten Jahrhunderts, entsprangen somit einer wissenschafts- und geistesgeschichtlich ähnlichen Situation (wobei der Humanismus ein wenig früher »an den Start gegangen ist«).
- Der Humanismus wie auch der Konstruktivismus stellen die Individualität des Menschen in den Mittelpunkt seiner Betrachtung und Erklärung von Welt und Leben. Die Entwicklung seiner Person und seiner Persönlichkeit geschieht beiden theoretischen Entwürfen zufolge durch selbstverwirklichende Prozesse des

einzelnen Menschen (natürlich immer im Kontext der jeweiligen Gesellschaft, in der er lebt).
- In beiden Theorien wird der Mensch als grundsätzlich und unbegrenzt bildungsfähig betrachtet, wobei die Bildung auch ein wichtiges Ziel humanistischer und konstruktivistischer Bestrebungen (zumindest vor dem Hintergrund pädagogischer Prozesse) darstellt.
- Hierzu sind wiederum Lernprozesse von grundlegender Bedeutung: Der Humanismus postuliert dieses Lernen und nimmt eine grundsätzliche Bereitschaft und Fähigkeit bei allen Menschen hierzu an, der Konstruktivismus erklärt die hierfür notwendigen Lernvorgänge.
- Für beide Theorien kann eine anthropologische und ethische Grundannahme skizziert werden, welche von der Toleranz für den jeweiligen Anderen bzw. für das sich jeweilig anders darstellende Leben ausgeht. Jeder Mensch ist somit in seiner Individualität zu akzeptieren und in seinem So-Sein anzuerkennen. Dieses leitet über zu einer weiteren Gemeinsamkeit, welche vor allem für heilpädagogisches Denken und Handeln relevant ist:
  – Niemand, ganz gleich, wie er in Bezug auf seine Gesundheit, seine sexuelle und politische Orientierung, sein Geschlecht, seine Nationalität etc. lebt, kann und darf von den gemeinsamen Lebensprozessen ausgeschlossen werden. Der Humanismus wie auch der Konstruktivismus verfolgen somit das Ziel einer Integration und Teilnahme aller Menschen an einem gemeinsamen Leben.
- Die Kommunikation (aller) steht des Weiteren im Mittelpunkt dieser beiden Theorien. Wie Menschen eine passende (viable) Kommunikationsstruktur entwickeln können, wie diese dazu beitragen kann, ein menschenwürdiges bzw. -würdigeres Leben für alle zu entwickeln, steht im Mittelpunkt der beiden Ansätze.
- Werden die Grundannahmen beider Theorien stringent zu Ende gedacht, erscheint dann eine Objektivität der Wahrnehmung und des Lebens (und des Urteilens und Handelns etc.) zugunsten einer individuellen Subjektivität aufgelöst. Gleichwohl der Konstruktivismus hierzu wesentlich deutlichere und empirisch sichere Aussagen macht als der Humanismus, aber dies ist den Entwicklungsprozessen der jeweiligen Theorie geschuldet.

Natürlich gibt es auch Unterschiede zwischen diesen beiden Theorien, so z. B. in den verschiedenen Prämissen und Ansätzen, welche sie hinsichtlich der Forschung einnehmen. So agiert der Konstruktivismus eher im empirischen und z. T. sogar naturwissenschaftlichen Bereich, der Humanismus wählt demgegenüber eher eine geisteswissenschaftlich-hermeneutische Vorgehensweise. Des Weiteren haftet damit dem Konstruktivismus (im Rahmen seiner systemtheoretischen Begründung) noch immer das Diktum einer technokratischen Sicht- und Vorgehensweise an. Der Humanismus sei demgegenüber eher auf den Menschen und alles andere als technologisch ausgerichtet. Beide Vor-Urteile erschienen jedoch aktuell nicht (mehr) haltbar, da sich die Grenzen zwischen den Wissenschaften zusehends aufzulösen scheinen und mehr und mehr das Verbindende in den Blick (der Forschenden und Handelnden) gerät. Somit erscheinen diese Unterschiede nicht als grundlegend. Vielmehr sind es die oben skizzierten Gemeinsamkeiten, welche beide Ansätze in ihrer Bedeutung für heilpädagogisches Denken und Handeln in den Handlungsfeldern der Beratung als relevant erscheinen lassen.

Im Wesentlichen geht es darum, bei der Umsetzung der Beratungsaufgabe in heilpädagogischen Arbeitsfeldern die Wahrnehmung des Anderen und seiner Subjektivität, die darin wirkende Fremdheit im Angesicht des scheinbar Bekannten (= des Eigenen) immer wieder humanistisch und konstruktivistisch auszudeuten.

Die Konfrontation mit den Problemlagen und Handlungsnotwendigkeiten einer anderen Person, gerade wenn diese als behindert, als psychisch krank, als so anders gekennzeichnet ist, erscheint hierbei konstruktivistisch analysierbar (vgl.: Laubenstein, 2008, 29–62, 217–260). In der Auseinandersetzung mit einer scheinbaren Fremdheit entsteht hierbei eine, ko-ontologisch betrachtet, gemeinsame Nähe der Handlungspartner, die wertorientiert und entwicklungsbezogen auszuhandeln und zu gestalten ist. Eine konstruktivistische Beratung, die hierbei humanistische Elemente einbezieht, stellt somit immer einen »lösungsorientierten Ansatz für (die) Heilpädagogik« (Büschges-Abel, 2000) dar. Die gemeinsame, d.h. ko-evolutionäre und autonome, auf die Lebenswelt der jeweiligen Handlungspartner bezogene, entwicklungsfreudige Beratungstätigkeit ist somit immer in diesen wechselseitig zu erstellenden Beziehungsmustern zu realisieren, die somit sowohl humanistisch als auch konstruktivistisch begründet werden können (vgl.: Büschges-Abel, 2008, 57–90). Auf diesem konzeptionellen Hintergrund können dann Beratungsprozesse gestaltet werden, welche von einer Subjektorientierung (vgl.: Greving, 2000a, 49–126) bis hin zu einer Beratung von Organisationen – ja sogar im ökonomischen Bereich tätige Unternehmen – gehen können (vgl.: Triangel-Institut, 2009, 13–33; Greving, 2000a, 127–149).

Was bedeuten diese Aussagen für die beraterische Tätigkeit im Rahmen heilpädagogischer Handlungsfelder?

»Alles, was wir sagen können, ist, wie wir die Wirklichkeit wahrnehmen« (Palmowski, 2011, 37). Die Wahrnehmung der Wirklichkeit durch die beratende Person trifft somit auf die Wahrnehmung der Wirklichkeit des Beraters/der Beraterin bzw. auf die Wahrnehmung einer gemeinsamen Wirklichkeit, wie diese Beratungssituation nun weiter ausdeutbar sei. Hierbei ist Wahrnehmung immer subjektiv und weder richtig noch falsch. Die Spezifizierung bzw. die Fokussierung bestimmter Themen im Beratungsprozess erfolgt hierbei durch die Beteiligten, sie ist häufig nicht weiter bewusst rückführbar: »Wirklichkeit entsteht immer an dem Punkt, auf den wir unsere Aufmerksamkeit richten! Die Frage ist demnach weniger: ›Was sehe ich dort?‹, wenn man eher: ›Wieso schaue ich gerade dort hin?‹« fragen kann (Palmowski, 2011, 38). Die Be-Deutung von Gegebenheiten folgt somit vor dem Hintergrund häufig nicht weiter rückführbarer Normierungen, Grundlegungen, Positionen, Fokussierungen der jeweiligen Handlungspartner. Diese bringen genau diese Spezifizierungen in die Beratungsprozesse ein und bestimmen sie im weiteren Verlauf als dann (gemeinsame) Wirklichkeiten.

In Anlehnung an Aussagen von Palmowski (vgl.: 2011, 39–41) lassen sich folgende drei Thesen für Beratungsprozesse erarbeiten:

- Da alle Personen unterschiedliche Konstruktionen von Wirklichkeiten erleben und diese in die Beratungsprozesse bzw. in die nach der Beratung stattfindenden

Lebens- und Erlebensprozesse einbinden, führen i. d. R. unterschiedliche Antworten auf die Fragen und Probleme der Ratsuchenden zu unterschiedlichen Konsequenzen. Demnach kann bzw. soll der Berater dem Ratsuchenden unterschiedliche Alternativen für diese Konsequenzen anbieten. Mehr noch: »Der Berater kann behilflich sein bei der Erzeugung neuer Informationen, indem er Unterscheidungen anbietet, die die Klienten bisher nicht genutzt haben. Die Unterscheidungen, die die Klienten benutzen (oder eben nicht benutzen) sind stark mitverantwortlich für ihre Wirklichkeitskonstruktion und damit auch für ihre Probleme. Ändert sich ihre Art der Unterscheidung, so ändert sich damit auch … ihre Problemsicht« (Palmowski, 2011, 39).
- Da die Sachverhalte in Beratungsgesprächen aus einer konstruktivistischen und humanistischen Perspektive nicht als objektiv betrachtet werden, muss es in den Beratungsprozessen mehr darum gehen, die jeweiligen »Ansichten der Beteiligten über diese Sachverhalte« (Palmowski, 2011, 40) zu fokussieren. Die Bedeutungen, die die Beteiligten diesen scheinbaren Sachverhalten geben, sind somit eher als Gesprächsgegenstand der Beratungssituation auszuloten als die Sachverhalte an sich. Hierbei können dann auch die Bedeutungszuschreibungen und -kontexte weitere Handlungspartner ergeben, welche sich im Umfeld des fokussierten Sachverhaltes oder Problems darstellen.
- Die Darstellung eben dieser Wirklichkeit ist immer als nur eine mögliche Betrachtung aufzufassen, welche zum Problemfeld bzw. zur Lösung dieses Problemfeldes führen kann. Weil die Inanspruchnahme nur einer Lösung oder Antwort i. d. R. zum Ausblenden von Alternativen führt, hat der Berater die Aufgabe, Alternativen zu thematisieren, um dem Ratsuchenden weitere Bedeutungskontexte oder aber auch andere Wirklichkeitskonstrukte bewusst und erfass- und erfahrbar zu machen. Was eine mögliche Erweiterung seiner bisherigen subjektiven Wirklichkeit nach sich ziehen kann. Dabei geht es nicht um Phantasien oder Spekulationen, sondern vielmehr um konkrete Alternativen für die Beschreibung, das Erleben oder die Lösung eines Problem-Kontextes.

Diese drei Annahmen, die eher vor einem radikalkonstruktivistischen Hintergrund zu sehen sind, können nun noch durch sozialkonstruktivistische Erläuterungen ergänzt werden (vgl.: Palmowski, 2011, 42–50). Im sozialen Konstruktivismus wird davon ausgegangen, dass Personen ihre Wirklichkeit in Kommunikation und Abstimmungsprozessen, d. h. also im sozialen Kontext wechselseitig erzeugen (s. o.). Folglich ist die Darlegung der Wirklichkeit immer sprachgebunden. Die Zeichen und Symbole für bestimmte sprachliche Muster in unterschiedlichen Kulturen sind höchst unterschiedlich: »Folglich gibt es mindestens so viele Vorstellungen von Wirklichkeiten, wie es Sprachgemeinschaften gibt […]« (Palmowski, 2011, 43). Was gerade für die Beratung bei Personen mit Migrationshintergrund eine nicht zu verkennende Relevanz hat. Hinzu kommt noch die Tatsache, dass sich auch in einer Sprachgemeinschaft die Sprache verändert: Sie ist nicht nur in einem bestimmten Zeitfeld festgelegt, sondern sie entwickelt sich in diesem Zeitfeld und weit darüber hinaus permanent. Als Beispiel können hier die Definitionen von grundlegenden Themen in der Heilpädagogik dienen. Dort werden immer wieder Diskurse über die Begrifflichkeiten der Behinderung, der Erziehung, ja sogar der

Heilpädagogik als solche geführt, und zwar im Kontext ganz bestimmter Zeitlinien und ganz bestimmter Ansichten und Anliegen der beteiligten Diskurspartner. Diese bringen dann wiederum die Ideen aus den Diskursen (also auch der inhaltlichen Aussprachen, z. B. des Begriffes der Beratung, der Supervision, des Coachings und anderer) in ihre beruflichen Kommunikations- und Handlungsprozesse ein und stützen sich in ihrer Vorgehensweise auf sie als Leitkategorien.

Übertragen auf Beratungssituation lässt sich das wie folgt darstellen: So, wie ein Mensch zum Beispiel eine Trennungssituation, d. h. eine Trennung als solche, und eine Leidenssituation, d. h. das konkrete Leid als solches erfährt, so ist auch seine Wahrnehmung, Deutung und Beschreibung der Trennungssituation und des Leides. Diese unbedingten Wahrnehmungen sind somit immer subjektiv, kaum mit anderen teilbar, und nur begrenzt mit-teilbar. Mit diesen Erfahrungen ist die Sprache relativ oberflächlich und manchmal undeutlich verbunden. In der Kommunikation über die erlebten und beschriebenen Themen entwickeln die Subjekte gemeinsame Vorstellungen und konsensuelle Überschneidungsbereiche über diese Themen (vgl.: Palmowski, 2011, 45). Dies lässt sich im Sinne des sozialen Konstruktivismus als eine der wichtigsten Aufgaben des Beraters betrachten – im Gespräch mit dem Ratsuchenden gemeinsam Themenfelder und Leitkategorien zu entwickeln, die dann für den Beratungsprozess dienlich sind.

Auch diese Grundlegungen haben Konsequenzen für konkrete Beratungsprozesse: Mindestens ist daran zu denken, im Beratungsprozess auch unterschiedliche Alternativen der Benennung und der Erzählung von Inhalten wahrzunehmen (aus Sicht des Beraters) und dem zu Beratendem anzubieten. Der Berater kann hierbei die Geschichte des zu Beratenden in eigene Worte fassen und sie möglicherweise hierdurch in einen komplett anderen Kontext und somit vielleicht lösungsorientierten Bezugsrahmen stellen (vgl.: Palmowski, 2011, 46/47). Die Beschreibungen und Meinungen, d. h. noch einmal die Be-Deutungen aller Beteiligten in der Inwortnahme der Problematik erscheint vor diesem Hintergrund deutlich zentraler als das Thema bzw. der Gegenstand der Beratung als solcher.

Wurde weiter oben dargestellt, dass nicht zu sehr die Sachverhalte zweckdienlich sind, so kann an dieser Stelle diese Aussage noch weiter differenziert werden: Nicht das Thema ist relevant, sondern vielmehr die Meinungen und Bedeutungszuschreibungen der Handlungspartner. Für den Berater bedeutet dieses, dass er auch im Hinblick auf seine Wahrnehmung sich selber immer wieder unterschiedliche Alternativen im Hinblick auf die Verbalisation und Erzählung dieses Themas anbietet, um sie dann an den Bedeutungskontexten und Zuschreibungen der zu Beratenden zu spiegeln. In einem gemeinsamen, d. h. in diesem Falle subjektiv und umweltbezogenen zirkulären Prozess entstehen somit unterschiedliche Bedeutungskontexte für die Los-Lösung einer problematischen Situation. Diesen Gedanken abschließend kann an dieser Stelle noch einmal Palmowski gefolgt werden: »Ganz allgemein kann man darüber hinaus auch sagen, dass die sozial-konstruktivistische Sichtweise, dass wir gemeinsame Vorstellungen über Wirklichkeit über die Sprache erzeugen, die wir verwenden, dazu führt, sich um eine behutsame, wertschätzende, depathologisierende Sprache zu bemühen« (Palmowski, 2011, 49/50).

An dieser argumentativen Stelle gehen nun humanistische und konstruktivistische Positionen eine Verbindung ein, die eine lösungsorientierte und gemeinsam gestaltete Beratungssituation subjektbezogen Wirklichkeit werden lassen, ohne hierbei eine generalisierte und generalistische Wahrheit anzustreben.

An den Nahtstellen zwischen Subjekt und System, zwischen personenbezogener und organisationsbezogener Notwendigkeit, vor dem Hintergrund einer humanistisch, d. h. in diesem Fall wertorientierten und entwicklungsoffenen und konstruktivistischen, d. h. in diesem Fall ko-ontologischen Beratungspraxis können die ersten Elemente einer (vorsichtig formulierten; s. o.) Beratungswissenschaft erarbeitet werden. Das Gegenstandsfeld einer solchen Wissenschaft wäre hierbei in den Benennungen und Fokussierungen der Nahtstellen zwischen den jeweiligen Systemen und ihren Umwelten zu beschreiben. Dabei müssten alle systemischen Ebenen, die in einem systemisch-konstruktivistischen Netzwerk vorhanden sind, betrachtet werden: die Ebenen der Einzelpersonen, ihrer Sozialsysteme bis hin zu den Organisationen, in denen diese Beratung stattfindet bzw. auf die sie sich bezieht.

Der Schritt über die jeweilige Beratungssituation hinaus, die Analyse dieser Beratung im Kontext eines Organisationssystems, schärft hierbei die Sichtweise für die Unterschiede und Differenzen und Systemgrenzen dieser Beratungssituation: »Beratungswissenschaft ist selbst ein beobachtendes System, das Systeme, die andere Systeme beim Beobachten beobachtet« (Bergknapp, 2009, 67). Sie müsste ein Kategoriensystem entwickeln und differenzieren, das die unterschiedlichsten Beobachtungsordnungen beinhaltet. Für die Felder der Beratung in heilpädagogischen Handlungssituationen erscheint eine lebenslauforientierte Fokussierung und Analyse dieser Beratungssettings notwendig. Sollte eine Konzipierung der Beratung als Wissenschaft in der Tat erfolgen, ist es unumgänglich, die in ▶ Kapitel 1.2 benannten Einschränkungen und Problemfelder in die Differenzierung dieses Wissenschaftssystems einzubeziehen, damit es nicht zu einer generalistischen, sondern zu einer auf das jeweilige Handlungsfeld der Beratung bezogenen, theoretischen Fundierung von Beratung kommen kann.

4.2 Methodische Grundlagen des beraterischen Handelns in der Heilpädagogik

Die beratende Aufgabe gehört genuin zur Professionalität aller Fachpersonen im Sozialwesen, also auch der Heilpädagoginnen und Heilpädagogen: Sie haben sich in ihrer Berufsausbildung und -praxis (sozusagen stellvertretend für ihre Klienten und deren Angehörige) das Fachwissen und methodisches Know-how angeeignet und nutzen es nicht nur zur Sicherung der eigenen Handlungsfähigkeit, sondern stellen es auch beratend den Menschen zur Verfügung, mit denen sie arbeiten.

Dabei geht es nicht nur um eine explizit beraterische Tätigkeit im institutionalisierten Rahmen, z. B. in einer Beratungsstelle, in einer Frühförderstelle, in einer Behörde u. Ä. Viel häufiger wird von ihnen die beraterische Unterstützung im

4 Beratung und Heilpädagogik: Methodische Zugänge

Rahmen der alltäglichen heilpädagogischen Begleitung/Förderung/Bildung von Menschen in beeinträchtigter Lebenslage verlangt. Und diese wichtige Aufgabe soll hier genauer vom Blickwinkel der Theorie und Methodik betrachtet werden. Neben möglichst konkreten Hinweisen auf die grundlegenden »W-Fragen« alltäglicher Beratung (aus welchem Anlass, wann, mit welchem Ziel und wie) werden hier auch Links und Empfehlungen zu Quellen zu finden sein, die – bei Bedarf und Interesse des Lesers und der Leserin – eine methodische Erweiterung bzw. Vertiefung der dargestellten Vorgänge ermöglicht.

Man kann sich fragen, wieso ein Lehrbuch zum Thema »Beratung in der Heilpädagogik« geschrieben wird und wozu es dienen soll. In den Uni-Bibliotheken und Buchläden lassen sich doch meterweise Publikationen zum Thema »Beratung« finden – und manche davon sind wirklich gut. Nichtsdestotrotz erscheint es sinnvoll, aus diesen guten Lehrbüchern einige Aspekte herauszufiltern und hier zusammenstellen, die eine Relevanz zu der beratenden Aufgabe von heilpädagogisch Tätigen aufweisen. Es geht dabei nicht um den Versuch, ein »Modell der heilpädagogischen Beratung« zu kreieren!

Das Hauptanliegen dieses Buches ist die Vermittlung von einerseits erforderlichen und andererseits für eine theoretisch-methodische Grundorientierung durchaus ausreichenden Informationen. Also kann hier nicht alles, was nur annähernd als wichtig vorkommt, detailliert dargestellt werden (dies würde bei der Fülle von guten Monographien und Lehrbüchern zum Thema »Beratung« dem Tragen von Holz in den Wald gleichen ...), sondern nur das Wesentliche, was aus der vorhandenen Theorie und Methodik der Beratung aufgrund der Relevanz zu den Aufgabenfeldern der Heilpädagogik ausgewählt wird.

Wichtig ist zu wissen, dass das Hauptanliegen dieses Kapitels vor allem in der Vermittlung einer didaktisch-methodischen Orientierung auf der Theorieebene liegt. Konkrete Anleitungen zum Einüben beraterischer Fertigkeiten wird man hier vergeblich suchen. Die eher theoretischen Ausführungen des Kapitels sollen und können also nicht eine Beraterausbildung ersetzen. Diese – wenn sie kompetent und qualifiziert verläuft – kommt ohne angeleitete, begleitete und reflektierte praktische Beratung zur Herausbildung von erforderlichen Fertigkeiten und Fähigkeiten nicht aus. Abgesehen davon ist das Absolvieren des Beratungsprozesses als Klient für die Adeptinnen der Beraterausbildung ein unumgängliches »Muss«: Man muss sozusagen zuerst »auf eigene Haut« die Beratung erleben, um zu wissen, wie dann die Wirkung eigener beraterischen Unterstützung für den Ratsuchenden sein kann.

Das alles kann die Lektüre des Kapitels allein nicht ersetzen. Folglich findet der Leser hier weder Anleitungen noch Übungen zum Zwecke der Aneignung von konkreten beraterischen Techniken/Verfahren/Tricks o. Ä.

Inhaltlich weist dieses Kapitel folgende aufbaulogische Struktur auf:

- Zuerst werden ausgewählte Aspekte des Beratungsbegriffs sowie die Eckpunkte des Beratungsprozesses dargestellt.
- Es folgt eine Übersicht der Beratungskontexte in heilpädagogischen Arbeitsfeldern und Hinweise auf das Selbstverständnis des heilpädagogisch Tätigen als beratende Fachperson.

4.2 Methodische Grundlagen des beraterischen Handelns in der Heilpädagogik

- Anschließend werden drei ausgewählte Beratungsansätze mit einer Relevanz für heilpädagogische Unterstützung von Menschen in beeinträchtigten Lebenslagen kurz beschrieben.
- Am Ende des Kapitels bekommt das Thema »Gesprächsführung«– als das Praxisfundament der Beratung – entsprechenden Raum.

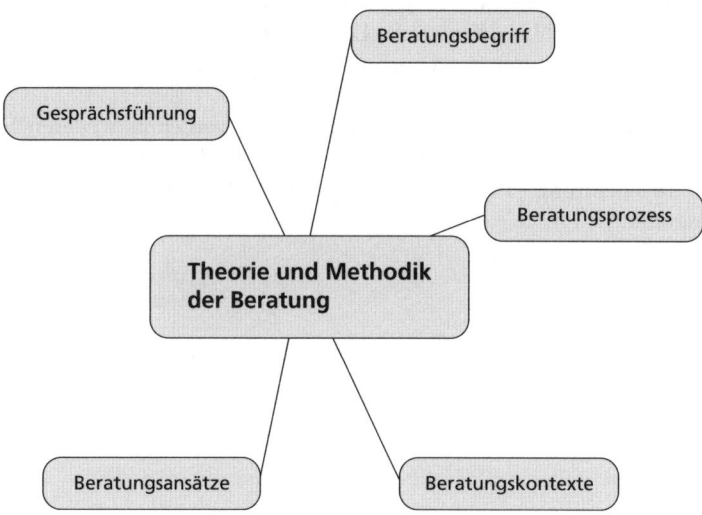

Abb. 10: Kapitel 4.2 – Inhaltliche Struktur

4.2.1 Ausgewählte Aspekte des Beratungsbegriffs

»Was soll ich machen? Ich weiß nicht mehr weiter …« ist die Aussage, die stellvertretend für sehr viele Alltags- und Lebenssituationen von Menschen steht, die mit behinderungs-, schädigungs-, krankheits- und exklusionsbedingten Beeinträchtigungen konfrontiert sind. Sie suchen in ihrer sozialen Umwelt nach Rat, um ihre Belastungen zu verringern. Da sie i. d. R. von heilpädagogisch Tätigen unterstützt werden, suchen sie bei ihnen nach beraterischer Hilfe.

Die Bitte eines Menschen in einer schwierigen Lebenslage um Rat lässt sich im üblichen Sinne einer gut gemeinten natürlichen zwischenmenschlichen Unterstützung erfüllen. Diese weist vor allem im privaten Leben einen sehr hohen Nutzungsgrad auf – etwa so: »Ich rate dir dringend davon ab, dies oder jenes zu machen! Tu das so, wie ich dir sage, und dann wirst du´s schaffen …« Auf diese Art und Weise stellen Eltern, Freunde, Partner, Kollegen usw. ihre eigene Erfahrung und Meinung anderen zur Verfügung. Ganz nach dem Motto »Was bei mir funktionierte, müsste auch bei dir funktionieren …«.

Diese persönlich engagierte Form der Beratung offenbart die Bereitschaft, einem anderen Menschen zu helfen. In der Tat kann die Befolgung eines freundschaftlichen Rats die ratsuchende Person bei der Lösung ihrer Problemlage durchaus voranbringen. Häufig bzw. sehr häufig aber bringen ihr die gut gemeinten Vorschläge nur wenig Orientierung und folglich auch kaum Entlastung. Folglich reicht die natürlich-zwischenmenschliche Ratserteilung im heilpädagogischen Berufsalltag nicht aus – denn dort geht es vor allem um diese beiden Aspekte: Orientierung und Entlastung. Also ist es nicht nur sinnvoll, sondern auch erforderlich, dass die heilpädagogisch Tätigen auf dem Gebiet der Beratung ihre Bereitschaft zur Unterstützung anderer Menschen durch eine qualifizierte Art der beratenden Hilfe offenbaren. Diese stützt sich auf einen beratungsrelevanten theoretischen Hintergrund und auf ein entsprechendes methodisches Know-how.

Folgende Sichtweisen auf das Thema »Beratung« werden im weiteren Text kurz beschrieben und erörtert: eine Begriffsbestimmung, die Beratungsanlässe und -ziele, das Verhältnis Beratung – Psychotherapie sowie der Stellenwert der Beratung in der Heilpädagogik.

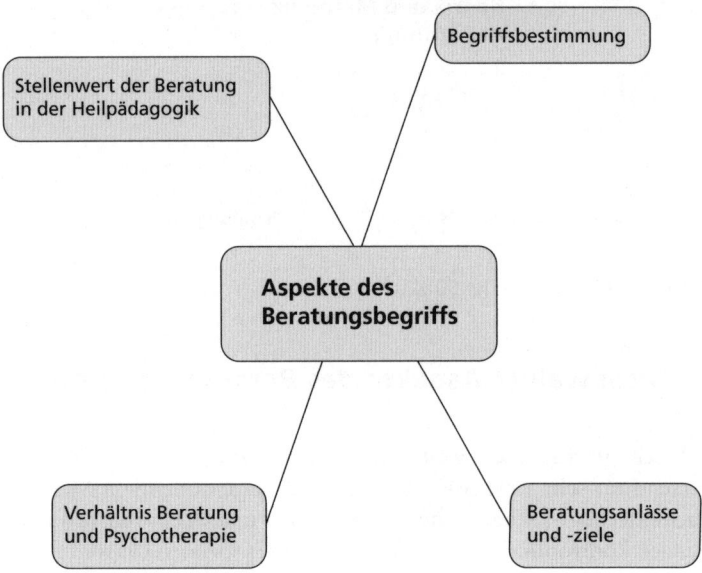

Abb. 11: Inhaltsbereiche Kapitel 4.2.1

Begriffsbestimmung

Sich beraten lassen bzw. jemanden beraterisch zu unterstützen, ist eine Angelegenheit, die so alt ist wie die Geschichte der Menschheit: Es ist eine Tatsache, dass die menschliche Existenz prinzipiell unvollständig ist und sich folglich jeder Mensch im Verlauf seines Lebens mit der alltäglichen Komplexität und Mannigfaltigkeit der Daseinsbedingungen arrangieren muss. Das macht die lebenslange Veränderbarkeit des Individuums in seinem alltäglichen Dasein unumgänglich. In diesem Kontext stellt die Beratung eine Hilfe bei der Erfüllung von Entwicklungs- und Selbstfindungsaufgaben.

4.2 Methodische Grundlagen des beraterischen Handelns in der Heilpädagogik

Vor dem Hintergrund dieser anthropologisch begründeten Gegebenheit findet die alltägliche natürlich-mitmenschliche helfende soziale Interaktion und Kommunikation unter Familienangehörigen, Freunden, Kollegen, Nachbarn usw. (Rat geben und sich beraten lassen) nach wie vor statt. Allerdings verringert sich in der heutigen komplexen und vernetzten Welt die Wirksamkeit dieses tradierten Unterstützungssystems deutlich. Folglich steigt kontinuierlich der Bedarf an einer Beratungsform, die in diversen Teilbereichen des menschlichen Daseins professionell begründet und durchgeführt wird, z. B. (alphabetisch angeordnet, ohne Anspruch auf Vollständigkeit; zudem: ▶ **Kap. 1** und **2**):

- Ausländer- und Migrantenberatung (weist heilpädagogische Relevanz auf)
- Berufsberatung
- Drogenberatung (weist heilpädagogische Relevanz auf)
- Eheberatung
- Familien- und Paarberatung (weist heilpädagogische Relevanz auf)
- Erziehungsberatung (weist heilpädagogische Relevanz auf)
- Finanzberatung/Investitionsberatung
- Gesundheitsberatung
- Karriereberatung/Coaching
- Krisenberatung/-intervention
- Organisationsberatung (weist heilpädagogische Relevanz auf)
- Rechtsberatung
- Schuldnerberatung (weist heilpädagogische Relevanz auf)
- Schwangerschaftskonfliktberatung (weist heilpädagogische Relevanz auf)
- Sexualberatung
- Steuerberatung
- Teamberatung/Supervision
- Trennungs-/Scheidungsberatung bzw. -meditation (weist heilpädagogische Relevanz auf)
- Umweltberatung
- Verbraucherberatung usw. (vgl.: Reichel/Rabenstein, 2001, 7 f).

Somit hat sich die Zuständigkeit für bestimmte Problembereiche des menschlichen Lebens von den Vertretern der historisch hierfür ausgewiesenen Professionen (Schamane, Priester, Medizinmänner, Ärzte, Häuptlinge, Juristen) auf Fachpersonen aus mehreren Berufsfeldern verteilt. Vor allem Psychologen sind auf diesem Gebiet stark vertreten, aber auch Berufe des Sozialwesens. Dieser Mannigfaltigkeit entsprechen diverse Theorie- und Methodikaspekte, die für das jeweilige Beratungsgebiet erarbeitet worden sind. Sie sind allerdings nicht von einem Beratungsgebiet auf ein anderes restlos und ohne Probleme übertragbar. Es kommt immer auf das Selbstverständnis der je spezifischen Beratung an.

Hierfür folgendes Beispiel: Die Beratung in den USA hat sich zu einer eigenständigen Disziplin entwickelt (genannt »Counseling Psychology«). Diese definiert sich als eine klinisch-therapeutische Ausrichtung mit Verständnis von Beratung als »kleine Therapie«. Die beratende Unterstützung in heilpädagogischen Praxisfeldern versteht sich dagegen vor allem als eine pädagogisch-psychologische

Handlungsform. Als solche benötigt sie keinen klinisch-therapeutischen Rahmen und somit können nur ausgewählte Elemente der theoretisch-methodischen Aussagen der Counseling Psychology im Kontext der Beratung in heilpädagogischen Praxisfeldern berücksichtigt werden.

Fazit: Beratung in der Heilpädagogik kommt aufgrund einer konkreten Nachfrage zustande und ist zielgerichtet. Sie kommt oft freiwillig aufgrund situativer Anlässe und bei nicht-pathologischen Problemlagen zustande, dauert häufig kurz und findet meist in einem institutionellen Setting statt. Als solches stellt die im Berufsalltag stattfindende professionelle Beratung eine komplexe zwischenmenschliche, regelgeleitete soziale Interaktion und Kommunikation zwischen dem heilpädagogisch Tätigen (Berater/Beraterteam) und einer ratsuchenden Person bzw. einer Gruppe oder Organisation dar. Das unterscheidet sie von der o. g. alltäglichen natürlich-mitmenschlichen helfenden sozialen Interaktion und Kommunikation (Rat geben/sich beraten lassen) unter Familienangehörigen, Freunden, Kollegen, Nachbarn usw.

Beratungsanlässe und -ziele

Die Inanspruchnahme einer beratenden Unterstützung in der Heilpädagogik erfolgt im Wesentlichen bei Informationsdefiziten, Entscheidungsproblemen und/oder aktuellem Überfordert-Sein. Die grundlegende Problematik dieser Anlässe besteht i. d. R. in der mangelnden bzw. fehlenden Orientierung der ratsuchenden Person: Wäre sie in der belastenden Situation, in den Zusammenhängen dieser Situation und in eigenen Handlungsmöglichkeiten und -grenzen orientiert, wäre sie durchaus imstande, eine Lösung zu finden und umzusetzen. Weil ihr aber die Orientierung fehlt, sucht sie Hilfe bei jemandem, von dem sie sich Rat und Unterstützung erhofft. Aus diesem Anlass ergibt sich ein Auftrag an die beratende Person und das von den Beteiligten vereinbarte Ziel.

Als ein wichtiges Anliegen der beratenden Unterstützung lässt sich also fast immer eine Verbesserung der Orientierung des Klienten im o. g. Sinne betrachten – als Voraussetzung für eine Hilfe zur Selbsthilfe. Denn er entscheidet selbstverantwortlich über die Verwendung der beraterisch erörterten Inhalte, Zusammenhänge und Vorschläge. Dabei geht es nicht nur um die Vermittlung von Informationen – die lassen sich einem Buch entnehmen. In der Beratung spielt das zwischenmenschliche Element eine grundlegende Rolle: Beraten können nur Menschen.

Die Auftragserfüllung und Zielverfolgung findet in einem kommunikativen Prozess statt. Dieser weist sowohl einen entsprechenden zeitlichen Rahmen als auch passende methodische Mittel und Vorgehensweisen auf. Um die ratsuchende Person entsprechend diesen Anforderungen unterstützen zu können, müssen die heilpädagogisch Tätigen über relevante professionelle Beratungskompetenzen verfügen. Diese umfassen spezifische fachliche und kommunikative Fähigkeiten und Fertigkeiten auf dem Gebiet der Beziehungsgestaltung, der Informationsgewinnung, der Aufklärung und Problemanalyse. Die Wirksamkeit der Beratung basiert auf kognitiv-emotionaler Einsicht und aktivem Lernen und zielt auf die Stärkung der Selbsthilfebereitschaft, Selbststeuerungskompetenz, Entscheidungs- und Handlungsfähigkeit der ratsuchenden Person ab. In dieser Zielsetzung der beraterischen Unterstützung offenbart sich ein Selbstverständniswechsel: Statt der ursprünglichen Betonung der kognitiv-therapeutischen Einflussnahme auf das Individuum werden affektive Erlebensaspekte der systemisch-interaktionalen Momente, Freiwilligkeit und Selbstbestimmtheit der Ratsuchenden sowie die Alltagsnähe von Beratung fokussiert.

Die Beratungskompetenz hat folgende drei Teilbereiche, die einander ergänzen:

(A) Fachspezifisches Wissen im Kontext der jeweiligen Problemlage. Dies ist z. B. in einer pränataldiagnostischen Beratung zwangsläufig anders als in der Drogenberatung. In diesem Teilgebiet unterscheiden sich die einzelnen Beratungsfelder voneinander.
(B) Beratungsspezifisches methodisches Know-how, das weitestgehend unabhängig von der jeweiligen Fachausrichtung ist. Es geht um Fähigkeit zur Gestaltung des Beratungsprozesses, die sich offenbart vor allem in der Fähigkeit,
   – mit Einzelpersonen, Paaren und Gruppen zu kommunizieren,
   – mit den Ratsuchenden ein vertrauensvolles Arbeitsbündnis aufzubauen,
   – zum richtigen Zeitpunkt anzusprechen, was dem Beratungsprozess dienlich ist,
   – den Ratsuchenden mit bestimmten Gegebenheiten zu konfrontieren,
   – den Beratungsprozess gemeinsam mit dem Ratsuchenden zu reflektieren,
   – Ressourcen zu ermitteln, Netzwerke einzubeziehen, Unterstützung zu aktivieren,
   – mit Widerständen und Konflikten umzugehen,
   – den Ratsuchenden zu Veränderungen zu ermutigen usw.
(C) Die subjektive und persönliche Art und Weise, die Teilbereiche (A) und (B) in der Kommunikation und Interaktion mit der ratsuchenden Person zur Geltung kommen zu lassen. Hier handelt es sich um einen »Katalysator« der beraterischen Wirksamkeit des heilpädagogisch Tätigen.

Verhältnis Beratung – Psychotherapie

Im Kontext der Suche nach einem Selbstverständnis der Beratung wurde in der Vergangenheit auch über die Abgrenzung zu anderen Formen der helfenden Unterstützung debattiert, insbesondere gegenüber der Psychotherapie. Dabei wurden einige Abgrenzungskriterien verwendet, wie z. B. Dauer, Anlass, Methode, Intensität u. Ä. Allerdings zeigten sie sich zu unspezifisch und zu unscharf und wurden folglich als letztlich unbefriedigend wahrgenommen.

Eine Möglichkeit zur Bestimmung der Beratung in Abgrenzung zur Psychotherapie bietet die Situationsdefinition: als Beratung wird diejenige Interaktionssituation betrachtet, die von den Beteiligten als Beratung definiert wird. Es geht um eine konstruktivistische Sichtweise, die die Beteiligten (Berater, Ratsuchender) als Subjekte begreift (sie bestimmen letztlich, ob eine Gesprächssituation als Beratung gelten kann) und die reale Vielfältigkeit von Beratung in ihrer situations- und subjektgebundenen Besonderheit erfasst (▶ Kap. 4.1).

Eine andere Möglichkeit zur Unterscheidung zwischen Beratung und Psychotherapie ergibt sich aus der Tatsache, dass Psychotherapie nur dann gewährt wird, wenn eine diagnostizierte psychische Erkrankung oder Störung vorliegt. Psychotherapie wird dann zu Heilungszwecken eingesetzt. Demnach ist die psychotherapeutische Tätigkeit ...

- ... durch das Psychotherapeutengesetz reguliert (festgelegte Eckpunkte für Aus- und Weiterbildung, Approbationsverfahren, heilkundlich akzeptierte Verfahren, berufspolitische Vertretung durch Kammern usw.),
- ... dem Handlungsrahmen von Diagnostik, Indikationsstellung und Heilkunde verpflichtet (orientiert sich am medizinischen Modell »Arzt-Patient-Verhältnis« und versteht sich folglich als eine auf Störungen mit Krankheitswert ausgerichtete Heilbehandlung). Dies ist bei einer Beratung nicht der Fall. Das Beratungs-Selbstverständnis ist primär im offenen Hilfe- und Unterstützungsbereich angesiedelt.

Demnach ist die beraterische Tätigkeit...

- ... eine nicht per berufsspezifischer Gesetzgebung regulierte Form einer entwicklungsorientierten und präventiven Hilfeleistung, die in verschiedensten Feldern und Lebenswelten von verschiedensten Personengruppen in Anspruch genommen werden kann,
- ... dem eklektischen und zweckmäßigen Handlungsrahmen verpflichtet (orientiert sich am offen-eklektischen Modell diverser Vorgänge und Methoden der Orientierungs-, Entscheidungs-, Planungs- und Bewältigungshilfe).

Diese an sich klare Abgrenzung kompliziert jedoch die Tatsache, dass das Heilen und das Helfen sich z. T. überschneiden. So z. B. behandelt ein Zahnarzt heilend den vom Karies befallenen Zahn eines Kindes und zugleich klärt er die Mutter des Kindes beratend über die richtige Zahnpflege auf. Im Gesundheitswesen gibt es also neben der kurativ ausgerichteten Therapie eine ganze Menge an ergänzenden Beratungsangeboten – z. B. ist es nach einer orthopädischen Hüftgelenkoperation notwendig, dass der Patient u. a. auch sein Körpergewicht reduziert, und deshalb wird ihm im Rahmen der postoperativen Rehabilitation eine Ernährungsberatung angeboten.

Beratung und Psychotherapie werden in Anspruch genommen und erfüllen ihre primären Aufgaben vor allem in den gesellschaftlichen Bereichen, denen sie genuin angehören und die voneinander unabhängig institutionalisiert und organisiert sind. Andererseits können sie in einem Bereich, in dem sie beide wirken, ihre jeweiligen spezifischen Aufgaben sowohl getrennt, parallel oder vernetzt als auch kooperativ und sich ergänzend erfüllen. Beispielsweise kann Beratung den Weg zur Psychotherapie öffnen und anbahnen. Ebenfalls kann Beratung »flankierend« den psychotherapeutischen Prozess in der Form von psychosozialer Beratung für Angehörige des Patienten begleiten und unterstützen. Das Vernetzungsfeld ist sehr breit und mannigfaltig. Eine Verortung der Tätigkeit als Beratung oder als Psychotherapie hängt dann von der institutionellen Zugehörigkeit und dem entsprechenden Anliegen und Auftrag ab (vgl.: Engel/Nestmann/Sickendieck, 2007, 33 ff).

Stellenwert der Beratung in der Heilpädagogik

Die Beratungsaufgabe gehört zu den genuin heilpädagogischen Tätigkeiten. In jedem Tätigkeitsfeld der Heilpädagogik sind Personen und Gruppen, die beraterische Unterstützung brauchen (und auch anfordern), und zwar in einer sehr mannigfaltigen Art und Weise – beginnend mit alltäglichen Angelegenheiten (z. B. fragt ein kurz vor der Entlassung aus seiner Heimgruppe stehender junger Mann: »Wie kocht man eine Tomatensuppe?«) über persönliche Problemsituationen (z. B. sagt der 12-jährige Michael am Montagmorgen, als er zur Schule gehen soll: »Ich habe Angst vor Klaus und weiß nicht, wie ich mich wehren kann.«) bis hin zu spezifischen Anliegen und Fragestellungen (z. B. ärgert sich der 30-jährige geistig behinderte Bewohner einer Wohngruppe: »Ich möchte zusammen mit Eva in eigener Wohnung leben. Wieso darf ich das nicht?«), oder aber fragt die Mutter eines Kindes in der Frühförderung, wie sie mit ihrem Kind zu Hause üben soll. Der Vater von Michael beklagt sich bei der Abholung des Sohnes aus der Heimgruppe zum Wochenendbesuch über das seiner Meinung nach freche Verhalten des Jungen und fragt nach Rat – er befürchtet, dass ihm die »Hand wieder einmal ausrutschen könnte«.

Am letzten Beispiel lässt sich verdeutlichen, dass die Beratung auch eine wichtige präventive Wirkung hat. Insbesondere dort ist sie erstrebenswert, wo die heilpädagogisch Tätigen mit zwischenmenschlichen Konflikten konfrontiert sind: Fälle von bzw. Situationen mit Aggressivität, Gewalt, Schikane, Mobbing, Misshandlung, Missbrauch u. Ä. Es ist zwar eine Binsenweisheit, aber es muss immer wieder bewusst gemacht werden: Es ist besser, mittels Beratung der Gewaltausübung vorzubeugen, statt die Folgen der Gewalt überwinden zu müssen. Auf diese Funktion der Beratung im pädagogischen Kontext macht in seinen Beiträgen sehr eindringlich und kompetent Bendl aufmerksam (vgl.: Bendl, 2003, 2004, 2005). Insbesondere das Beratungsgespräch zum Zwecke der Aufdeckung von drohender bzw. stattfindender Gewaltanwendung (sei sie physisch oder psychisch) oder mit dem Ziel der Aufklärung über die Zusammenhänge des aggressiven Verhaltens, aber auch die Mediation als beratende Vermittlung zwischen zerstrittenen Parteien weisen prophylaktische Relevanzen auf.

Wie auch immer: Über die Anlässe und Anliegen der Beratungsbedarfe lässt sich schlichtweg sagen »Es gibt nichts, was es nicht gibt …«. Folglich stellt die theoretische und methodische Vorbereitung von angehenden Heilpädagoginnen und Heilpädagogen auf die Erfüllung der Beratungsaufgabe einen unumgänglichen Bestandteil der beruflichen Qualifizierung dar.

4.2.2 Eckpunkte des Beratungsprozesses

Es wurde bereits erwähnt, dass ein Grundmerkmal der Beratung die Prozessualität ist. Auch in einmaligen Alltagssituationen gibt es einen Beginn, einen Verlauf und ein Ende, wenn der Heilpädagoge oder die Heilpädagogin einen Menschen beratend unterstützt (z. B. bei gemeinsamen Überlegungen zum Thema »Was kann man am Wochenende unternehmen?«). Bei einer Beratung, die sich über längere Zeit erstreckt (z. B. bei einer Erziehungsberatung mit mehreren Gesprächsterminen), wird dieser Aspekt noch deutlicher. Im Bewusstsein um die Prozessualität steuert die unterstützende Fachperson sich und die Kommunikation mit dem ratsuchenden Menschen entsprechend, d. h., sie gibt der Beratung den erforderlichen orientierenden Strukturrahmen.

Es gilt also, darauf zu achten, dass die Beteiligten wissen, in welcher Phase sich das Beratungsgeschehen befindet, dass die gerade stattfindende Etappe alle ihre Aufgaben erfüllt und dass die nächste Phase erst nach Beendigung der laufenden Etappe folgt. Im Wesentlichen besteht der Beratungsprozess immer aus einem Beginn, aus der Erarbeitung des Auftrags, der Arbeit an der Auftragserfüllung und aus dem Abschluss.

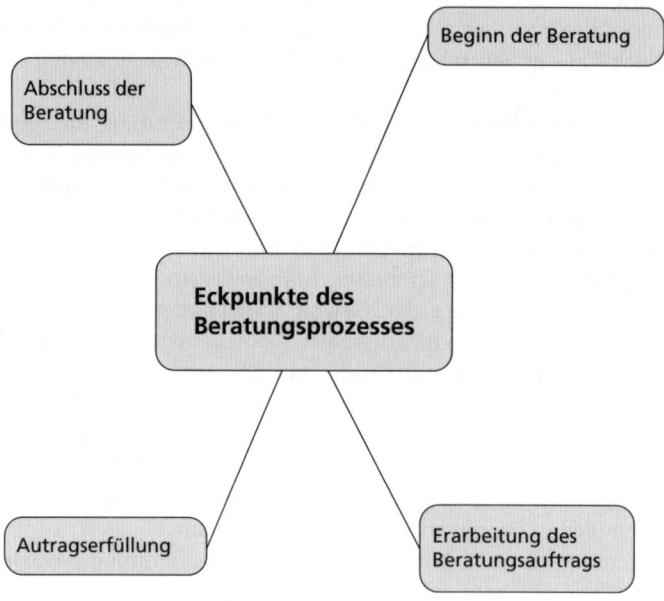

Abb. 12: Kapitel 4.2.2 – Inhaltliche Struktur

Beginn der Beratung

Die Beratung ist i. d. R. keine aktiv-aufsuchende Art der Unterstützung von Menschen in schwierigen Lebenslagen – es ist nicht üblich, dass ein Berater die

Menschen in seinem Umfeld aufgefordert, zu ihm in die Beratung zu gehen. Sie kann zwar vom heilpädagogisch Tätigen dem einen oder anderen Klienten im Kontext der alltäglichen Interaktion angeboten werden (z. B. bei Alltagsverrichtungen in einem Wohnheim). Auch wird sie u. U. verpflichtend als Bedingung für wichtige Entscheidungen angeordnet (z. B. bei einem Schwangerschaftsabbruch). Mehrheitlich liegt jedoch die Inanspruchnahme grundsätzlich bei der ratsuchenden Person – diese entscheidet aufgrund situativer Anlässe freiwillig, sich beraten zu lassen, und wählt die Stelle bzw. Fachperson, von der sie beratend unterstützt werden will.

Am Anfang – beim Erstkontakt – stehen sich die Fachperson und der ratsuchende Mensch gegenüber und verfügen i. d. R. nur begrenzt bis gar nicht über nähere Informationen voneinander. Die beratende Seite weiß kaum etwas über den Anlass und den Beweggrund der Inanspruchnahme ihrer Fachleistung, und die ratsuchende Seite weiß kaum etwas über die fachmethodische Ausstattung der Beraterin. Abgesehen davon kennen sich die Beteiligten auch als Menschen nicht. Also ist der Beginn des Beratungsprozesses von Informationsmangel und zwischenmenschlicher Unsicherheit geprägt. Folglich wird von beiden Seiten (bewusst oder unbewusst) die Aufhebung dieses unbefriedigenden Zustandes angestrebt: Der Berater muss prüfen, ob er der Fragestellung bzw. Problemlage des Ratsuchenden wissensspezifisch und methodisch gewachsen ist. Anschließend ist es wichtig, die beraterischen Vorgehensweisen, Methoden und den Verlauf des Beratungsprozesses sowie die Aufteilung von Zuständigkeiten und Aufgaben unter den Beteiligten kurz zu erörtern (▶ **Kap. 1**). Das interessiert natürlich auch den Ratsuchenden. Dieser prüft außerdem auch die Haltung sowie die mitmenschliche Art und Weise des Beraters – »Wie sieht er mich, was hält er von mir, wie geht er mit mir um usw.?«

Der Erstkontakt dient also vor allem dem gegenseitigen Kennenlernen der Beteiligten. Organisatorische und sonstige Angelegenheiten (Ort, Termine, Zeiten, Kontaktdaten u. Ä.) müssen selbstverständlich auch geklärt und verbindlich vereinbart werden. Wird etwas davon vergessen oder versäumt, wird sich das später mit hoher Wahrscheinlichkeit störend auf den Beratungsprozess auswirken.

Erarbeitung des Beratungsauftrags

»Beratung ist prinzipiell auftragsbezogen.« – Diese Aussage verdeutlicht, dass die in Anspruch genommene Fachperson ihre beraterische Unterstützung nur erbringen kann, wenn sie weiß, was der ratsuchende Mensch von ihr konkret möchte und erwartet, d. h. welchen Auftrag er ihr erteilt. Das scheint nachvollziehbar, ist aber in der Praxis nicht leicht. Häufig wird nämlich der Wunsch des Ratsuchenden nach einer Lösung seiner schwierigen Situation mit einem Beratungsauftrag verwechselt. Zum Beispiel wird bei belastenden Verhaltensproblemen des Sohnes als Auftrag der Wunsch der Eltern angenommen »… dass unser Junge sich endlich normal benimmt …«. In einem solchen Fall erwarten dann die Eltern vom Berater, dass er mit seinem Wissen und dem Know-how die gewünschte Verhaltensänderung des Sohnes herbeiführt. Was er – real gesehen – gar nicht kann und auch nicht der eigentliche Fokus eines solchen Beratungsprozesses sein sollte.

Wenn wir davon ausgehen, dass in die Beratung diejenigen Menschen kommen, die sich in ihrer schwierigen Situation mit ihren Zusammenhängen und auch in sich selbst und ihren eigenen Anteilen an der Entstehung der Probleme nicht orientieren, dann ist es erforderlich, sie beraterisch zuerst bei der Gewinnung einer besseren Orientierung zu unterstützen. In diese Richtung gilt es also, den ersten Auftrag zu formulieren und zu vereinbaren. Erst wenn der ratsuchende Mensch dann im Hintergrund seiner belastenden Situation besser orientiert ist, kann man mit ihm die Frage nach einer entlastenden Veränderung erörtern. Das sollte allerdings als ein Folgeauftrag nach der Erfüllung des ersten Auftrags formuliert und vereinbart werden. Dies erfordert eine anfängliche Aufklärung des Ratsuchenden über diesbezügliche Zusammenhänge (Problem → Wunsch contra Orientierung → Lösung) und die grundlegende Ausrichtung der beraterischen Unterstützung (Orientierungshilfe → Veränderungsmöglichkeiten/-grenzen).

Selbstverständlich existieren auch Beratungsanlässe und -aufgaben, die eine aufklärende und gestufte Auftragsgestaltung nicht erfordern – vor allem bei Sachfragen, wie z. B. nach Rechten von Menschen mit Behinderung, nach Möglichkeiten einer inklusiven Beschulung des Kindes mit Behinderung, nach Bedingungen für die Beschäftigung des erwachsenen Sohnes mit Behinderung in einer Werkstatt oder dem ersten Arbeitsmarkt usw. Hier ist vor allem das spezifische Sach-/Fachwissen hinsichtlich der erforderlichen Informationen bei der beratenden Fachperson gefragt, sodass andere, insbesondere die persönlichen, emotionalen, interaktiven usw. Aspekte der schwierigen Situation irrelevant sind. Folglich lautet der Auftrag in diesem Kontext einfach »Gib mir bitte Informationen, die ich brauche und nicht kenne ...«.

Übrigens: ein gut erarbeiteter Auftrag hat schon an sich eine orientierende Funktion. Von ihm ausgehend können relevante Beratungstechniken und -methoden ausgewählt werden, er gibt Hinweise auf den aktuellen Stand des Beratungsprozesses und ermöglicht die Überprüfung der Auftragserfüllung; Grund genug, den Auftrag möglichst präzise gemeinsam mit der ratsuchenden Person zu erarbeiten.

Auftragserfüllung

Haben der Ratsuchende und der Berater sich persönlich bekannt gemacht, ihre anfänglichen Informationslücken geschlossen, die gegenseitigen Unsicherheiten beseitigt und gemeinsam einen erfüllbaren Auftrag erarbeitet, können sie mit der eigentlichen Beratungsarbeit beginnen. Inwieweit diese gelingt, hängt im Wesentlichen davon ab, ob die ...

- Absprachen über die Aufteilung der Aufgaben/Zuständigkeiten von beiden Seiten eingehalten werden,
- ausgewählten Methoden eingesetzt sowie möglichst genau und detailliert verwendet und genützt werden,
- Ergebnisse vom Ratsuchenden verifiziert und (möglichst schriftlich in einer Art von Beratungstagebuch) festgehalten werden,

- Reflexion der eventuellen Erschwernisse im Beratungsprozess sofort (»Störungen haben Vorrang ...«) sowie der erarbeiteten Erkenntnisse regelmäßig stattfindet,
- vereinbarten Vorgänge zur Auftragserfüllung (bei einer Wahrung der eventuell bedarfsbedingt notwendigen Flexibilität des Methodeneinsatzes) eingehalten werden,
- mit der Auftragserfüllung verbundene Belastung durch den Arbeitsaufwand sowie die i.d.R. wenig erfreulichen Aspekte der Selbsterkenntnis den Ratsuchenden nicht demotiviert,
- die Problemsituation des Ratsuchenden vom Typ bzw. von der Art her den Berater nicht überfordert,
- usw. usf.

Die Auftragserarbeitung dient als eine Voraussetzung für die begründete, zielgerichtete und strukturierte Beratung, die Auftragserfüllung stellt den Kernbereich der eigentlichen Beratungsarbeit dar. Je konkreter und präziser der Auftrag erarbeitet und formuliert wird, desto besser ist es möglich, zu prüfen, in welcher Phase bzw. an welcher Stelle seiner Erfüllung sich die Beteiligten befinden und was noch für die Erfüllung besprochen, geklärt und bewusst gemacht werden muss. In diesem Sinne dient der Auftrag als »Dreh- und Angelpunkt« einer orientierten und strukturierten Zusammenarbeit zwischen der ratsuchenden Person und dem Berater.

Abschluss der Beratung

Die Beratung ist ein »Arbeitsbündnis auf Zeit« und muss folglich neben einem Anfang und einem strukturierten Verlauf auch ein Ende haben. Die Frage, wie man den geeigneten Zeitpunkt für die Beendigung erkennen soll, kann mit der Aussage »Beratung wird spätestens dann beendet, wenn der Auftrag erfüllt ist« beantwortet werden. Diese Zeitpunktbestimmung ist die logische Folge der Auftragsorientierung.

Bei einmaliger Beratung zum Zwecke der Informationsvermittlung ist es einfach, ein Ende zu finden:

(A) Erhält der Ratsuchende die erwünschte Information bzw. wird sie mit ihm gemeinsam erarbeitet,
(B) hat sich die beratende Fachperson vergewissert, dass dieser die Information auch versteht und
(C) ist eventuell mit dem Ratsuchenden eine Reflexion der Informationsanwendung vereinbart worden, kann das Gespräch beendet werden.

Bei einer Beratung, die mehrere Gesprächstermine benötigt, lässt sich oft nicht genauer bestimmen, wie viele Termine es sein sollen oder müssen. Die Beendigung der Beratung ist in diesem Falle an den Prozess der Auftragsumsetzung gekoppelt. Die einzelnen Gespräche werden i.d.R. konkreten Teilbereichen der Auftragserfüllung gewidmet; je nachdem, was methodisch erforderlich ist und wie sich die Arbeit gestaltet und verläuft, können es auch mehrere Gespräche innerhalb eines Teilbereiches sein. Es hat einen bewusstmachenden und orientierenden Sinn, die Ergebnisse der Arbeit in jedem Teilbereich zu reflektieren und von der ratsuchenden Person hinsichtlich der Auftragserfüllung prüfen zu lassen. Auf diese Art und Weise ist es den Beteiligten gut möglich, sich gezielt und strukturiert Schritt für Schritt bis zu dem Zeitpunkt »durchzuarbeiten und durchzureflektieren«, an dem sie die Auftragserfüllung feststellen und die Beendigung der Beratung beschließen können.

Bemerkung: Sollte sich aus den Ergebnissen bei der ratsuchenden Person ein weiterer Beratungsbedarf ergeben, müsste der Berater mit ihr zuerst einen »Folgeauftrag« erarbeiten, um die Beratung auf diesem entstandenen Themengebiet durchzuführen. Es ist also nicht nur erforderlich, sondern auch im o. g. Sinne hilfreich, das Laufende zu beenden, bevor an das Neue herangegangen wird.

Die dargestellten Hinweise auf die Handhabung des Beratungsabschlusses stellen eine theoretisch-optimale Form dar. Die Beratungsrealität ist i. d. R. viel »bunter« und erschwert manchmal eine strukturierte Vorgehensweise. Es hängt auch von der ratsuchenden Person ab, inwieweit der Beratungsabschluss sich im o. g. Sinne gestalten lässt. Deshalb muss der Berater diesbezüglich auch flexibel und geduldig sein. Die Beharrlichkeit hinsichtlich der Strukturierung des Geschehens darf er jedoch nicht aufgeben.

4.2.3 Ausgewählte Beratungsansätze mit heilpädagogischer Relevanz

Im Wesentlichen geht es um psychologische Sichtweisen auf den Menschen, die eine deutliche Nähe zur Sichtweise der Heilpädagogik aufweisen und aufgrund dieser Tatsache auf dem Gebiet der beratenden Unterstützung vom Menschen in beeinträchtigten Lebenslagen gut verwendbar sind. Das Wissen um diese Ansätze steigert die Fähigkeit des heilpädagogisch Tätigen, die Grundaufgaben der Beratung (Verstehen → Aufklären → Ermutigen → Üben → Reflektieren) kompetent erfüllen zu können.

Selbstverständlich existieren auch andere Ausrichtungen und Gebiete der Beratung. Die Landschaft der auf spezifische Bereiche ausgerichteten Beratungskonzepte ist sehr mannigfaltig und mittlerweile kaum überschaubar. Nichtsdestotrotz lassen sich auch dort (vor allem methodische) Aspekte und Elemente finden, die für die Erfüllung der Beratungsaufgabe im heilpädagogischen Berufsalltag von Nutzen sein können. Sie hier zu beschreiben, würde allerdings den Rahmen dieses Buches bei weitem übersteigen und deshalb obliegt sowohl die Suche nach ihnen als auch deren praktische Verwendung der Eigeninitiative von heilpädagogisch Tätigen.

Im weiteren Text werden drei psychologische Sichtweisen auf Menschen dargestellt. Sie können als hilfreich für die Erfüllung von Beratungsaufgaben im heilpädagogischen Berufsalltag betrachtet werden, weil sie eine klare Relevanz für das heilpädagogische Denken und Handeln aufweisen. Es handelt sich um

4.2 Methodische Grundlagen des beraterischen Handelns in der Heilpädagogik

(A) die Individualpsychologie von Alfred Adler,
(B) den Personzentrierten Ansatz (Person-centered-approach) nach C. R. Rogers sowie
(C) die lösungsorientierte beraterische Unterstützung nach W. O'Hanlon, M. Erickson, De Shazer u. a.

Neben dem Menschenbild des jeweiligen Ansatzes werden seine Erkenntnisse über die beeinträchtigenden und belastenden Interaktionen, Entwicklungen und Zustände erörtert. Diese wecken i. d. R. den Beratungsbedarf bei betroffenen Personen und stellen in der Beratung den Gegenstand der gemeinsamen Arbeit dar. Des Weiteren wird die Verwendbarkeit der ansatzspezifischen Sichtweise auf Menschen in der Beratung thematisiert.

Am Ende der Beschreibung der hier dargestellten Beratungsansätze sind zu Übungszwecken einige Aussagen ratsuchender Personen platziert. Der Leser bekommt die Möglichkeit, an ihnen übend zu versuchen, diese Aussagen vom Blickwinkel des jeweiligen Ansatzes zu betrachten, um die Belastungen und Probleme der ratsuchenden Person einzuordnen und zu verstehen (beim individualpsychologischen und personzentrierten Ansatz) bzw. zu überlegen, was er die ratsuchende Person fragen müsste, wenn er mit ihr nach Lösungsmöglichkeiten suchen würde.

Als Übungsmaterial werden absichtlich die gleichen Aussagen bei allen drei Ansätzen verwendet. Dies ermöglicht dem Übenden eine interessante gedankliche Bewegung »rund um den Ratsuchenden«: zuerst vom individualpsychologischen, dann vom personzentrierten und schließlich vom lösungsorientierten Blickwinkel aus. So kann er nicht nur die Verwendung von ansatzspezifischen Zusammenhängen üben, sondern sich auch bewusst machen, dass es nicht DIE Betrachtung des Ratsuchenden gibt, sondern dass der Berater immer mehrere Sichtweisen nutzen soll, wenn er einen Menschen in belastender Situation beraterisch unterstützen will bzw. muss.

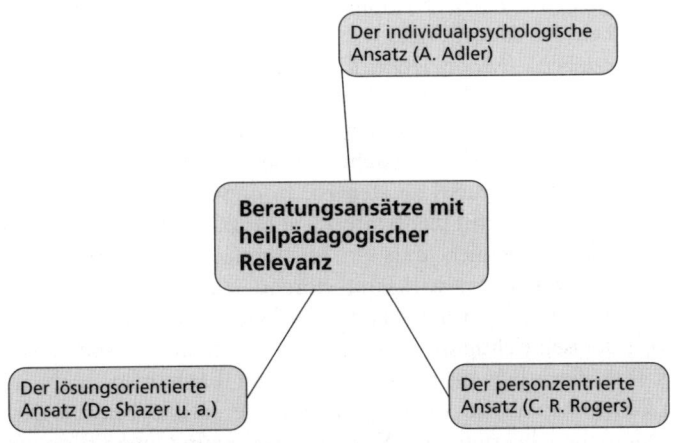

Abb. 13: Inhaltsbereiche Kapitel 4.2.3

Der individualpsychologische Beratungsansatz: Verstehen und ermutigen

Sehr oft kommen Menschen in die Beratung aufgrund der Belastung, die in alltäglicher Interaktion und Kommunikation mit ihrem sozialen Umfeld entsteht (insbesondere Erziehungs-, Partnerschafts- und Kooperationsprobleme). Auch das Versagen bei der Alltagsbewältigung oder die Unsicherheit und Mutlosigkeit hinsichtlich wichtiger Lebensaufgaben (z. B. die schulischen Anforderungen mit erforderlichem Arbeitseinsatz zu meistern, einen Beruf zu erlernen und auszuüben, oder eine Partnerschaft zu gestalten und eine Familie zu gründen, oder aber auch das eigene Kind mit Behinderung zu betreuen und zu fördern usw.) führt häufig zur Inanspruchnahme beraterischer Hilfen. In der Regel spüren die Betroffenen, dass sie es einerseits gerne schaffen würden, das eigene Kind richtig zu erziehen und zu begleiten, statt es zu strafen oder zu verwöhnen, mit anderen auszukommen und konstruktiv zusammenzuarbeiten, statt mit ihnen zu streiten, den Alltag zu meistern, statt vor den einfachsten Angelegenheiten »zu kneifen« usw., aber dass sie andererseits nicht imstande sind, ihr Vorhaben erfolgreich umzusetzen. Sie verstehen sich selbst nicht: »Wieso klappt das nicht – ich will das doch anders machen?«

Gerade hierfür ist die individualpsychologische Sichtweise sehr gut geeignet, denn sie ermöglicht eine nachvollziehbare Aufklärung des Ratsuchenden über die Steuerungskraft seiner inneren Überzeugungen hinsichtlich seines eigenen Selbstwertes sowie der anderen Menschen und der Welt als Eckpunkte des eigenen Geltungsstrebens. Diese Aufklärung ist deshalb so wichtig, weil die steuernde Dynamik der inneren Überzeugung zumeist außerhalb der Bewusstheit wirkt. Also ist es hilfreich, die ratsuchende Person in dem Sinne zu unterstützen, dass sie beginnt, sich selbst zu verstehen. Und wer sich versteht, ist auch in sich orientiert. Und wer in sich orientiert ist, kann – bei entsprechender Ermutigung und Begleitung – neue Erfahrungen wagen, andere Verhaltensweisen üben und mit ihnen auch die innere Überzeugung umgestalten. In diesem Sinne entspricht die individualpsychologische Unterstützung der methodischen Grundlinie heilpädagogischer Tätigkeit: Verstehen → Ermutigen → Üben. Verlangt doch Paul Moor in seinem ersten Leitsatz danach, dass wir »... zuerst das Kind verstehen [müssen], bevor wir es erziehen« (Moor, 1999, 17).

Auf die Beratungsarbeit bezogen kann man diesen Leitsatz wie folgt modifizieren: Ein Mensch, der verstanden hat, was ihn in seinem Denken und Handeln steuert und wie (= er sich selbst versteht), ist besser imstande, sich selbst bewusst (oder aber auch selbstbewusst) zu steuern. In diesem Aspekt ist die individualpsychologische Sichtweise für die Beratung im heilpädagogischen Alltag durchaus relevant. Sie hilft zu erkennen, dass ein Mensch sich in den Augen der sozialen Umwelt zwar unpassend, unwirksam, störend o. ä. verhält, dass jedoch sein Verhalten im Sinne eigener automatisierter und/oder nicht bewusster Bewältigungsmuster subjektlogisch richtig ist. Wenn man als beratende Person verstehen lernt, worum es ihm eigentlich geht (Finalität), dann kann man auch angemessen reagieren. Gewinnt man für diese Sichtweise die soziale Umwelt des sich verhaltenden Menschen, bekommt die Kommunikation und Interaktion mit ihm eine andere, auf dem Verstehen aufbauende und auf Ermutigung ausgerichtete Grundlage (hier sei Paul Moor mit seinem weiteren Leitsatz erwähnt: »Nicht nur das Kind haben wir zu erziehen, sondern auch seine Umgebung ...«).

Der Begründer der Individualpsychologie Alfred Adler wurde 1870 in Wien geboren und starb 1937 während einer Vortragsreise in Aberdeen (Schottland). Er war Arzt und gehörte am Anfang des 20. Jahrhunderts zu den Mitstreitern von Sigmund Freud – seit 1902 wirkte er in der psychoanalytischen Mittwochsgesellschaft mit. Im Laufe der Zeit entwickelte Adler seine eigenständige, von der Psychoanalyse abweichende Lehre: Die Entwicklung der menschlichen Psyche sah er nicht als primär von sexuellen Bedürfnissen und Trieben bestimmt, sondern vom Interesse an sozialer Behauptung. War die Sexualität für Freud die zentrale Triebfeder des Daseins, scheint sie für Adler nur eine von vielen Ausdrucksformen des Lebens zu sein. Die Persönlichkeit ist für ihn nicht das Feld innerpsychischer Konflikte, sondern ein Abbild der subjektiv als erfolgreich erfahrenen Muster zur Kompensation von Minderwertigkeitsgefühlen. Der Mensch wird in seinem Empfinden, Denken und Verhalten vor allem vom Wunsch nach sozialer Anerkennung bestimmt. Demnach soll man nicht so viel das Unbewusste als Hort triebhafter Regungen erforschen, sondern das Nicht-Bewusste und Unverstandene der eigenen nach Anerkennung strebenden Lebenslogik (vgl.: Felten, 2008).

Aufgrund dieser Differenzen wurde 1911 die jahrelange Kooperation zwischen Adler und Freud beendet. Adler gründet einen »Verein für freie Psychoanalyse« und erst später verwendet er für seinen Ansatz den Begriff »Individualpsychologie«. Mit dieser Bezeichnung bringt er seine Überzeugung zum Ausdruck, dass der Mensch nicht in einzelne Instanzen, wie bei Freud in Es, Ich und Über-Ich aufgeteilt werden kann (aus dem Lateinischen in-dividere = nicht teilbar), sondern immer im Kontext seiner (sozialen) Umwelt betrachtet werden muss.

Ihren ersten größeren Praxistest konnte die Individualpsychologie schon nach dem Ende des Ersten Weltkrieges bestehen. In Wien wollten damals die Sozialdemokraten die Pauk- und Drillschulen der Monarchie durch moderne Allgemeinbildung ersetzen. Die von Adler geschulten Lehrer und Erzieher konnten diese Reformen bis zur Machtübernahme durch die Faschisten entscheidend prägen. Nach 1934 sahen sich die meisten Individualpsychologen zur Auswanderung gezwungen und die Individualpsychologie breitete sich seitdem vor allem in Amerika aus. In Deutschland hat die Fachwelt erst in den Sechziger Jahren des 20. Jahrhunderts die Individualpsychologie wieder entdeckt. Dazu hat vor allem Adlers Schüler Rudolf Dreikurs mit seinen Büchern »Kinder fordern uns heraus« und »Psychologie im Klassenzimmer« beigetragen.

Man hat der Individualpsychologie gelegentlich vorgeworfen, sie sei ja nicht viel mehr als gesunder Menschenverstand. Adler pflegte darauf zu antworten: »Das ist es eben, was anderen psychologischen Konzepten so sehr fehlt.« Vieles von dem, was die Individualpsychologie lehrt, ist heute zum Bestandteil des allgemeinen Erziehungswissens geworden. Was allerdings (leider) nicht heißt, dass es in der pädagogischen Praxis auch konsequent umgesetzt wird.

Einige von Adlers Erkenntnissen über den Menschen werden heute durch die Neurobiologie und die Entwicklungspsychologie bestätigt. Als erwiesen gilt z. B., wie bzw. dass ...

- ... durch ein feinfühliges Wechselspiel zwischen Mutter und Kind Bindungssicherheit entsteht,
- ... das Heranwachsen nichts anderes als kontinuierliches Problemlösen ist,
- ... der Charakter (Lebensstil) sich als »Navigationssystem« des Individuums formt und festigt,
- ... die Gemeinschaft und Dazugehörigkeit eine zentrale Komponente des Glücksempfindens ist (vgl.; Felten, 2008).

Menschenbild der Individualpsychologie

Ein Kind bemüht sich von Geburt an stets darum, seine anfänglich von Natur aus gegebene Abhängigkeit und Unvollkommenheit (Minderwertigkeitsgefühl) zu überwinden bzw. auszugleichen (Kompensation). Dabei bildet es mit der Zeit ein Muster an inneren Überzeugungen aus (Lebensstil), die seine Überwindungs- und Kompensationsbemühungen steuern. Adler sagt in seinem 1930 erschienenen Buch »Der Sinn des Lebens«, dass das Verhalten des Menschen von seiner inneren Überzeugung hinsichtlich eigener Möglichkeiten und Grenzen gesteuert wird. Der Lebensstil stellt also das individuelle Bewältigungskonzept sowohl für die alltäglichen Angelegenheiten als auch für die Anforderungen des Lebens dar – es zeigt, wie das Kind (und später der erwachsene Mensch) vom (subjektiven) Minus zum Plus zu kommen gedenkt. Auf die Frage, was denn die günstigsten Bedingungen für das Wachstum eines Kindes seien, pflegte Adler zu sagen: »Das Beste, was eine gute Fee einem Kind in die Wiege legen kann, sind Schwierigkeiten, die es überwinden soll« (vgl.: Felten, 2008).

Eine ausschlaggebende Rolle in der Entwicklung spielt die Aktivität und Lernfähigkeit des Kindes. Die Bedeutung der genetischen Ausstattung erkennt die Individualpsychologie zwar an, nur werden die organischen Gegebenheiten als »Bausteine« betrachtet: Das Kind ist schöpferisch-aktiv und »baut« sein Bewältigungskonzept auf der Schnittstelle seiner Veranlagung und der Einflüsse aus seiner Umgebung. Es geht also im Leben nicht so viel um das, was man hat (womit man auf die Welt kommt), sondern darum, wie man es verwaltet und was man daraus macht (vgl.: Adler, Lebensprobleme, 1937). In diesem Sinne ist der Mensch weder gänzlich auf seine Gene angewiesen noch ist er ein Gefangener seiner Kindheitsumstände.

Eine ganz wichtige Rolle spielt allerdings die existentielle Abhängigkeit des Kindes von der Unterstützung durch seine soziale Umwelt: Das Kind will dazugehören und bemüht sich darum. Mit einem Gleichnis veranschaulicht Wexberg die Situation des Kindes in der Welt der Erwachsenen: »Nehmen wir an, ein Fremder käme in eine Stadt, deren Sprache, Sitten und Lebensformen ihm völlig fremd wären, und er hätte die Aufgabe, fortan in dieser Stadt zu leben. [...] [...] wird er bestrebt sein, so rasch und so vollkommen als möglich die in seiner Umgebung üblichen Lebensformen zu erlernen. [...] Eine [...] Bevölkerung, die ihm nicht hilft, [...] erschwert ihm die Anpassung, zu der er von Anfang an bereit ist« (Wexberg, 1987, IX). Gelingt das Arrangement mit der Welt der Erwachsenen nicht auf eine positive Weise, nimmt das Kind einen anderen Weg des Strebens nach sozialer

Geltung: Erzwingen der Aufmerksamkeit, Ausweichen vor Aufgaben, Machtkampf, Lüge, Manipulation usw. Verhaltens-, Kooperations- aber auch Entwicklungsprobleme erscheinen hierdurch vorprogrammiert.

Es gehört also unweigerlich zum Leben, dass Kinder sich anstrengen, mit Unlust fertig zu werden, Enttäuschungen ertragen, neue Versuche machen müssen etc. Die Aufgabe der sozialen Umwelt ist es zu beobachten, wie Kinder mit solchen Schwierigkeiten umgehen, um sie unterstützend zu begleiten sowie sie gegebenenfalls bei Ausweich- bzw. Fluchtversuchen oder Scheinlösungen zu korrigieren. Es gibt zwei grundlegende Tendenzen bei der Erfüllung dieser Aufgabe:

(A) Wenn die wichtige soziale Umwelt des Kindes (insbes. Familie, aber auch Schule, Nachbarschaft) es schafft, in dem Kind ein positives Bild von sich selbst, seinen Mitmenschen und der Welt entstehen zu lassen, kann es sich bei der Bewältigung von Alltags- und Lebensaufgaben auf nützliche Weise (mit Selbstvertrauen und Alltagsmut), d. h. aufgaben- und sachbezogen zur Geltung bringen: Aufgabe erfüllen, voran kommen, lernen, kooperieren ...

In diesem Fall ist die Wahrscheinlichkeit groß, dass das Kind ein positives und stabiles Selbstwertgefühl entwickelt und im Einklang mit den Interessen der Gemeinschaft bzw. Menschheit (aus dem Gemeinschaftsgefühl heraus) agiert.

(B) Wenn ein Kind aber unterdrückt, verwöhnt oder vernachlässigt wird, ringt es später entweder nach Dominanz über andere Menschen (entwickelt ein starkes Machtstreben), oder aber es wird immer wieder den Anforderungen des Alltags und des Lebens (verunsichert und entmutigt) ausweichen. Das Verhalten lässt sich als »selbstachtung-rettend« und folglich für die Alltags- und Lebensbewältigung als »unnützlich« bezeichnen: Aufmerksamkeit erzwingen, Macht ausüben, die soziale Umgebung bestrafen oder aber Rückzug in die Unfähigkeit, auch die einfachsten Alltagsverrichtungen selbst zu erledigen ...

In diesem Fall ist die Wahrscheinlichkeit groß, dass das Kind ein negatives, zweifelndes und labiles Selbstwertgefühl entwickelt und im Widerspruch zu den Interessen bzw. auf Kosten der Gemeinschaft bzw. Menschheit (aus einem ichhaften Machtbedürfnis heraus) agiert.

Die Eltern, Geschwister, Verwandte bzw. pädagogische Fachpersonen (Erzieher/Lehrer) versuchen i. d. R. gegen diese Verhaltensweisen anzukämpfen (»Nein, so nicht!«, »Das werden wir doch mal sehen, wer es hier zu sagen hat!«) und sie zu reduzieren. Dies bestätigt jedoch nur das Kind in seiner inneren Verunsicherung und bringt folglich wenig Positives.

Hilfreicher als der Kampf ist es, zu versuchen, die Verhaltensmuster des Kindes im Sinne der Individualpsychologie zu verstehen (z. B. »Was bringt mein Kind zu diesem Verhalten? Was bewirkt das bei mir, wenn es morgens beim Anziehen trödelt? Worum bemüht sich mein Kind gerade jetzt, worum kann es ihm gehen?«). Mit der individualpsychologischen Sichtweise lässt sich erkennen, dass es diese oder jene Verhaltensmuster zur Alltagsbewältigung (Lebensstil) herausgebildet hatte und sie gerade jetzt in der Interaktion mit der sozialen Umwelt nutzt. Dann lassen sich auch schwierigste Entwicklungs-, Erziehungs- sowie Lern- und Schulprobleme nachvollziehbar erörtern. Hierin ist die besondere Beratungsrelevanz der individualpsychologischen Sichtweise begründet, denn es ist jedem Menschen möglich – ob einem Kind oder einem Erwachsenen –, die Mechanismen seiner Finalität zu erklären (vgl.: Adler, Individualpsychologie und Wissenschaft, 1927).

Wichtig ist außerdem, dass eine solche Beobachterposition den Erwachsenen aus der Beteiligtenposition herausbringt. Folglich fühlt er sich nicht mehr persönlich in der laufenden Interaktion gefangen und kann angemessen handeln: aus dem Kampf aussteigen (denn das Kind in seiner Ichbezogenheit kann nicht aussteigen), einen Rahmen von natürlichen bzw. logischen Folgen aufstellen und eine ermutigende kooperativ-gemeinschaftliche Vorgehensweise anbieten. In diesem Sinne ist die individualpsychologische Sichtweise eine gute Grundlage für positiv wirksame Unterstützung von entmutigten Kindern (aber auch erwachsenen Menschen), denn sie sieht den Menschen u.a. auch als ein veränderungsfähiges Wesen: Wer Fehler macht (»verführt« durch eigene ichhafte Finalität), braucht nicht zu verzweifeln – denn jeder kann sich ändern (vgl.: Adler, Der Sinn des Lebens, 1930).

Für eine positive Unterstützung steht in der Individualpsychologie das Konzept der Ermutigung. Mit Ermutigung ist mehr bzw. etwas gänzlich anderes als Lob gemeint. Einen Menschen zu ermutigen bedeutet, ihm Wertschätzung, Zutrauen und Anerkennung zu zeigen – nicht nur für gute Leistungen, sondern auch für sein ehrliches Bemühen. Es bedeutet aber auch, ihn sozial einzubinden und sinnvoll herauszufordern. Anders gesagt: Gelobt wird meistens erst am Ende des Rennens. Ermutigung muss es schon während des Rennens geben. Jemanden zu ermutigen, ist also eine anspruchsvolle Aufgabe – der »Ermutiger« muss den Lauf genau verfolgen und dabei selbst achtsamer/aufmerksamer sein, als wenn er am Ende des Rennens nur aufgrund der Ergebnisse lobend sagt: »Hast du gut gemacht ...«

Fazit: Durch die Individualpsychologie bekommt man einen präziseren Blick auf den Menschen, wenn man die Zielgerichtetheit, also die Finalität des Verhaltens betrachtet. Menschen ganz allgemein handeln nicht kausal, aus irgendeinem Grund, weil sie so handeln müssen, sondern sie verfolgen damit ein bestimmtes, selbst entwickeltes und häufig zudem unbewusstes Ziel. Wenn man versteht, wo jemand hin will, welches Ziel ein Mensch verfolgt, dann ist man eher in der Lage, mit diesem Menschen zusammenzuarbeiten, auf ihn einzugehen, ihn zu erziehen, ihn zu beraten.

Verwendung individualpsychologischer Sichtweisen in der Beratung

Adler demonstrierte die individualpsychologische Sichtweise in sogenannten »öffentlichen Lehrberatungen«. Er traf sich regelmäßig in verschiedenen Schulhäusern mit Lehrern, die bei ihm Rat suchten. Einer von ihnen berichtete dann im Kreis der Kollegen über einen schwierigen Schüler. Adler stellte zunächst einige Fragen, um die Situation des Kindes zu klären, vielleicht im Hinblick auf seine Beziehung zu Gleichaltrigen oder auf seine Selbstachtung, dann skizzierte er erste Vermutungen über den Fall. Daraufhin wurden die Eltern und das Kind hinzugebeten und in Gegenwart der Lehrer befragt. Manchmal gab Adler dem Kind auch schon einen ermutigenden Anstoß oder den Eltern einen dezenten Hinweis. Sobald die Familie gegangen war, erklärte er die Entstehung des Problems und schlug einen Entwicklungsplan vor (vgl.: Felten, 2008).

Die Individualpsychologie betrachtet das Gemeinschaftsgefühl als ein Wesensmerkmal des Menschen. Gerade in der heutigen Zeit der Differenzierung und Individualisierung bekommt das Bedürfnis, in einer Gemeinschaft eingebunden zu sein und sich geborgen zu fühlen, eine besondere Bedeutung. Die zunehmende Zahl der verhaltensauffälligen Kinder lässt die Vermutung zu, dass dieser Aspekt des Menschseins in unserem heutigen Familien- und Gemeinschaftsleben offensichtlich zu kurz kommt. Deshalb – und das ist bei einer Beratung hinsichtlich der Verhaltens-, Leistungs- und Kooperationsprobleme eine wichtige Orientierungshilfe – soll neben anderen Faktoren immer auch geprüft werden, ob das Kind sich im Familienverband möglicherweise zu wenig anerkannt und zugehörig fühlt und ob die Eltern imstande sind, die Signale seiner Verunsicherung richtig zu deuten.

Die individualpsychologisch orientierte Beratung von Eltern bzw. Fachpersonen, die Probleme mit ihrem Kind haben, umfasst im Wesentlichen folgende drei Teilbereiche: Die ratsuchende Person muss vom Berater

- ... bezüglich der Verhaltensfinalität aufgeklärt werden. Sie soll lernen, zu erkennen und zu verstehen, dass die beklagte Auffälligkeit für das Kind einen subjektiven Sinn hat (z. B. durch seine Zappeligkeit mehr Aufmerksamkeit zu erzwingen; durch nicht lernen wollen der Konfrontation mit eigener Lernunzulänglichkeit auszuweichen; durch eine sog. »Ungehorsamkeit« Macht auszuüben u. Ä.),
- ... zur Betrachtung des Kindes vom Blickwinkel seiner positiven Seiten und Ressourcen ermutigt werden. Seine Talente, Begabungen und Fähigkeiten usw. sind zu suchen, zu finden und hervorzuheben (manche sind u. U. sogar in der problematischen Verhaltensweise erkennbar, z. B. Hartnäckigkeit, Zähigkeit u. Ä.),
- ... lernen, in der alltäglichen Kommunikation und Interaktion dem Kind gegenüber die Finalität seiner inneren Überzeugung (seines Lebensstils) zu enthüllen – und zwar so, dass es sich dabei nicht entwertet oder gekränkt fühlt (ohne Vorwürfe beschreiben, in belastende Interaktion nicht einsteigen u. Ä.). Diese bewusstmachende sowie nicht verletzende Reaktion ermutigt das Kind, sich auch Situationen zu stellen, die bisher bedrohlich wirkten.

Das Verhalten des Kindes zu durchschauen und seine Finalität freundlich, aber bestimmt aufzudecken, ist nur die eine Seite der Medaille. Denn die pädagogische bzw. Erziehungsdynamik spielt sich immer zwischen zwei bzw. mehreren Akteuren ab. Alle Beteiligten – also auch die Eltern bzw. Fachpersonen – wollen mit ihrem Verhalten etwas bewirken. Folglich sind vor allem sie selbst aufgefordert, sich auch die eigene Finalität bewusst zu machen (denn das Kind kann dieses nicht ...): »Worum geht es mir eigentlich jetzt, wie soll sich das Kind fühlen, was soll es tun bzw. lassen?«

Die individualpsychologisch orientierten Eltern bzw. Fachpersonen müssen also auch sich selber gut kennen. Sie sollen die eigene Haltung reflektieren, sonst besteht die Gefahr, dass sie das Kind unmerklich verwöhnen: Sie selbst halten oft nicht aus, dass das Kind etwas durchstehen muss, sie möchten ihm die Konfrontation hiermit gegebenenfalls abnehmen. Dabei wird oft vergessen, dass das Kind vor allem an Anforderungen, sowie durch Überwindung von Erschwernissen lernt. In solchen Situationen steuert den Erwachsenen oft sein eigenes – häufig nicht bewusstes – Ziel. Kann er dem Kind z. B. keinen Wunsch abschlagen, können diverse Zielsetzungen eine Rolle spielen: Vielleicht geht es darum, Anerkennung zu bekommen (Beachtung?) oder sich unverzichtbar zu machen (Geltungsdrang?)? Oder aber erinnert das Quengeln des Kindes an eigene Überforderungen (Selbstschutz?)? Vieles kann also den Erwachsenen davon abhalten, »Nein« zu sagen. Der »Preis« dafür ist allerdings hoch – wenn ein Kind immer alles bekommt, wird es mit hoher Wahrscheinlichkeit Herrschaftsneigungen entfalten und die Entwicklung der für die Alltags- und Lebensbewältigung erforderlichen psychosozialen Reife gerät ins Stocken.

Übungsbeispiele

Es handelt sich im Folgenden um sinngemäße Formulierungen nach Aussagen von Eltern in einem Beratungsgespräch. Welche Finalität lässt sich bei den Kindern erkennen?

- »Mit unserem älteren Sohn gibt es nur Ärger: Er ist frech, räumt nichts von seinen Sachen weg, ist rücksichtslos und jähzornig. Mit unserer Tochter und dem jüngeren Sohn kommen wir gut klar, aber mit ihm nicht. Was könnte ihn verändern, dass auch er umgänglicher wäre?«
- »Mein Sohn geht in die 6. Klasse. In der Schule lernt er wenig, weil er nicht aufpasst und den Unterricht stört. Zu Hause muss er dann viel mehr machen, um in der Schule mitzukommen. Ich verstehe nicht, warum er das nicht begreift.«
- »Seit unsere kleine Tochter da ist (jetzt ist sie zwei Jahre alt), wird unser Sohn (viereinhalb) immer unausstehlicher. Ganz selten spielen die beiden ohne Streit miteinander. Meistens zanken sie sich um ein Spielzeug, das der Junge seiner kleinen Schwester wegnimmt – obwohl mehr als genug anderes da ist. Ich verstehe das nicht.«

Der personzentrierte Beratungsansatz: Förderndes Klima, Vertrauen, Potentiale

Der Begriff »Personzentrierter Ansatz« wurde von dem amerikanischen Psychologen Carl R. Rogers (1902–1987) eingeführt, dem Begründer der klientenzentrierten Psychotherapie (in Deutschland als »wissenschaftliche Gesprächspsychotherapie« weiterentwickelt und etabliert). Dieser Ansatz ist der humanistischen Psychologie zuzuordnen, die sich in der Mitte des 20. Jahrhunderts in den USA entwickelt hat. Neben dem Spezialgebiet der Psychotherapie untersuchte C. R. Rogers die Wirkung der Prinzipien der klientenzentrierten Arbeitsweise auch in anderen Bereichen, die im Verlauf des menschlichen Lebens auf die Persönlichkeitsentwicklung Einfluss nehmen (Bildung, Erziehung, Partnerschaft, Gemeinschaft). In diesem außertherapeutischen Kontext bezeichnete er seine Auffassung allerdings nicht mehr als »klientenzentriert«, sondern als »personzentriert«. Damit hat sich der Raum für die Anwendung der therapeutischen Prinzipien auch für andere Aufgabengebiete des Sozialwesens, darunter die Heilpädagogik, geöffnet (vgl.: Pörtner, 1996).

Menschenbild des Personzentrierten Ansatzes

Laut Rogers ist der Mensch ein mit Potentialen und einer Entfaltungskraft (sog. Aktualisierungstendenz) ausgestattetes Wesen. Die Potentiale entfalten sich vor allem dann, wenn das Individuum sich von der sozialen Umwelt angenommen und verstanden fühlt, und wenn ihm Vertrauen in seine eigenen Möglichkeiten entgegengebracht wird. Dann lernt es, sich – auf eigene Erfahrung vertrauend – selbst zu orientieren und zu steuern und entwickelt ein Selbstbild (self-concept), welches vom positivem Selbstwertgefühl sowie der Offenheit gegenüber sich selbst und der Welt geprägt ist. Sind die Alltagsbedingungen anders, d.h. wenn ein Mensch von seiner sozialen Umwelt dauernd bewertet wird und sich von ihr nur dann als angenommen fühlt, wenn er bestimmte Voraussetzungen bzw. Anforderungen erfüllt, ist sein Selbstbild mit hoher Wahrscheinlichkeit von Misstrauen und Angst geprägt, er ist unsicher, verletzlich, verschlossen, fühlt sich unzufrieden und kommt mit sich und der Welt nicht gut klar (sie mit ihm höchstwahrscheinlich auch nicht …).

Um die Entfaltung der Potentiale eines Menschen zu fördern, ist es notwendig, die Kommunikation und Interaktion mit ihm personzentriert zu gestalten (= auf sein Personsein ausgerichtet). Die Forschungen von C.R. Rogers haben bewiesen, dass es notwendig und ausreichend ist, wenn die unterstützende Person[1] (das können Eltern, Verwandte, Erzieher, Lehrer, Partner, Therapeut, Kollegen … sein)

- vom menschlichen Wert des zu fördernden Menschen überzeugt ist,
- an Kontakt und Interaktion mit ihm interessiert ist sowie
- bemüht ist, seine subjektive Erlebens-, Denk- und Handlungsweise zu verstehen und ernst zu nehmen, und zwar unabhängig von dessen Zustand oder Verhalten.

Diese Forschungsergebnisse stellen zusammen mit der klinischen Erfahrung von C. Roger das Fundament der von ihm definierten sog. Therapeutenvariablen (Kongruenz, Akzeptanz, Empathie) dar.

Durch personzentrierte Kommunikation und Interaktion entsteht ein die Entwicklung förderndes Klima, in dem die beteiligten Personen das Zusammensein, den Austausch und das gemeinsame Tun positiv erleben. Diese Wirkung ist vor allem auf die Kraft einer annehmenden und nicht bewertenden Grundeinstellung zurückzuführen, die im aufmerksamen Zuhören, einfühlsamen Verstehen und förderndem Zutrauen Ausdruck findet (siehe z.B.: Rogers, 1973a, 1973b, 1987 bzw. Rogers/Rosenberg, 1980). Die personzentrierte Grundeinstellung ist heilpä-

---

[1] Genannt Facilitator (nach dem englischen Verb to facilitate = ermöglichen, erleichtern).

dagogisch relevant – sie respektiert die Menschenwürde des zu erziehenden, zu pflegenden und/oder zu betreuenden Menschen, ermöglicht ihm eine seinen Möglichkeiten angemessene Beteiligung am Geschehen und steigert die Chance auf den Erhalt bzw. auf die Entwicklung und Stabilisierung seines Personseins.

In der Heilpädagogik hängt der Begriff »Grundeinstellung« vor allem mit dem Menschenbild[2] zusammen, das als handlungsleitender Hintergrund betrachtet wird. Die Hauptaspekte des heilpädagogisch relevanten Menschenbildes wurzeln vor allem in der christlich verankerten Anthropologie und Ethik. Aber auch der psychologische Blickwinkel ist für eine Konkretisierung und Präzisierung des Menschenbildes wichtig, ebenso, wie bereits oben erläutert, eine konstruktivistische Perspektive. Die humanistische Psychologie, der sich der Personzentrierte Ansatz zugehörig fühlt (C. Rogers gilt als einer der wichtigsten Begründer dieser sog. »dritten Kraft« unter den psychologischen Schulen) ist hierfür besonders hilfreich. In der personzentrierten Sichtweise ist jeder Mensch ...

- prinzipiell fähig, sein Tun konstruktiv auszurichten,
- bestrebt, sein Leben selbst zu bestimmen (Autonomie), ihm Sinn und Ziel zu geben,
- eine ganzheitliche, untrennbare Einheit (Körper-Geist-Seele),
- ein soziales Wesen und folglich auf seine sozialen Bezüge existentiell angewiesen.

Wer diese Aspekte verinnerlicht, sieht sein Gegenüber vom Blickwinkel seiner Möglichkeiten und Potenziale und lässt sich von den vorhandenen organischen oder Verhaltensmerkmalen nicht irreleiten. Das ist die Voraussetzung für eine personzentrierte Vorgehensweise in der Kommunikation und Interaktion mit den zu betreuenden Menschen im heilpädagogischen Berufsalltag.

Die personzentrierte und die heilpädagogische Sicht auf Menschen weisen unübersehbare Ähnlichkeiten auf, die sich insbesondere in der Grundeinstellung gegenüber anderen Menschen, aber auch sich selbst gegenüber offenbaren (vgl.: Ondracek, 1993):

- Die personzentrierte Haltung ist in ihren Grundzügen eine ehrliche, annehmende und verstehende Haltung. Ihr Hauptanliegen ist das Entstehen eines förderlichen Klimas, das Hauptmittel ist die Beziehungsgestaltung. Es geht um eine Art und Weise des Seins, die ihren Ausdruck in Einstellungen und Verhaltensweisen findet, die ein Wachstum förderndes Klima schaffen. Dieses Klima hilft der Person, ihre Potentiale zu entfalten und das Selbstwertgefühl zu stärken.
- Die heilpädagogische Haltung ist in ihren Grundzügen ebenso eine annehmende und wertschätzende sowie interessierte und verstehende Haltung, die sich an den sinnvollen Zusammenhängen der subjektiven, autonom geschaffenen und konstruierten Erlebens-, Denk- und Handlungsweisen der zu Erziehenden orientiert und die Gegebenheiten der Erziehungssituation berücksichtigt. Ihr

---

[2] Menschenbilder sind allgemeine Vorstellungen vom Sinn des menschlichen Daseins, seinem Wert und von bestimmten Eigenschaften des Menschen. (Anm. d. Verf.)

Hauptanliegen ist es, die Beziehung als Grundlage eines fördernden Dialogs zu stiften, und die Folgen der gestörten Erziehungsverhältnisse abzuwenden.

Bei genauerer Betrachtung werden die Verbindungspunkte und Gemeinsamkeiten der beiden Zugänge zum Menschen gut sichtbar:
Menschenbild: Beide Ansätze gehen von dem Bild des Menschen als eine Person mit ihrem hohen Wert als unteilbare Einheit aus. Diese Auffassung begründet die ganzheitliche, humanistische und durch das Vertrauen in die Entwicklungskräfte geprägte Grundeinstellung zum Menschen.
Beziehung: Beide Ansätze heben die Beziehung als methodische Grundlage für die Umsetzung ihrer Anliegen hervor. Der personzentrierte Ansatz bemüht sich auf der Beziehungsebene um das fördernde Klima, der heilpädagogische Ansatz um den fördernden Dialog. Beide lehnen es ab, die Störung oder etwaige organische, biologische und psychische Abweichungen von einer fiktiven Durchschnittsnorm zu behandeln und konzentrieren sich auf die subjektive Befindlichkeit der Betreffenden.
Verstehen: Beide Ansätze sehen im Verstehen ein für ihre Haltung charakteristisches Merkmal und zugleich eine wichtige Voraussetzung ihrer Prozessualität. Die Empathie als ein auf die Person ausgerichteter Ausdruck des echten Interesses in Bezug auf ihre subjektive Erlebniswelt entspricht als solche dem Verlangen von Moor nach Verstehen als Voraussetzung des heilpädagogischen Handelns. Diesbezüglich lassen sich die beiden Ansätze durchaus als verwandt betrachten.
Kommunikation und Interaktion: Beide Ansätze agieren auf dem Gebiet der zwischenmenschlichen Kommunikation. Beide stehen Martin Buber sehr nahe, der auf der philosophischen Ebene mit seinem »dialogischen Prinzip« ihre methodische Sichtweise grundgelegt und beeinflusst hat. So betrachtet, ist sowohl für den personzentrierten als auch für den heilpädagogischen Ansatz das auf der Beziehungsebene basierende dialogische Element im Sinne von

- Interesse haben und Interesse empfangen,
- wahrnehmen und sich zum Ausdruck bringen können,
- nicht bewerten und so-sein dürfen,
- verstehen wollen und sich verstanden fühlen,
- akzeptieren und sich angenommen fühlen,
- ernst nehmen und ernst genommen werden usw. usf. ein weitgehend identisches.

Ermutigung: Beide Ansätze bemühen sich letztendlich auch um Ermutigung. Nach Rogers sind die Verhaltensauffälligkeiten und Störungen auf die hemmende Wirkung der Inkongruenz zurückzuführen. Der Betreffende setzt ausweichende und die Realität verzerrende Wahrnehmungs- und Verhaltensstrategien ein, um das auf positive Beachtung ausgerichtete Selbstkonzept aufrechtzuerhalten. Es lässt sich auch sagen, dass die unter Inkongruenz leidende Person nicht genug Mut hat, ihr Selbstkonzept in Einklang mit der Realität zu bringen. Wirkt sich das fördernde Klima positiv auf das Selbstkonzept aus, kann man durchaus von einer ermutigenden Wirkung sprechen, weil dabei immer zuerst die Angst vor einer negativen Bewertung überwunden werden muss.

In der Heilpädagogik spielt das Konzept der Ermutigung eine wichtige Rolle. Wer längere Zeit als ein hilfloses und von Leistungen anderer Menschen abhängiges Wesen behandelt wurde, findet nicht so leicht den Mut, über die engen Grenzen der (auf diesem Hintergrund »erlernten«) Hilflosigkeit hinaus zu schauen. Deshalb ist es ein wichtiger Bestandteil des heilpädagogischen Anliegens, diesem entmutigten Menschen im Rahmen des fördernden Dialogs seinen Wert erfahren zu lassen, sein Selbstvertrauen zu stärken und ihn zur größtmöglichen Autonomie, Sinnerfülltheit und Normalität in der Alltagsbewältigung zu ermutigen.

Verwendung personzentrierter Sichtweisen in der Beratung

Oft kommen Menschen in eine Beratung, weil sie das Gefühl haben, nicht eigenständig, selbstverantwortlich und unabhängig von der Meinung anderer Personen agieren zu können. Sie sind unsicher, ob sie richtig handeln und haben Angst davor, Fehler zu machen, fragen häufig, was sie tun sollen und wie das am besten umgesetzt werden soll. Sie richten sich in ihrem Tun nach den Erwartungen ihrer sozialen Umwelt und trauen ihrer eigenen Erfahrung nicht. Sie tun sich schwer mit Kritik (aber auch mit Lob), fühlen sich schnell verletzt und bemühen sich stets, im (für sie subjektiv so bewerteten und erfahrenen) guten Licht dazustehen. Stellvertretend für das Lebensgefühl von Menschen in solcher Lage steht die Aussage einer Frau, die auf die Frage des Beraters, aus welchem Grund sie denn die Beratung in Anspruch nimmt, antwortete: »Ich lebe nicht, ich werde gelebt – ständig erfülle ich die Erwartungen anderer, und das, was mir wichtig wäre, stelle ich immer wieder hinten an.«

So kommt es häufig vor, dass sie »Ja« sagen, obwohl sie einen guten Grund haben, »Nein« zu sagen. Sie setzen ihren Kindern keine Grenzen, obwohl es nicht nur ihr gutes Recht, sondern in bestimmten Situationen sogar ihre Pflicht als Eltern und Pädagogen ist. Sie sagen ihren Einsatz bei bestimmten Angelegenheiten zu, obwohl sie (eigentlich) wissen, dass sie die dafür erforderliche Leistung nicht erbringen können. Sie gehen einfachen Erledigungen aus dem Wege (Telefonanruf bei einem Amt, Reklamation bzw. Rückgabe fehlerhafter Wahre usw.), obwohl ein triftiger Grund vorliegt und sie im Recht sind. Oder aber sie essen und trinken zu viel bzw. ungesunde Dinge, obwohl sie um die gesundheitlichen Folgen wissen. Es gibt unendlich viele Beispiele für diese Art der Problemlage: »Ich mache etwas, was ich nicht möchte ...« bzw.: »Ich wage etwas nicht, was ich durchaus schaffen könnte ...« Die Betroffenen verstehen nicht, wieso sie das tun. Sie sehen sich ohnmächtig einer solchen »gelebten Zwiespältigkeit« ausgeliefert, fühlen sich unfrei, empfinden häufig Kraft- und Lustlosigkeit, Unruhe, Unsicherheit, Angst u. Ä. und leiden durch unbefriedigte Bedürfnisse. Ist diese Belastung hoch und die Alltagsbewältigung stockt, dann suchen sie Hilfe und nehmen u. a. auch (eine heilpädagogische) Beratung in Anspruch.

Bei dieser Problematik ist die Sichtweise des Personzentrierten Ansatzes für eine beraterische Unterstützung sehr gut geeignet. Nicht nur, dass sie dem Berater sowie auch der ratsuchenden Person hinweise auf den Hintergrund der »gelebten Zwiespältigkeit« liefert (Aspekt des Verstehens), allein die personzentrierte Art der Kommunikation und Interaktion während des Beratungsprozesses wirkt unterstützend: Sie erzeugt ein Klima des Vertrauens, fördert eine Arbeitsbeziehung, in der sich der Ratsuchende angenommen, respektiert und sicher (vor Bewertung) fühlt. Das ermutigt ihn dazu, in seiner Erlebens-, Denk- und Handlungsart nach Zusammenhängen mit den Alltags- und/oder Lebensproblemen zu suchen. Diese Selbstexploration dient der Orientierung des Ratsuchenden und stellt das eigentliche Anliegen der personzentrierten Beratung dar. In diesem Prozess ist die Modellrolle des Beraters von wesentlicher Bedeutung: Akzeptiert und respektiert dieser das Selbst des Ratsuchenden mit allen seinen Facetten, verringert sich dessen Angst und Unsicherheit, er lernt, sich selbst mehr zu akzeptieren und anzunehmen, und letztendlich ist er besser imstande, eigene Entscheidungen zu treffen und umzusetzen. Diese Eckpunkte der unterstützenden Wirkung weisen eine deutliche Relevanz für folgende handlungsleitende Konzepte der Heilpädagogik auf: Ermutigung, Selbstständigkeit, Autonomie, Empowerment.

Last but not least ist der Personzentrierte Ansatz nach C. R. Rogers die methodische Grundquelle für professionelle Gesprächsführung im Beratungssetting. Näheres dazu wird in ▶ **Kapitel 4.2.6** erörtert.

Übungsbeispiele

Es handelt sich im Folgenden um sinngemäße Formulierungen nach Aussagen von Eltern in einem Beratungsgespräch. Welches Selbstbild bzw. Selbstkonzept lässt sich bei den Kindern erkennen? Was verunsichert sie bzw. wovor haben sie Angst? Worin besteht ihre »gelebte Zwiespältigkeit«?:

- »Mit unserem älteren Sohn gibt es nur Ärger: Er ist frech, räumt nichts von seinen Sachen weg, ist rücksichtslos und jähzornig. Mit unserer Tochter und dem jüngeren Sohn kommen wir gut klar, aber mit ihm nicht. Was könnte ihn verändern, dass auch er umgänglicher wäre?«
- »Mein Sohn geht in die 6. Klasse. In der Schule lernt er wenig, weil er nicht aufpasst und den Unterricht stört. Zu Hause muss er dann viel mehr machen, um in der Schule mitzukommen. Ich verstehe nicht, warum er das nicht begreift.«
- »Seit unsere kleine Tochter da ist (jetzt ist sie zwei Jahre alt), wird unser Sohn (viereinhalb) immer unausstehlicher. Ganz selten spielen die beiden ohne Streit miteinander. Meistens zanken sie sich um ein Spielzeug, das der Junge seiner kleinen Schwester wegnimmt (obwohl mehr als genug anderes da ist). Ich verstehe das nicht.«

Der lösungsorientierte Beratungsansatz: Perspektivenwechsel, Ressourcen, Änderung

Sowohl die individualpsychologisch verankerte Beratung als auch der auf die Person des Ratsuchenden ausgerichtete Beratungsansatz suchen gemeinsam mit dem Klienten nach Ursachen und Zusammenhängen seiner Problemsituation, ermutigen ihn zu Veränderung seiner Sichtweise und begleiten ihn bei diesbezüglichen Versuchen. In diesem Sinne lassen sie sich als problemorientiert betrachten, weil der Schwerpunkt der Arbeit auf der Identifizierung und Korrektur von Problemen und Defiziten liegt. Die individualpsychologische Beratung fokussiert dabei vor allem die inneren Überzeugungen und das Selbstwertgefühl des Ratsuchenden, die personzentrierte Beratung sein Selbstkonzept und die Inkongruenz. Eine solche tiefgehende Selbsterforschung braucht Zeit, Geduld, methodisches Geschick des Beraters und Mut des Ratsuchenden, weil er dabei in Ecken seiner inneren Welt blicken muss, von denen er eigentlich gar nichts wissen möchte. Dies hat zu Folge, dass manche Ratsuchenden sich gegenüber Veränderungen unsicher fühlen, sich ihnen gegenüber verschließen. Abgesehen davon kann ein strukturiertes Hinterfragen der Problemsituation u. U. den Klienten sogar zusätzlich belasten: Durch die Kommunikation über ein Problem gewinnt dieses an Gestalt und wird zum unveränderbar erscheinenden Wirklichkeitskonstrukt. Das sind nur einige von den Kritikpunkten gegenüber den problemorientierten Beratungsansätzen.

Manche Menschen in schwierigen Lagen sind der Meinung, dass die Erklärung ihrer Probleme ihre Lage nicht wesentlich verbessert. Ihnen fällt es leichter, einen Berater aufzusuchen, wenn sie wissen, dass sie ihre Problemsituation nicht so detailliert darlegen müssen. Sie sind vordergründig an einer möglichst schnellen Lösung der Situation interessiert. Andere haben die Erfahrung gemacht, dass die in problemorientierter Beratung erreichten Veränderungen nicht immer von Dauer sind. Auch die Stellen, die Beratung finanzieren, sind daran interessiert, dass in möglichst kurzer Zeit möglichst viele Menschen effizient beraterisch unterstützt werden (▶ Kap. 1). Diese real existierenden Gegebenheiten haben zum Entstehen von lösungsorientierten Formen der therapeutischen und beraterischen Unterstützung beigetragen, die eher die Potentiale als die Schwächen oder Einschränkungen der ratsuchenden Person fokussieren.[3]

Abraham Maslow hat bereits in den 1960er Jahren vorgeschlagen, dass Psychologie und Beratung sich mit dem Studium der besten und gesündesten Menschen beschäftigen sollten, um mehr darüber zu erfahren, wie diese das Leben meistern. Man müsste die Sichtweise auf Lösungen und Stärken statt auf Probleme und Defizite richten. Milton Erickson verlangte danach, in der Therapie die typischen Verhaltensmuster und Erfahrungen des Klienten sowie seine Potentiale, Ressourcen und die Verantwortlichkeit zu berücksichtigen. Steve De Shazer meinte, dass der Berater nicht viel über ein Problem zu wissen braucht, dafür muss er aber die Lösungswege kennen (nach dem Motto »Der Schlüssel zum Öffnen einer Tür ist entscheidend, nicht das Wissen wie das Schloss funktioniert.«).

Menschenbild des lösungsorientierten Ansatzes

Folgende Facetten des Menschenbildes sind für die Strategie, Form und Vorgehensweise der lösungsorientierten Beratung ausschlaggebend. Sie setzen sich aus

---

3 Weitere Ausführungen zum lösungsorientierten Ansatz stützen sich vor allem auf die Aussagen von Ertelt und Schulz (vgl.: Ertelt & Schulz, 2002, 163 ff).

Elementen der humanistisch-psychologischen, der konstruktivistischen, der systemtheoretischen und auch der lernpsychologischen Sichtweise zusammen:

- Alle Menschen sind imstande, ihr Leben zu gestalten. Jeder Mensch ist in eigener Sache kundig und kompetent – er selbst ist ein Experte für das eigene Leben.
- Probleme sind Herausforderungen, die jeder Mensch auf seine ganz persönliche Art zu bewältigen sucht.
- Ein Problem scheint dem Menschen deshalb unveränderbar, weil er oft die gleichen ineffektiven Änderungsversuche macht. Aber es gibt immer Situationen, in denen er sich – wenn auch nur ansatzweise – anders, d. h. effektiver verhält. Diese Ausnahmen weisen auf Lösungsmöglichkeiten hin.
- Der Mensch agiert immer – jedes Verhalten ist eine Form von Aktivität (auch das, was vom Berater als Widerstand oder Passivität wahrgenommen wird).
- Der Mensch ist eher zur Veränderung bereit in einem sozialen Umfeld, das seine Stärken und Fähigkeiten unterstützt.

Verwendung der Lösungsfokussierung in der Beratung

Die lösungsorientierte Beratung geht davon aus, dass Probleme nicht aus dem Inneren des Menschen kommen, sondern meistens durch eine inadäquate Betrachtung und Handhabung alltäglicher Ereignisse entstehen, und durch die wiederholten Lösungsversuche eher aufrechterhalten als gelöst werden. Folglich hat der Berater bzw. die Beraterin die Aufgabe, zur Änderung der ineffektiven Verhaltensmuster des Klienten beizutragen. Diese Verhaltensmuster sind problemorientiert, weil sie i. d. R. das Belastende und/oder Problematische fokussieren (der Ratsuchende versucht, es aufzulösen oder zu verringern).

Der Lösungsweg sieht einen Perspektivenwechsel als wichtigste Voraussetzung für Veränderung. Deshalb fordert der Berater den Ratsuchenden auf, innerhalb einer bestimmten Zeit eine Situation festzuhalten bzw. zu notieren, die er immer wieder erleben möchte. Damit wird der Fokus auf positive Momente und Situationen gerichtet. Das ermöglicht dem Ratsuchenden nicht nur, sich das Erwünschte vorzustellen, auch seine Erwartungshaltung sowie die Bereitschaft werden dadurch gestärkt, die eigene Erlebens-, Denk- und Handlungsweise entsprechend zu ändern. Diese positiven Zukunftsbezüge entstehen zu lassen, sie zu stärken und mit Hinweisen auf entsprechende Handlungsmöglichkeiten zu verknüpfen, stellt ein zentrales Anliegen der lösungsorientierten Beratung dar.

Es wirkt nämlich auf den Ratsuchenden (wie für jeden Menschen) motivierend und aktivierend, einer angenehmen Vision zu folgen, als gegen etwas Unangenehmes anzukämpfen. Die zentrale Frage ist somit: »Was ist, wenn das Problem nicht mehr da wäre?« Je genauer und konkreter die Antwort ausformuliert wird, desto stärker wird auch der Wunsch, sich dieser Vision anzunähern. Wichtig ist auch, sich kleine, d. h. machbare Schritte vorzunehmen, die realisierbar sind und genügend Veränderungen einbringen. Sie werden in Form einer vom Berater initiierten »Hausaufgabe« gemacht und anschließend gemeinsam reflektiert, um den Unterschied zwischen »problematischem« und »unproblematischem« Verhalten deutlich zu machen. Bei der Verfolgung dieses Anliegens spielen die Potentiale, Fertigkeiten, Motivationen und Haltungen des Klienten wie auch die Beziehung zwischen ihm und dem Berater eine herausragende Rolle. Demnach wird der Ratsuchende als jemand gesehen, der durchaus in der Lage ist, seine Problemsituation selbst zu meistern, und der Berater sieht sich selbst als eine Fachperson, die den Ratsuchenden zu mehr Eigenaktivität ermutigt und auffordert.

Auch wenn die lösungsorientierten Berater unterschiedliche methodische Elemente verwenden und nicht in gleicher Weise vorgehen, lassen sich folgende fünf Phasen des Beratungsprozesses als allgemeine Struktur betrachten:

1. Gemeinsamer Aufbau einer guten Arbeitsatmosphäre (Beziehung),
2. Herausarbeitung des Auftrags und des Beratungsziels (Arbeitsbündnis),
3. Umorientierung des Klienten von Problemfokussierung auf Lösungen (Perspektivenwechsel, Ressourcen),
4. Entwicklung lösungsbezogener Vorgänge, Handlungen und Interventionen (Änderung),
5. Festigung des lösungsbezogenen Verhaltens (reflektierte Anwendung).

Für den Ratsuchenden ist es entlastend, wenn er sich »der Normalität des Problematischen« bewusst wird. Zu diesem Zweck wird die sog. »Umrahmung« (das Reframing) eingesetzt. So werden z. B. die Eltern eines Kindes mit ADHS vom Berater »eingeladen«, das hyperaktive, d. h. durchgehend unruhige und belastende Verhalten ihres Sohnes (problemorientierte Sichtweise) vom »energetischen« Blickwinkel her zu betrachten: Der Junge hat zu viel Energie, die er nicht imstande ist, zu steuern. Dies gelingt ihm nur ab und zu und nur kurzfristig. Was eigentlich bei der Menge an Energie normal ist. Das Beratungsgespräch kann sich dann auf die Situationen konzentrieren, in denen es der Sohn geschafft hat, sich weniger unruhig, d. h. die Energie kontrollierend zu verhalten (lösungsorientierte Sichtweise).

Eine andere Form der lösungsorientierten Unterstützung ist die Suche nach Momenten, in denen der Ratsuchende sich anders als »problematisch« verhalten hat. Nehmen wir an, dass der Vater des o. g. Jungen sich beklagt, er könne seine Wut auf den sich unruhig und belastend verhaltenden Sohn kaum im Zaum halten. Es ist schon häufiger geschehen, dass ihm »die Hand ausgerutscht« ist, er gegenüber dem Sohn aggressiv (re-)agiert hat, und das will er nicht (problemorientierte Sichtweise). Der Berater fragt nach den Momenten, in denen der Vater doch ruhig blieb, obwohl das Verhalten des Sohnes bei ihm eigentlich Ärger und Wut hätte hervorrufen müssen. Dann wird der Vater gefragt: »Wie haben Sie es geschafft, sich dort zu beherrschen?« (lösungsorientierte Sichtweise) Durch diese Betrachtung des eigenen »unproblematischen« Verhaltens ist es dem Vater durchaus möglich, sich diese bereits von ihm genutzten positiven Bewältigungsmechanismen bewusst zu machen, die ihm bei der Problemfokussierung nicht in den Sinn kommen können.

Im Kontext dieser Vorgehensweise ist der oben bereits erwähnte Grundsatz durchaus nachvollziehbar: Es ist nicht erforderlich, alles über ein Problem zu wissen, um helfen zu können. Wenn in der Beratung über das Problem gesprochen wird, weitet sich dieser Aspekt aus: Wird mehr über die/eine Lösung gesprochen, wird diese wahrscheinlicher. Ganz im Sinne der Erfahrung, die vermutlich jeder Mensch in seinem Leben gemacht hat: Dreht sich alles um das Problem, wird es größer; wird nach einer Lösung im Rahmen eigener Möglichkeiten gesucht, wird sie machbarer. Die Nutzung der Erfolgsstrategien, der Einstellungen und Verhaltensweisen, die bereits Teil des Repertoires des Klienten sind, erweisen sich als wirksamer und praktikabler als der Versuch, dem Klienten neue Verhaltensweisen zu vermitteln oder seine Haltung zu verändern.

Einige methodische Hinweise im Hinblick auf die lösungsorientierte Gesprächsführung:

- Hinter jeder Klage steckt ein Änderungswunsch, den es sich lohnt, aufzuspüren und zu stärken. Denn dieser ist das eigentliche Ziel des Ratsuchenden.
- Dem Ratsuchenden gilt es, genau zuzuhören und ernst zu nehmen, was er sagt – das bringt mehr als zu versuchen, zwischen den Zeilen zu lesen und seine Äußerungen zu deuten. Es ist nicht erforderlich, die Ursachen des Problems zu kennen und zu analysieren, um eine Lösung zu finden.
- Nicht die Lösung soufflieren, sondern nach Ressourcen und Fähigkeiten fragen. Es ist hilfreich, sich am Gelingen in der Gegenwart zu orientieren und davon kleine Schritte für die Zukunft abzuleiten.
- Die erkannte Lösungsmöglichkeit wird eher umgesetzt, wenn der Ratsuchende eine Hoffnung auf Veränderung hat.
- Mit etwas aufzuhören, etwas Laufendes zu stoppen bzw. Gewohntes zu verändern, ist für den Ratsuchenden schwierig – denn das, was bekämpft wird, verstärkt sich. Auf der anderen Seite kann es ihm Spaß machen, etwas Neues zu beginnen.

Übungsbeispiele

Es handelt sich im Folgenden um sinngemäße Formulierungen nach Aussagen von Eltern in einem Beratungsgespräch. Was müsste mit der ratsuchenden Person besprochen und gesucht werden, um eine mögliche Lösung der schwierigen Lage zu erkennen?

- »Mit unserem älteren Sohn gibt es nur Ärger: Er ist frech, räumt nichts von seinen Sachen weg, ist rücksichtslos und jähzornig. Mit unserer Tochter und dem jüngeren Sohn kommen wir gut klar, aber mit ihm nicht. Was könnte ihn verändern, dass auch er umgänglicher wäre?«
- »Mein Sohn geht in die 6. Klasse. In der Schule lernt er wenig, weil er nicht aufpasst und den Unterricht stört. Zu Hause muss er dann viel mehr machen, um in der Schule mitzukommen. Ich verstehe nicht, warum er das nicht begreift.«
- »Seit unsere kleine Tochter da ist (jetzt ist sie zwei Jahre alt), wird unser Sohn (viereinhalb) immer unausstehlicher. Ganz selten spielen die beiden ohne Streit miteinander. Meistens zanken sie sich um ein Spielzeug, das der Junge seiner kleinen Schwester wegnimmt (obwohl mehr als genug anderes da ist). Ich verstehe das nicht.«

4.2.4 Beratungskontexte in heilpädagogischen Tätigkeitsfeldern

In heilpädagogischen Arbeitsfeldern existieren mannigfaltige Anlässe, beratend die Klienten sowie ihre Angehörigen, die Menschen aus ihrem sozialen Umfeld, die Nachbarn, Gemeindemitglieder usw. oder aber auch die Kollegen aus anderen Berufsgruppen, mit denen die heilpädagogisch Tätigen interdisziplinär zusammenarbeiten, zu unterstützen. Die Formen der Beratung sind dementsprechend bunt (► Kap. 4.2.1). Wichtig ist, dass dabei inhaltlich das spezifische Fachwissen zum Tragen kommt. So kommt man z. B. bei Fragen und Themen aus dem Bereich der Alltagsbewältigung und Lebensgestaltung an den Kenntnissen der heilpädagogischen Handlungskonzepte wie z. B. Normalisierung, Autonomie und Selbstbestimmung nicht vorbei. Bei Fragen und Themen aus dem Bereich der Entwicklung, Bildung und Erziehung sind wiederum die heilpädagogisch relevanten Erkenntnisse der Pädagogik, Psychologie und Soziologie wie auch der Medizin und der Förder- und Assistenzkonzepte unumgänglich. Bei Fragen und Themen aus dem Bereich der Diskriminierung, Integration und Inklusion sind Kenntnisse der Behindertenrechte sowie der (Berufs-)Ethik und des Empowerment-Konzeptes sehr hilfreich.

Der Stellenwert des heilpädagogischen Fachwissens für die Erfüllung der Beratungsaufgabe im Berufsalltag ist folglich hoch. Die heilpädagogisch Tätigen sind also aufgefordert, ihr fachspezifisches Wissen im Kontext ihres jeweiligen Arbeitsfeldes zu Beratungszwecken parat haben. Und zwar nicht nur das Wissen, welches sie sich während der Berufsausbildung angeeignet haben, sondern stets das aktuell geltende, paradigmatisch in der Heilpädagogik vorherrschende Fachwissen.

Abb. 14: Kapitel 4.2.4 – Inhaltliche Struktur

Abgesehen von der o. g. engen Verknüpfung zwischen konkreten Bereichen der Beratungsthemen und dem für die Durchführung einer kompetenten beraterischen Unterstützung erforderlichen heilpädagogischen Fachwissen lassen sich drei Beratungskontexte unterscheiden, die für die Beratung in heilpädagogischen Tätigkeitsfeldern relevant sind: Alltagsberatung (unspezifischer Kontext), institutionalisierte Beratung (spezifischer Kontext) und kollegiale Beratung (Gegenseitigkeitskontext).

Kontext der Alltagsbewältigung

Der heilpädagogische Alltag birgt in sich eine Vielzahl an Beratungsbedarfen und -anlässen. Ob ein Kleinkind in der heilpädagogischen Kindertagesstätte lernen will, wie man die Zähne putzt oder ein Schulkind nicht weiß, wie es seine Hausaufgabe ausarbeiten soll, ob ein 17-jähriger Nutzer einer Wohneinrichtung vor der Entlassung ins selbstständige Leben wissen möchte, wie man eine Waschmaschine einstellt, oder ein erwachsener Mann mit Trisomie 21 fragt, wo und wie er am besten eine Freundin kennenlernen kann – alle suchen nach Unterstützung. Ihre Situation hat einen gemeinsamen Nenner: Sie stehen vor einer Aufgabe und haben ein Anliegen mit so komplexer Denk- und Handlungsstruktur, dass sie sich überfordert fühlen.

Diese Beispiele stehen hier stellvertretend für alle Fragen und Probleme der Alltagsbewältigung, mit denen Menschen in beeinträchtigter Lebenslage konfrontiert werden. Hier ist eine Alltagsberatung angesagt, die eigentlich eine unspezifische Beratung ist, weil sie jede Heilpädagogin und jeder Heilpädagoge im Dienst selbst – allein aufgrund ihrer/seiner Bildung und Lebenserfahrung – leisten müsste. Für die Alltagsberatung braucht also die ratsuchende Person keine spezifische institutionalisierte Beratung. Dieser Beratungskontext stellt eine sehr ergiebige (vermutlich sogar die ergiebigste) Quelle von Beratungsanlässen und -bedarfen in den heilpädagogischen Tätigkeitsfeldern dar.

Auf den ersten Blick sieht die unspezifische Alltagsberatung mühelos aus. Das mag bei einfachen Verrichtungen auch der Fall sein. Ausschlaggebend für die Erfüllung der Beratungsaufgabe ist die ratsuchende Person mit ihrem (kognitiven) Auffassungsvermögen sowie der Fähigkeit sich zu orientieren, zu kommunizieren, zu lernen und zu üben.

Man kann dem 3-jährigen Kind, das nach dem Zähneputzen fragt, sagen: »Das ist ganz einfach: Du gehst ins Badezimmer, nimmst die Zahnbürste, gibst Zahnpasta drauf, spülst den Mund mit Wasser aus, setzt die Zahnbürste an deine Zähne und bewegst sie hin und her. Das machst du eine Weile, spülst den Mund erneut aus und – fertig ist die Sache. Du hast deine Zähne geputzt.« Als Prozessbeschreibung mag diese Aussage stimmen, nur als eine beratende Unterstützung ist sie ungeeignet. Mit der zwingenden Berücksichtigung des Alters des Kindes und seiner bisherigen Erfahrung mit dem Zähneputzen, seiner grob- und feinmotorischen Entwicklung sowie der kognitiven Fähigkeit, Zusammenhänge zu erkennen und Prozessphasen in richtiger Abfolge nachzuvollziehen, kommt die Alltagsberatung dieses Kindes an einer strukturierten Aufklärungs- und Übungsunterstützung nicht vorbei. Bei der Alltagsberatung muss nämlich der Berater zuerst die Komplexität der beraterisch zu erörternden Situation und Aktivität in aufeinander aufbauende Schritte zerlegen. Auch muss er die Gegenstände, Materialien und Bedingungen konkret benennen, die er hierzu benötigt. Erst dann kann er die beraterische Unterstützung in einem Prozess leisten, bei dem er gemeinsam mit dem Ratsuchenden den Vorgang von Fragen → Sagen → Tun → Üben → Reflektieren durchführt.

Im o. g. Beispiel des Zähneputzens könnte eine beratende Unterstützung im Sinne dieses Vorgehens wie folgt aussehen:

- Berater fragt das Kind: »Weißt du, wo man sich die Zähne putzt und was man dazu braucht?« (Fragen)
- Weiß das Kind die richtige Antwort, bekommt es vom Berater eine positive Bestätigung. Ist das Kind überfragt, teilt ihm der Berater die richtige Antwort mit (Sagen).
- Der Berater fordert das Kind auf, mit ihm zum Waschbecken zu gehen (wo natürlich alle Utensilien für das Putzen der Zähne bereitliegen müssen), und das Putzen der Zähne zu üben (Tun).
- Dann fragt der Berater das Kind, wie die Zahnpasta auf die Zahnbürste kommt (Fragen).
- Weiß das Kind die richtige Antwort, bekommt es vom Berater eine positive Bestätigung. Ist das Kind überfragt, teilt ihm der Berater die richtige Antwort mit (Sagen).
- Der Berater zeigt dem Kind, wie und wie viel Zahnpasta auf die Zahnbürste aus der Tube gedrückt wird, fordert es auf, das selbst zu machen und gibt dem Kind eine positive Bestätigung für das Gelungene bzw. eine praktische Unterstützung, wenn das Kind noch nicht eigenständig die Pasta aus der Tube auf die Zahnbürste drücken kann (Tun).
- Der Berater fordert das Kind auf, diesen Schritt noch einmal zu wiederholen. Während dieses Versuchs bekommt das Kind vom Berater weiterhin positive Unterstützung bei bzw. Hinweise zur richtigen Durchführung dieses Schritts (Üben).
- Dann wird vom Berater nach dem nächsten Schritt des Zähneputzens gefragt, die Frage wird gemeinsam mit dem Kind beantwortet und der Schritt wird getan bzw. geübt. So gehen die beiden nach dem gleichen Schema schrittweise den gesamten Prozess durch. Abschließend zählen sie noch einmal die Schritte auf und benennen das, was das Kind bereits allein kann, wie auch das, was es noch üben muss.

An diesem konkreten Beispiel wird deutlich, dass die Alltagsberatung eine Struktur braucht, wenn sie den Ratsuchenden bei der Alltagsbewältigung wirksam unterstützen soll. In diesem Sinne kann sie nicht nur als eine einfache Antwort auf der verbalen Sprachebene stattfinden, sondern muss immer auch die Elemente des praktischen Handelns, der Übung und der Reflexion beinhalten.

Selbstverständlich würde der heilpädagogisch Tätige bei der Beratung des 17-jährigen Adoleszenten aus einer Heimgruppe andere Schritte, Fragen und Handlungen wählen müssen, wenn er diesen über die Bedienung einer Waschmaschine aufklären und das Waschen von Jeans mit ihm einüben soll. Mit 17 Jahren ist der Ratsuchende auf einem anderen Entwicklungsstand, hat viel mehr Erfahrung und kann mit Alltagsgegenständen viel besser umgehen als ein 3-jähriges Kind. Dieser Tatsache muss der heilpädagogisch Tätige bei der beratenden Unterstützung unbedingt Rechnung tragen.

Demnach weist die Alltagsberatung folgende Merkmale auf:

- konkret,
- strukturiert,
- aufklärend,
- praktisch,
- handelnd,
- übend und
- reflektiert.

Als solche stellt sie i. d. R. keine einfache Aufgabe dar.

Institutionalisierte Beratung

Eine heilpädagogische Qualifikation eröffnet u. a. auch die Möglichkeit, in Organisationen zu arbeiten, die sich der Beratungsaufgabe verpflichtet fühlen. Genannt seien hier vor allem Frühförderstellen, Erziehungsberatungsstellen, heilpädagogische Praxen, Referate für Einrichtungen der Erziehungs- bzw. Behindertenhilfe bei diversen Trägerverbänden, Beratungsdienste der kommunalen Jugend- bzw. Sozialbehörden oder aber auch der Beratungsdienst für Menschen mit Behinderung im Rahmen der Agentur für Arbeit. Auch auf bestimmte Problembereiche spezialisierte Beratungsstellen gehören zum Einsatzfeld von Heilpädagoginnen und Heilpädagogen (z. B. Suchtberatung, AIDS-Beratung, Schuldnerberatung, Migrantenberatung u. Ä.; ▶ auch **Kap. 2.2**).

In diesen Organisationen steht die Beratung deutlich im Vordergrund. Auch dort, wo die heilpädagogisch Tätigen spezifische Unterstützung von Kindern durchführen (in der Frühförderung oder in heilpädagogischen Praxen), sind sie verpflichtet, die Eltern und Betreuer hinsichtlich der fördernden Unterstützung des Kindes zu Hause zu beraten bzw. beratend zu begleiten. Um diese Aufgabe kompetent zu erfüllen, benötigen sie nicht nur das Fachwissen aus ihrem heilpädagogischen Spezialgebiet. Sie qualifizieren sich des Weiteren zusätzlich in Fort- und Weiterbildungsmaßnahmen, die auf die Vermittlung von Theorie und Methodik psychosozialer Beratung ausgerichtet sind. Diese Kombination stellt eine unumgängliche Standardausstattung aller Heilpädagoginnen und Heilpädagogen dar, die sich in einem der institutionalisierten Beratungsfelder nützlich machen wollen.

Die Beratungsarbeit verläuft im Rahmen der jeweiligen inhaltlichen Fragestellung, mit der die Ratsuchenden die Beratungsorganisation aufsuchen. Die Problemsituationen der Ratsuchenden müssen zwangsläufig der Ausrichtung der

Organisation entsprechen. So kann man z. B. in einer Frühförderung den Vater nicht beraterisch unterstützen, der mit seinem 12-jährigen Sohn nicht klar kommt. Dagegen hat ein Mann, der mit seiner Alkoholabhängigkeit zu kämpfen hat und eine Suchtberatung aufsucht, eine richtige Entscheidung getroffen. Die in der Beratungsinstitution fokussierten Problemsituationen haben nur einen begrenzten Einfluss auf die dort verwendeten methodischen Vorgänge zur Unterstützung von Ratsuchenden. Es ist zwar bekannt, dass für bestimmte Problembereiche eine bestimmte Art der Beratung besonders hilfreich sein kann, aber die Wirksamkeit hängt auch davon ab, wer in die Beratung kommt – also wie die Person des ratsuchenden mit dem angebotenen Beratungsansatz »kompatibel« ist. Auch wenn z. B. im Allgemeinen für die Suchtproblematik der lernpsychologische Ansatz als besonders gut geeignet gilt, kann die unter unkontrolliertem Essverhalten leidende Frau X den selbsterforschenden Beratungsansatz nach C. R. Rogers favorisieren.

Aus diesem Grund pflegen die Beratungsstellen eine Art methodischer Vielfalt – die dort tätigen Beraterinnen und Berater sind oft in mehreren Beratungsansätzen ausgebildet und können folglich auch in der Wahl der Vorgehensweise im Einzelfall flexibel agieren. Was allerdings alle verbindet, ist die Gesprächsführungskompetenz: Egal, wo die institutionalisierte Beratung stattfindet, die dort tätigen Fachpersonen müssen imstande sein, mit den Ratsuchenden positiv wirkende (orientierende, aufklärende, ermutigende usw.) Gespräche zu führen. Dies ist ein grundlegendes methodisches Fundament der professionellen Beratung, das über allen Grenzen und Spezifika der einzelnen Beratungsansätze steht. Diesem Stellenwert entsprechend wird in ▶ Kapitel 4.2.6 auf das Thema »Gesprächsführung« explizit eingegangen.

Kollegiale Beratung

Es kommt immer wieder vor, dass die Heilpädagogin bzw. der Heilpädagoge im Berufsalltag belastende Situationen erlebt, die sie/ihn nicht nur fachlich und menschlich herausfordern, sondern u. U. auch überfordern; das kann z. B. das miterlebte Leiden eines Kindes sein oder die Ablehnung der Befriedigung von wichtigen Bedürfnissen eines erwachsenen Menschen mit Behinderung seitens der Angehörigen oder wiederholtes aggressives und gewalttätiges Verhalten eines Jugendlichen gegenüber schwächeren Kindern oder aber selbstverletzendes Verhalten eines Menschen mit einer Autismus-Spektrum-Störung. Die Formen der Belastung sind sehr mannigfaltig und gehören zum heilpädagogischen Berufsalltag. Fühlt sich der heilpädagogisch Tätige am Ende seiner Handlungsmöglichkeiten und weiß nicht mehr weiter, ist es folglich sinnvoll, eine Praxisberatung in Anspruch zu nehmen. Diese kann in Form von Supervision stattfinden, was zwar wirksam sein kann, jedoch oft logistisch und finanziell anspruchsvoll ist. Einen fähigen und bezahlbaren Supervisor zu finden, ist nicht immer unkompliziert.

Es gibt eine andere Beratungsform, die man zur eigenen Unterstützung in Anspruch nehmen kann: Es ist sinnvoll, bevor die Supervision organisiert wird, die kollegiale Fallberatung einzuberufen. Sie ist eine Art der Beratungshilfe, die auf dem Prinzip der Gegenseitigkeit unter Fachkollegen basiert, wird auch als »kol-

4.2 Methodische Grundlagen des beraterischen Handelns in der Heilpädagogik

legiale Intervision« im Sinne einer Unterstützung innerhalb einer Kollegengruppe verstanden und als solche von der expertengeleiteten Supervision abgegrenzt. In dieser geht es mehr um rollenadäquates und effektives Verhalten z. B. als Coach, Lehrer, Therapeut u. Ä. Die kollegiale Beratung »liefert« eher konkrete operative Hinweise zum persönlichen Handeln in einer konkreten Problemsituation.

Ein weiterer Unterschied zwischen beiden Begriffen besteht darin, dass die kollegiale Beratung als »Intervision« ohne einen leitenden Supervisor auskommt und dass dort eine wechselnde Rollenverteilung vorgesehen ist. Auch verdeutlicht das Ersetzen von »super« (= über) durch »inter« (= zwischen) die Gleichrangigkeit der Teilnehmer (= Fachpersonen, die verwandten oder gleichen Professionen angehören) und hebt deren reflexionsorientierte Arbeit (= Austausch von Praxiserfahrung) in einem horizontalen Beratungsansatz hervor. Im Vordergrund steht dabei mehr das praktische Handeln in der reflektierten Situation, gleichwohl auch professionelle Selbstverständnisse, Kontexte, Karrieren usw. der Teilnehmer eine wichtige Rolle spielen. Das wesentliche Element der Intervision als »Selbsthilfe für Praktiker« ist die Tatsache, dass die Teilnehmer dabei voneinander lernen. So gesehen geht es in der kollegialen Beratung um

- die gegenseitige Beratung bei beruflichen Problemen
- in einer Gruppe von Gleichrangigen,
- die innerhalb einer gemeinsam festgelegten Struktur
- zielgerichtet
- in einem autonomen, an Erfahrung orientierten Lernprozess,
- Lösungen zu finden versuchen.

Erfahrungsgemäß sollen folgende Themengebiete nicht im Kollegenkreis behandelt werden:

- allgemeine bzw. strategische Fragen im Kontext der Organisation,
- stark fachspezifische Themenstellungen,
- Konflikte im Team selbst,
- zu sehr »betriebspolitische« Themenstellungen sowie
- privat belastende Lebensthemen, die psychotherapeutischer Unterstützung bedürfen.

Da dieser spezifische Beratungsansatz für einen Fortschritt in manchen Problemsituationen aus dem heilpädagogischen Berufsalltag gut nutzbar sein kann, werden im weiteren Text die methodischen Aspekte dieses Verfahrens näher erörtert und mit konkreten Hinweisen auf eine praktische Umsetzung versehen.

Im Wesentlichen geht es bei der kollegialen Beratung um eine strukturierte Form der Problemerörterung im Rahmen einer zu diesem Zweck einberufenen Sitzung. Die beteiligten Fachpersonen treten in eine dialogische Kommunikation ein (horizontaler Beratungsansatz), um eine zu klärende Praxissituation gemeinsam zu reflektieren. Die belastende Berufssituation des Kollegen »Fallgebers« wird zum Gegenstand einer gemeinsamen Betrachtung. Die unterschiedlichen Zugänge zu der vorgestellten Praxissituation bei Anwesenden bieten ein breites Spektrum an

Betrachtungen und Perspektiven an. Eine kollegiale Beratung kann einmalig durchgeführt oder auch mehrfach mit dem gleichen »Fallgeber« wiederholt werden.

Im Zentrum der kollegialen Fallberatung steht die Person, die ein Problem schildert (»Fallgeber«). Er entscheidet, welchen Fall er einbringen will und auch durch wen das Problem bearbeitet werden soll, d. h. welche Kollegen ihn als Berater unterstützen sollen. Die Kollegen sollten so ausgewählt werden, dass sie nicht im selben Problem involviert, aber gleichzeitig inhaltlich kompetent sind sowie den Vertrauensbonus haben, der zur Problembearbeitung erforderlich ist. Das entspricht der Notwendigkeit einer Vertrauensbasis sowie der Erforderlichkeit eines problem- und lösungsrelevanten Wissens.

Folgende weitere Aspekte zeichnen die kollegiale Beratung aus:

- Jedes Team und jede Gruppe kann sich zur kollegialen Beratung zusammenfinden. Folgende Voraussetzungen bedingen das Gelingen kollegialer Beratung:
- *Vertrauen* – Teilnehmer, die sich vertrauen, können offener miteinander sprechen.
- *Vertraulichkeit* – Verschwiegenheit über Inhalt und Abläufe nach außen hin.
- *Unterstützung* – Bemühung der Teilnehmer um die gegenseitige Unterstützung.
- *Wertschätzung* – Wechselseitige Wertschätzung fördert Offenheit.
- Die Darstellung der Situation vom »Fallgeber« ist von grundlegender Bedeutung: Nur wenn er in einer vorher durchdachten und möglichst visualisierten Form seine Situation schildern kann, können die Kollegen – »Berater« – einen sinnvollen Beratungsprozess beginnen.
- Die ausgewählten Kollegen, von denen sich der »Fallgeber« beraterische Unterstützung einholen will, müssen imstande sein, sich auf den »Fall« einzulassen und ihr Erfahrungswissen so pointiert zu formulieren, dass der »Fallgeber« daraus Impulse auswählen und eine ihm angemessen erscheinende Perspektive zum Verändern der Problemlage für sich ableiten kann.
- Die »Berater« entscheiden, inwieweit sie ihr Erfahrungswissen dem »Fallgeber« zur Verfügung stellen wollen. Wichtig ist das Prinzip der Gegenseitigkeit: Die »Berater« von heute können durchaus demnächst selbst zu einem »Fallgeber« werden – dann wird auch er vom Fach- und Erfahrungswissen der anderen profitieren.
- Die Teilnahme an kollegialer Beratung stärkt die Personen- und Fachautorität der Beteiligten. In der Rolle als »Berater« übt man sowohl die Orientierung in Fragestellungen aus der Praxis als auch das Ableiten konkreter Handlungsoptionen. Als »Fallgeber« erhält man sowohl eine Rückmeldung über die eigene »Sicht auf die Lage« als auch Hinweise und Anregungen hinsichtlich alternativer Vorgehensweisen.

Wie bereits erwähnt, übernehmen die Teilnehmer in der kollegialen Beratung verschiedene Rollen bzw. Funktionen. Es handelt sich um folgende fünf Rollen:

- Der *»Fallgeber«* ist derjenige, der seine Situation der Gruppe bzw. dem Team präsentiert. Er bereitet vor der Sitzung die Vorstellung seiner Situation so vor,

dass sowohl die Inhalts- und Sachebene als auch die Gefühlsebene transparent werden. Dazu empfiehlt es sich, die Beschreibung möglichst mir einer bildlichen Darstellung (Metapher bzw. Analogie) zu veranschaulichen.
- Der »*Moderator*« sichert den strukturierten Ablauf der Sitzung und achtet auf die Erfüllung der Rollen, der rollenimmanenten Aufgaben und auch auf die Einhaltung des für die einzelnen Sequenzen vorgesehenen Zeitrahmens. Er sorgt außerdem für die Einbeziehung der Teilnehmer in den Beratungsprozess, »überwacht« die Beachtung der Kommunikationsregeln und fasst die verschiedenen Diskussionsbeiträge zusammen.
- Die »*Berater*« bilden die zentrale Einheit in der kollegialen Beratung. Sie konzentrieren sich zunächst auf die Situationsbeschreibung, ohne diese zu unterbrechen oder zu kommentieren. Erst am Ende der Darstellung können Verständnisfragen gestellt werden. Sie reflektieren die Situation vom Blickwinkel ihrer eigenen Erfahrung und diskutieren ihre Eindrücke und Vermutungen untereinander. Dabei bewerten sie die Beiträge nicht und verzichten auf vorschnelle Lösungen oder Erfolgsrezepte. Die Bewertung obliegt allein dem »Fallgeber«.
- Der »*Schreiber*« hält die Argumente der Berater auf einer Flipchart (für alle sichtbar) fest: möglichst viele und möglichst genau beschriebene, d.h. ohne abzukürzen oder Inhalte abzuändern. Diese Aufgabe ist oft nicht begehrt, stellt aber eine wichtige Arbeitsgrundlage dar. Der »Fallgeber« ist nämlich gehalten, die einzelnen Dokumentationspunkte zu kommentieren und die aus seiner Sicht weiterführenden Aspekte zu benennen.
- Der »*Prozessbeobachter*« ist insbesondere dann vonnöten, wenn die Gruppe den Vorgang der kollegialen Beratung noch nicht so gut kennt und Hinweise zur Optimierung der Fallberatung braucht. Er beobachtet das Procedere während der Problemlösung und macht sich dazu Notizen. Er hält fest, wie die Teilnehmer ihre Rollen ausfüllen und welchen Einfluss sie auf das Ergebnis haben. Abschließend gibt er jedem Teilnehmer ein persönliches Feedback. Das ermöglicht allen Beteiligten methodische (und auch persönliche) Entwicklungsschritte.

Die kollegiale Beratung verlangt den beteiligten Fachpersonen Einiges ab:

- *Zeitdisziplin*: Die geplanten Zeiten sind verbindlich. Änderungen sind nur sinnvoll, wenn diese durch den Moderator vorgenommen werden, jeweils bei der Ansage für den nächsten Schritt.
- *Rollendisziplin*: Jeder füllt die Rolle aus, die ihm für den Fall übertragen wurde. Dabei dürfen die hierarchiebedingte Rolle und die Rolle in der Fallarbeit nicht miteinander vermischt werden.
- *Visualisierungen*: Strukturen, Lösungen etc. sollen nach Möglichkeit abgebildet werden, damit sie von allen nachvollzogen werden können.
- *Interesse/Neugier/Offenheit zu Emotionen*: Eine interessierte, neugierige Haltung aller sowie die Bereitschaft, emotionale Regungen zuzulassen und auszuhalten, ermöglichen eine Betrachtung vieler Aspekte der Problemsituation und eine hohe und differenzierte Lösungskompetenz.

- *Methodendisziplin*: Die vorgegebenen Schritte in der Gruppe sind einzuhalten, die Analyse- und Problemlösungsphase sind konsequent zu trennen.
- *Auftragsdisziplin*: Der Auftrag, der im Kreis der Kolleginnen und Kollegen bearbeitet werden soll, ist sorgfältig zu formulieren; man soll bei diesem Auftrag und der sich aus ihm herausgearbeiteten Schlüsselfrage bleiben.
- *Dokumentation*: Die wichtigen Aussagen, Ideen, Hypothesen und Lösungen für den Fallgeber sind zu notieren.
- *Begleitung*: Es ist hilfreich, sich für die ersten Termine professionell begleiten und in die Methode einführen zu lassen.

Der zeitliche Rahmen einer Sitzung beträgt ca. 90 Minuten, kann aber auch kürzer sein. Diese Zeit ist in mehrere unterschiedlich lange Beratungsschritte unterteilt:

1. Themen- und Rollenklärung

Beratungswünsche sammeln, nach Dringlichkeit sortieren und eine Reihenfolge der Fallbearbeitung festlegen (Fragen: Wer bringt ein Thema ein? Welches Thema ist dringlich? Wer wäre heute dran? Wer war noch nie dran? Welches Thema ist interessant für die Gruppe?). Auch muss vereinbart werden, wer welche Rolle übernimmt.

2. Situationsbeschreibung

Der »Fallgeber« beschreibt die Problemlage, zu der er beraten werden möchte. Er schildert neben inhaltlichen auch soziale und emotionale Aspekte. Unter dem Fokus der persönlichen Entwicklung stellt er seine Rolle und seine Handlungen in der Situation dar. In einem Dialog zwischen ihm und dem »Moderator« (aktives Zuhören!) wird die ausgewählte Situation erörtert (Fragen: »Worum geht es in groben Zügen?«, »Wer ist beteiligt?«, »Wie stellt sich die Situation sachlich (äußerlich) und emotional (innerlich) für den Fallgeber dar?«). Ziel dabei ist ein gutes Verstehen der Situation (hilfreich: anhand eines Bildes oder Schemas).

Die »Berater« achten darauf, was berichtet und was ausgelassen wurde (Wo liegt der Fokus, wo nicht?, Wird die Perspektive der anderen geschildert?, Werden Gefühle thematisiert?) sowie auch auf die verbalen und nonverbalen Signale, Tonfall u. Ä. Sie stellen Verständnisfragen, um den Fall nachvollziehen zu können. Dabei geht es nicht um filigrane Details, Namen und Einzelfakten, sondern um die Erfassung der zentralen Problemzusammenhänge. Ratschläge, Meinungen, Interpretationen und eigene Erklärungen werden nicht geäußert.

3. Analysen- und Hypothesenerstellung

Ziel der Analysen- und Hypothesenerstellung ist die Ermöglichung der Perspektiverweiterung des »Fallgebers« durch die »Berater«. Die problematische Situation wird vor dem Hintergrund verschiedener Erfahrungskontexte und unterschiedlichen Know-hows ergründet. Der »Fallgeber« schweigt und hört zu. Dies ist für ihn zwar häufig nicht leicht, dient aber seiner Horizonterweiterung und verhindert Rechtfertigungstendenzen.

Die »Berater« besprechen ihre eigenen Wahrnehmungen und Gefühle im Kontext des dargestellten Problems und diskutieren den Fall untereinander

(»beraterintern«) – also nicht mit dem »Fallgeber«. Dabei sprechen sie auch über sein Verhalten und seine möglichen Anteile am Entstehen des Problems – dies allerdings ohne Vorwürfe oder Urteile. Im Vordergrund steht die einfühlsame Erkundung möglicher Zusammenhänge und Ursachen.

4. Fokussierung auf die Schlüsselfrage

Nachdem die »Berater« ihre Hypothesen, Annahmen und Überlegungen aus unterschiedlichen Perspektiven geäußert haben, überlegt der »Fallgeber«, welchen Klärungswunsch er hat. Anschließend fasst er die gehörten Aspekte zusammen und entscheidet, an welchem Zugang zu seiner Problemsituation weiter gearbeitet werden soll (äußert seinen Beratungsauftrag in Form einer Schlüsselfrage).

Die »Berater« unterstützen ihn beim Formulieren und Konkretisieren der Schlüsselfrage (»Für mich an deiner Stelle wäre die Frage ...«).

5. Methodenwahl und anschließende Beratung und Entwicklung von Lösungsvorschlägen

Zuerst erörtern alle gemeinsam, welche Vorgehensweise am besten zu der formulierten Schlüsselfrage passt, wobei die letzte Entscheidung beim »Fallgeber« liegt. Tietze (2003) listet folgende hilfreiche Methoden auf:

- Brainstorming (»Was alles ließe sich in dieser Situation machen?«),
- Paradoxe Betrachtung – sog. Kopfstand (»Was muss getan werden, um das Gegenteil dessen zu erreichen, was eigentlich angestrebt wird?«),
- Erster kleiner Schritt (»Was kann der erste Schritt sein, um weiterzukommen?«),
- Sharing eigener Erfahrung (»An welche eigenen Erfahrungen erinnert mich die Situation?«),
- Kurze Kommentare (»Was ist mir an der Situation aufgefallen?«),
- Gute Ratschläge (»Welche Tipps bzw. Empfehlungen habe ich für den Fallgeber?«),
- Resonanzrunde (»Welche Gedanken/Gefühle/Reaktionen löst die Situation in mir aus?«),
- Zwei wichtige Informationen (»Welche zwei wichtigsten Informationen habe ich bezüglich der Schlüsselfrage herausgehört?«),
- Erfolgsmeldung (»Welche Fähigkeiten und Verhaltensweisen hat der Fallgeber bei seinem bisherigen Vorankommen eingesetzt?«).

Nachdem die Vorgehensweise festgelegt ist, sammeln die »Berater« Lösungsideen und -vorschläge (Frage: »Was geben wir dem ›Fallgeber‹ in Bezug auf seine Schlüsselfrage mit?«). Dabei ist Vielfalt erwünscht. Die Lösungen werden nicht bewertet oder gewichtet. Die einzelnen Möglichkeiten werden nicht diskutiert, sondern nur weiterentwickelt. Der »Fallgeber« schweigt und hört zu.

6. Ideenbewertung

Der »Fallgeber« nimmt kurz Stellung zu den Lösungsvorschlägen, ohne dies ausführlich zu begründen und diese zu bewerten (»Was nehme ich aus der Beratung mit?«, »Welche Bilanz ziehe ich aus der Beratung?«, »Was waren für mich die

›Rosinen‹?«, »Was waren für mich die ›sauren Trauben‹, die noch reifen müssen?«). Er konkretisiert nun selbst einzelne Vorgehensweisen und entwickelt zwei bis drei Ansatzpunkte für konkrete Maßnahmen. Nach Bedarf können in einer Art »Probehandeln« z.B. einzelne Gespräche oder Vorgehensweisen »durchgespielt« werden. Die »Berater« unterstützen das »Probehandeln«, geben Tipps und bringen ihre Erfahrungen bei der Ausarbeitung des Maßnahmenplanes ein. Anschließend verpflichtet sich der »Fallgeber« vor den Anwesenden, diese Maßnahmen zu realisieren.

7. Prozessreflexion

Die Gruppe bewertet den Gruppenprozess und die Zusammenarbeit. Der Prozessbeobachter gibt den einzelnen Teilnehmern ein persönliches Feedback. Er spricht an, inwieweit das Schlüsselthema bearbeitet und weiterentwickelt wurde, wie die Teilnehmer ihre Rolle ausgefüllt haben, wie die »Berater« den »Fallgeber« unterstützt haben etc. Dabei soll die besprochene Problemsituation nicht weiter diskutiert werden. Es geht hier um eine zusammenfassende Bewertung des Ablaufs und des Erlebens der eigenen Rollen. Mit einem Feedback an den Moderator endet die kollegiale Beratung.

8. Folge-Treffen (ein möglicher Beratungsschritt)

In einem Folge-Treffen wird das besprochene Problem wieder aufgegriffen, vom aktuellen Blickwinkel reflektiert und neu betrachtet. Der »Fallgeber« berichtet (als Einstieg in den Prozess):

- Was war mein Thema (Bild zeigen, Änderungen einarbeiten)? Was habt ihr mir gesagt? Was war mein Schlüsselthema? Was waren meine Maßnahmen? (Anknüpfung).
- Was ist zwischendurch passiert? Was ist in mir vorgegangen? Wie ist die Situation heute? Was war gut, was weniger gut (Praxiserfahrungen, Anwendungsbeispiele)? Welche Fragen habe ich heute an euch? (Entwicklung).

Fazit

Die kollegiale Beratung erweist sich als variantenreiches Instrument zur Strukturierung von dialogischem Wissens- und Erfahrungsaustausch. In vielen Situationen reichen sicherlich weniger strukturierte Vorgehensweisen (spontaner Austausch, moderierte Diskussion etc.). In einigen Problemsituationen ist es jedoch sinnvoll, Kollegen zur Unterstützung der belasteten und ratlosen Fachperson («Fallgeber») zu mobilisieren. Dann ist die kollegiale Beratung der empfehlenswerte Vorgang.

Als ein strukturiertes und systematisches Verfahren stellt die kollegiale Beratung eine formalisierte Kommunikation dar, die sowohl die Selbstreflexion des »Fallgebers« fordert als auch die im Team vorhandenen Ressourcen für die Suche nach geeigneten Problemlösungen nutzbar macht. Die Wirksamkeit der kollegialen Beratung als formalisierte Kommunikation hängt zwangsläufig vom erforderlichen kommunikativen Verhalten der Beteiligten ab (insbesondere die Selbst- und Zeitdisziplin).

4.2.5 Das Selbstverständnis der beratenden Fachperson

Es ist eine Tatsache, dass in den Berufsfeldern des Sozialwesens und folglich auch der Heilpädagogik, keine Materialien verarbeitet und keine Werkzeuge eingesetzt werden, wie das bei der Herstellung von Gegenständen bzw. im Handwerk der Fall ist. Dort besteht die Berufsausbildung u. a. in der Vermittlung der Erkenntnisse über die zu verarbeitenden Materialien und in der Einübung geschickter Handhabung von Werkzeugen. Der heilpädagogisch Tätige wirkt im sozialen Feld, wo er mit Menschen zu tun hat. Um sie in ihrer beeinträchtigten Lebenslage unterstützen zu können, muss er Fachkenntnisse mehrerer Referenzdisziplinen über das menschliche Wesen haben. Da er persönlich durch seine Präsenz sowie sein Verhalten und Handeln wirkt, muss er imstande sein, sich selbst zu »handhaben«, denn er selbst als Person ist das »Werkzeug« seines Berufes. Im Kontext dieser Tatsache gewinnt sein Selbstverständnis als Fachperson enorm an Bedeutung. Denn so, wie ein Mensch sich selbst sieht und versteht (diese Vorstellung der eigenen Person wird als Selbstbild bzw. Selbstkonzept bezeichnet), so empfindet, denkt und verhält er sich – ganz nach dem Motto: »Was ich von mir und von dir halte, ist ausschlaggebend dafür, wie ich mich im Kontakt mit dir fühle und wie ich mich dir gegenüber verhalte ...«[4] Dieser Wirkung des Selbstverständnisses muss sich der beratisch unterstützende Heilpädagoge bewusst werden, um sich als eigenes »Werkzeug« professionell steuern zu können.

Das Selbstverständnis als Person entsteht bei jedem Menschen während seiner Sozialisation in der Interaktion und der Kommunikation mit anderen sowie durch die eigen- bzw. fremdbewerteten Erfahrungen. Das Selbstverständnis als Fachperson bildet der heilpädagogisch Tätige in der Berufsausbildung und -praxis. Er eignet sich Fachwissen und Handlungs-Know-how an, verwendet es in der Praxis und macht (ebenfalls eigen- wie fremdbewertete) Anwendungs- und Wirksamkeitserfahrungen. Die beiden Bereiche beeinflussen das Empfinden, Denken und Handeln des heilpädagogisch Tätigen im Berufsalltag – wenn er z. B. etwas tut/ tun muss/getan hat, was mit seinen Selbstverständnisbereichen als Mensch und Fachperson nicht »kompatibel« ist, fühlt er sich nicht wohl. Auf der anderen Seite ist er, wenn das berufliche Tun mit seinen beiden Selbstverständnisbereichen übereinstimmt, zufrieden.

---

4 An dieser Stelle wird auf die Erkenntnisse und das Menschenbild der Individualpsychologie und der humanistischen Psychologie hingewiesen (▶ **Kap. 4.2.3**)

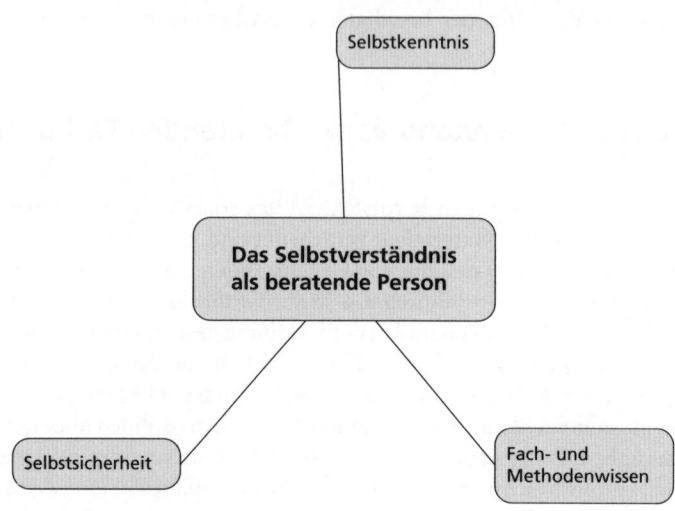

Abb. 15: Kapitel 4.2.5 – Inhaltliche Struktur

Selbstkenntnis

Das Wissen um diese Wirkung des Selbstkonzepts gehört (leider) nicht zum allgemeinen Bildungsstandard. Folglich ist sie nicht jedem Menschen bekannt und den meisten ist sie in der alltäglichen Interaktion mit anderen Menschen i. d. R. nicht bewusst. Wie oben erwähnt, ist der Heilpädagoge sein eigenes Instrument und er muss lernen, sich selbst gekonnt zu »handhaben«. Dies setzt eine gute Orientierung in sich selbst voraus. Die diesbezügliche Frage lautet nicht nur »Wie sieht mein Selbstbild als Mensch und als Fachperson aus?«, sondern auch »Wie beeinflusst mich mein Selbstbild in diesem Beratungsgespräch?«, sowie »Ist diese Beeinflussung meines Denkens und Handelns für die beraterische Unterstützung meines Gegenübers eher dienlich oder eher hinderlich?« Eine solche Kenntnis des Selbstbildes ist für den professionellen Beratungseinsatz unabdingbar, weil sie eine bewusste und »gekonnte« Selbststeuerung im Gespräch mit dem Ratsuchenden ermöglicht.

Nehmen wir an, der Berater sieht und versteht sich als jemand, der das Wissen und die Erfahrung in Überfluss hat, und den Ratsuchenden als jemanden, der weder über das Eine noch über das Andere verfügt. Dann wird ihn dieses Selbstverständnis dazu bringen, dem Ratsuchenden eher Kurzvorträge zu halten und Ratschläge erteilen zu wollen, statt mit ihm gemeinsam nach Lösungswegen zu suchen.

Ein anderes Selbstverständnis des Beraters wird nach einer anderen Vorgehensweise drängen. Sieht er sich z. B. als jemanden, der bemüht ist, die Problemlage des Ratsuchenden und ihre Bedeutung zu verstehen, dessen Empfinden in dieser Problemlage zu begreifen, diesen zur Änderung der Problemlage zu ermutigen und bei seinen Änderungsversuchen zu begleiten, kommt in den von ihm geführten Beratungsgesprächen weder Kurzvortrag noch Ratschlag vor. Vielmehr wird er sich für die Gefühle des Ratsuchenden, seine Erfahrungen, seine Wünsche, gelungene

Einflussnahmen, Ressourcen usw. interessieren. Er wird sich als »Begleitungsexperte« verhalten, dem Ratsuchenden Respekt entgegenbringen und ihn ermutigen, seine Potentiale für die Änderung der Problemlage zu nutzen.

Im ersten Beispiel ist vor allem die Fähigkeit zur Erörterung des Fachwissens und zur überzeugenden Unterbreitung von Lösungen wichtig. Der Berater kann zwar, aber muss nicht zwingend andere Voraussetzungen erfüllen, um seinem Selbstverständnis gerecht zu sein. Dementsprechend gestaltet er auch (häufig unbewusst) seine fachliche und methodische Vorbereitung auf die Beratertätigkeit: Einen Schwerpunkt sieht er in der Ausstattung mit umfangreichen Fachwissen hinsichtlich der Ursachen von Problemen in zwischenmenschlicher Interaktion, psychischen Störungen und Problemlösungen sowie mit einem »Handwerkszeug« einer eher direktiven Gesprächsführung.[5] Andere Vorgänge, die auch einen anderen Wissens- und Know-how-Hintergrund erfordern, erscheinen ihm weniger hilfreich und er verwendet sie nicht – auch wenn sie ihm bekannt sein sollten.

Im zweiten Beispiel hat der Berater durchaus mehrere als die o. g. Voraussetzungen zu erfüllen, um seinem Selbstverständnis gerecht zu werden[6]:

- gut zuhören können,
- empathisch, kongruent und akzeptierend sein,
- imstande sein, theoriegestützt menschliches Erleben und Verhalten einzuschätzen,
- Geduld bei Begleitung anderer besitzen,
- eigene Ideen zurückhalten können,
- Know-how in personzentrierter Gesprächsgestaltung aufweisen usw.

Fach- und Methodenwissen

Je nachdem, in welchem Bereich der heilpädagogisch Tätige beraterisch wirkt, variieren der Umfang und der Stellenwert des für die Erfüllung der Beratungsaufgabe notwendigen Fachwissens. Besteht die Aufgabe oder der Auftrag des Ratsuchenden im Wesentlichen darin, Informationen über die physischen Belastungsgrenzen seines 7-jährigen Sohnes mit Trisomie 21 zu bekommen (dieser möchte nämlich im Sportverein Fußball spielen und der Vater weiß nicht, ob den Jungen die damit verbundene körperliche Anstrengung nicht gefährden würde), dann muss ihm der Heilpädagoge entsprechendes spezifisches Fachwissen zur Verfügung stellen. Dazu ist es notwendig, die Symptomatik der Trisomie 21 und die sich daraus ergebenden Belastungshinweise zu kennen (konkrete Fachkenntnisse) bzw. zu wissen, wo diese abrufbar sind (Quellenwissen). Wichtig ist zudem die (methodische) Fähigkeit, dem Vater die Fachinformationen auf eine überschaubare und verständliche Art mitzuteilen und gegebenenfalls auch zu erörtern.

---

5 Siehe das Beispiel »Direktiv-diagnostisches Gespräch« ▶ **Kapitel 4.2.6**
6 Siehe das Beispiel »Personzentriertes Gespräch« ▶ **Kapitel 4.2.6**

In einem anderen Fall beklagt sich eine Mutter in der Erziehungsberatung, dass sie dem widerspenstigen und oppositionellen Verhalten ihrer 13-jährigen Tochter nicht Einhalt bieten kann, sie sei am Ende ihrer Kräfte und wisse nicht weiter. Ein stringent direktiv-diagnostisch denkender Berater, der sich als Experte im Bereich der Verhaltensprobleme versteht, würde vermutlich der verzweifelten Frau sagen, dass die Tochter momentan eine Pubertätskrise durchmacht, bei der das widerspenstige und oppositionelle Verhalten völlig normal sei. Das würde mit der Zeit aufhören, da ließe sich kaum etwas dagegen machen, da müsse die Mutter »durch«... Also stünde bei dieser Beratung das spezifische Fachwissen des Beraters an der ersten Stelle der beraterischen Unterstützung. Und zwar nicht bezogen auf die persönlichen Interaktionen zwischen dieser Mutter und ihrer Tochter, sondern mehr auf der Ebene von allgemein geltenden Erkenntnissen der Entwicklungspsychologie. Die fachspezifischen Aussagen des Beraters besitzen zwar eine allgemeine Gültigkeit, aber ob sie der verzweifelten Mutter wirklich helfen können, sei dahin gestellt.

Ein fachlich und methodisch »breit aufgestellter« Berater bemüht sich, zu begreifen, wie die belastenden Interaktionen zwischen dieser Mutter und ihrer Tochter konkret verlaufen, wie sie wirken, welche Selbstbilder die beiden in die Konflikte hineinsteuern usw. Er wird das Verbalisieren seines fachspezifischen Wissens zuerst zurückstellen. Ob die Mutter selbst um die Erschwernisse weiß, welche die Pubertät der Tochter mit sich bringt, wird sich höchstwahrscheinlich während der Beratungsgespräche zeigen. Und wenn nicht, kann der Berater an passender Stelle des Gespräches immer noch auf sein entwicklungspsychologisches Fachwissen zurückgreifen und die Mutter darüber aufklären. Fühlt sich die Mutter verstanden und ernst genommen, wird es ihr eher möglich sein, dem Berater (und auch sich selbst) über einige Situationen und Interaktionen mit der Tochter zu berichten, die weniger bzw. gar nicht belastend waren. An dieser Stelle kommt seitens des Beraters das Fachwissen des lösungsorientierten Ansatzes zum Tragen, und er kann anschließend mit der Mutter gemeinsam überlegen, wie sie sich verhalten muss, um diese Situationen und Interaktionen mit ihrer Tochter häufiger zu erleben. Bei dieser Art der Beratung steht das Theorie- und Methodenwissen des personzentrierten und möglicherweise auch des individualpsychologischen Ansatzes im Vordergrund. Dass der Berater auf sein entwicklungspsychologisches Fachwissen nicht verzichten muss, wurde bereits erwähnt. Auch wenn er es nicht direkt gegenüber der Mutter anzuwenden bräuchte, würde es ihm helfen, die Problemsituation der Mutter in den Kontext des altersspezifischen Verhaltens der Tochter einzuordnen. Auch der lösungsorientierte Blick auf die Problemsituation der Mutter kommt zur Geltung. Diese Vielfältigkeit des spezifischen Fach-, Ansatz- und Methodenwissens befähigt den Berater zur Gestaltung eines »maßgeschneiderten« Unterstützungsprozesses. Dieser mag mehr Zeit in Anspruch nehmen, steigert aber deutlich die Wahrscheinlichkeit, dass die Mutter ermutigt und mit Anregungen versehen nach Hause geht.

Selbstsicherheit

Rat, Unterstützung, Beistand usw. suchen vor allem Menschen, die sich in einer schwierigen Lage befinden, mit der sie nicht alleine zu Recht kommen. Das verunsichert sie (Unsicherheit als Folge einer unlösbaren Problemlage), gleichwohl sie auch deshalb in eine schwierige Lage geraten können, weil sie unsicher auftreten und wirken (Unsicherheit als Ursache einer Problemlage). Die Unsicherheit spielt also in der Beratung fast immer eine Rolle. Folglich ist es eine wichtige Aufgabe des Beraters, die Selbstsicherheit des Ratsuchenden zu stärken und ihn zu selbstsicherem Auftreten zu ermutigen. Das ist vor allem dann möglich, wenn der Berater selbst selbstsicher ist und durch sein selbstsicheres Auftreten auf den Ratsuchenden als Vorbild wirkt (Modellernen).

An dieser Stelle ist zu klären, was hier unter Selbstsicherheit zu verstehen ist, denn Selbstsicherheit ist nicht gleich Selbstsicherheit. Oft werden Selbstsicherheit und selbstsicheres Auftreten mit einer Art von selbstbewusster Arroganz verwechselt, mit der manche Menschen versuchen, ihre eigentliche Unsicherheit zu überspielen, oder z. B. die Zusicherungen, selbstverständlich schaffe und mache man dies und jenes, wirken oft selbstsicher – bis sich zeigt, dass es nur leere Versprechungen sind, mit denen versucht wird, einen guten Eindruck auf die Handlungspartner zu machen. Beide Beispiele beschreiben keine wahre, sondern eine »Pseudo-Selbstsicherheit«, die zum Schein aus »strategischen Gründen« herausgekehrt wird.

Es ist klar, dass die Selbstsicherheit des Beraters weder das Eine noch das Andere sein kann bzw. darf. Seine wirkliche Selbstsicherheit offenbart sich auf zweierlei Art und Weise:

- Einerseits in einer natürlichen Zuversichtsausstrahlung, die der Gewissheit entspringt, fachlich und methodisch für die Beratungsarbeit gut ausgestattet zu sein. Was auch in der Tat an der Wirksamkeit seiner fachlichen Interventionen erkennbar ist. Der Ratsuchende macht mit einem auf diese Art selbstsicheren Berater die Erfahrung, dass sein Anliegen und sein Auftrag in kompetenten Händen ist, und dass er sich auf diesen Berater verlassen kann. In diesem Sinne ist die selbstsichere Zuversicht des Beraters »ansteckend« – der Ratsuchende wird allmählich hinsichtlich der Nützlichkeit der Beratungsergebnisse sicherer.
- Andererseits macht sich die Selbstsicherheit des Beraters in der Interaktion mit dem Ratsuchenden dadurch bemerkbar, dass dieser als Person einen inneren Halt hat und stabil genug ist, um alles, was auf der Beziehungs-, Kommunikations- und Belastungsebene kommen mag, konstruktiv und effizient zu verkraften – ohne Schwierigkeiten auszuweichen. Also weiß der Berater um seine Stabilität auf der Persönlichkeitsebene und bietet sie dem Ratsuchenden als eine Art von »äußerem Halt« an. Diese Möglichkeit, sich an der menschlichen Stabilität des Beraters halten und »aufrichten« zu können, unterstützt den Ratsuchenden bei der Entfaltung seiner eigenen inneren Stabilität.

Die eigene Selbstsicherheit in den beiden Bereichen bewusst, gezielt und systematisch zu stärken und zu kultivieren, ist für beratend tätige Heilpädagogen eine wichtige Aufgabe. Der erste Bereich wird in der Berufsausbildung sowie Fort-/ Weiterbildung und durch regelmäßige Reflexion der Praxiserfahrung gestärkt. Der zweite Bereich ist nichts anderes als die Arbeit am eigenen Selbstwert und Selbstkonzept. Sie setzt eine gute Orientierung in eigener Selbstsicherheit voraus. Eine gute Möglichkeit, Einblick in persönliche Selbstsicherheit zu bekommen, bieten folgende Orientierungshilfen an. Sie sind zusammengestellt aus den Publikationen bzw. Arbeitsunterlagen von Capponi und Novak (vgl.: Capponi/Novak, 1992) sowie von Ullrich und Ullrich de Muynck (vgl.: Ullrich/Ullrich de Muynck, 1976).

Orientierungshilfe: Meine Selbstsicherheit

Es geht um Empfinden und Verhalten in sozialen Situationen.

Die Bestandsaufnahme bezieht sich auf insgesamt 40 Situationen und die mit ihnen verbundenen Empfindungen bzw. Verhaltenstendenzen. Die Aufgabe besteht darin, sich in diese Situationen einzufühlen, die jeweilige Empfindung bzw. Verhaltenstendenz mit der eigenen üblichen Reaktion zu vergleichen und die Intensität der Übereinstimmung einzuschätzen. Es ist wichtig, zu allen Situationen Stellung zu nehmen.

Neben jeder Situation stehen vier Zahlen. Sie haben folgende Bedeutung:

1 = die eigene Empfindung/Verhaltenstendenz *stimmt* mit der angegebenen *voll überein*
2 = die eigene Empfindung/Verhaltenstendenz *stimmt* mit der angegebenen zwar nicht immer, jedoch *überwiegend überein*
3 = die eigene Empfindung/Verhaltenstendenz *stimmt* mit der angegebenen nur ab und zu, d.h. *recht selten überein*
4 = die eigene Empfindung/Verhaltenstendenz *stimmt* mit der angegebenen *auf keinen Fall überein*

Bei jeder Situation darf nur eine Zahl eingekreist werden.

Grübeln hilft bei der Arbeit nicht – an sich ist es schon ein Merkmal der Unsicherheit. Dagegen ermöglicht eine sachliche Überprüfung der Lage im Sinne »Wie war es bei mir in den letzten drei Situationen dieser Art?« ein zügiges Bearbeiten der Vorlage.

Hinweis: Es handelt sich hier um keinen standardisierten psychologischen Test zur Feststellung einer »krankhaften Selbstunsicherheit«. Vielmehr soll die Bestandsaufnahme eine grobe Orientierung über die eigene Selbstsicherheit geben und eventuelle Arbeit an ihrer Stärkung anregen. Sollte diese Auseinandersetzung mit sich selbst subjektiv mehr belasten, als es lieb ist, dann ist es ratsam, mit einen vertrauten Menschen darüber zu sprechen, oder aber fachliche Hilfe in Anspruch zu nehmen (z.B. eine psychologische Beratung).

4.2 Methodische Grundlagen des beraterischen Handelns in der Heilpädagogik

Situationen mit einer Relevanz für selbstsicheres Empfinden und Verhalten:

Einschätzungen:	stimmt voll			stimmt nicht
1. Ich finde es schwierig, mit einem fremden Menschen ein Gespräch zu beginnen	1. ...	2. ...	3. ...	4. ...
2. Mit einer fremden Person zu tanzen, ist mir unangenehm	1. ...	2. ...	3. ...	4. ...
3. Ich neige dazu, mich für alles zu entschuldigen	1. ...	2. ...	3. ...	4. ...
4. Oft habe ich Angst, lächerlich zu wirken	1. ...	2. ...	3. ...	4. ...
5. Es ist für mich unvorstellbar, einen fremden Menschen um Hilfe, z.B. um Telefongeld, bitten zu müssen	1. ...	2. ...	3. ...	4. ...
6. Wenn ich in einem fremden Haus eingeladen bin, fühle ich mich die ganze Zeit befangen	1. ...	2. ...	3. ...	4. ...
7. Wenn ich einem Bettler nichts gebe, habe ich Schuldgefühle	1. ...	2. ...	3. ...	4. ...
8. Ich achte sehr darauf, dass ich die Gefühle anderer nicht verletze	1. ...	2. ...	3. ...	4. ...
9. In Gegenwart des anderen Geschlechts bin ich i.d.R. ziemlich schüchtern	1. ...	2. ...	3. ...	4. ...
10. Ich schaffe es nicht, eine Person anderen Geschlechts, die mich interessiert, um ein Rendezvous zu bitten	1. ...	2. ...	3. ...	4. ...
11. Ich bin zu höflich, um in einem Restaurant ein schlechtes Essen zu beanstanden	1. ...	2. ...	3. ...	4. ...
12. Ich wage es nicht, offen zu sagen, was mir an anderen nicht gefällt	1. ...	2. ...	3. ...	4. ...
13. Es fällt mir schwer, falsche Rechnungen zu bemängeln	1. ...	2. ...	3. ...	4. ...
14. Ich würde mich in einem Restaurant nie bei dem Geschäftsführer beschweren	1. ...	2. ...	3. ...	4. ...
15. Ich kann anderen Leuten nicht widersprechen; auch wenn ich glaube, dass meine Meinung besser zutrifft	1. ...	2. ...	3. ...	4. ...
16. Bei Meinungsverschiedenheiten bin ich derjenige, der i.d.R. nachgibt	1. ...	2. ...	3. ...	4. ...
17. Ich vermeide unangenehme Auseinandersetzungen, auch wenn sie notwendig wären	1. ...	2. ...	3. ...	4. ...
18. Wenn ich zu wenig Wechselgeld bekomme, sage ich nichts	1. ...	2. ...	3. ...	4. ...
19. Leute, die sich in einer Schlange vordrängeln, möchte ich zwar am liebsten nach hinten (oder sonst wohin ...) schicken, aber ich tue es nicht	1. ...	2. ...	3. ...	4. ...
20. Ich finde es schwierig, andere zu loben oder ihnen ein Kompliment zu machen	1. ...	2. ...	3. ...	4. ...

4 Beratung und Heilpädagogik: Methodische Zugänge

Einschätzungen:	stimmt voll			stimmt nicht
21. Es fällt mir schwer, jemandem zu sagen, dass ich ihn mag.	1....	2....	3....	4....
22. Ich werde immer verlegen, wenn mir ein Kompliment gemacht wird	1....	2....	3....	4....
23. Ich weiß nicht, was ich sagen soll, wenn mich jemand lobt	1....	2....	3....	4....
24. Wenn mein Vorgesetzter sich in meinem Arbeitsraum aufhält, fühle ich mich befangen	1....	2....	3....	4....
25. Es stört mich, wenn andere Menschen mir bei der Arbeit zusehen	1....	2....	3....	4....
26. Wenn jemand meine Arbeit kritisiert, bringe ich nichts mehr zustande	1....	2....	3....	4....
27. Ich kann keinen Menschen im Gespräch unterbrechen, auch wenn dieser sich bereits mehrmals wiederholt	1....	2....	3....	4....
28. Es ist mir äußerst peinlich, bei einer Veranstaltung zu spät zu kommen	1....	2....	3....	4....
29. Ich bin immer sehr verlegen, wenn ich im Mittelpunkt der Aufmerksamkeit stehe	1....	2....	3....	4....
30. Wenn die gekaufte Wurst verdorben ist, »entsorge« ich sie lieber im Mülleimer, statt sie zu reklamieren	1....	2....	3....	4....
31. Ich gebe lieber nach, als einen Streit anzufangen	1....	2....	3....	4....
32. Es ist mir sehr unangenehm, in einer Gesellschaft unpassend gekleidet zu sein	1....	2....	3....	4....
33. Wenn andere mich auslachen, kann ich überhaupt nichts erwidern	1....	2....	3....	4....
34. Ich wage es nicht, eine Gehaltserhöhung zu fordern	1....	2....	3....	4....
35. Auch in einer dringlichen Angelegenheit traue ich mich nicht, einen guten Freund anzurufen	1....	2....	3....	4....
36. Es ist mir unangenehm, andere Menschen (auch gute Freunde) um einen Gefallen zu bitten	1....	2....	3....	4....
37. Wenn andere mich um einen Gefallen bitten, sage ich nicht »Nein«	1....	2....	3....	4....
38. Ich bitte andere Leute selten um Auskunft, weil ich das Gefühl habe, sie damit zu belästigen	1....	2....	3....	4....
39. Ich wage es kaum, eigene Wünsche zu äußern	1....	2....	3....	4....
40. Ich habe ständig Angst, dass ich etwas Falsches sagen oder tun könnte	1....	2....	3....	4....

AUSWERTUNG

Schauen Sie, welche *Tendenz* Ihre Empfindungen und Verhaltensweisen haben. Benutzen Sie dazu die eingekreisten Zahlen:

- Ist die überwiegende Mehrzahl Ihrer Einschätzungen in der *linken Hälfte* der Skala angesiedelt (Zahlen 1 oder 2) und bewegt sich die *Gesamtsumme* der eingekreisten Zahlen *zwischen 40 und ca. 100*, deutet das darauf hin, dass *Ihre Selbstsicherheit steigerungs- und stabilisierungsfähig* ist (= Hinweis auf mögliche Selbstsicherheitsproblematik).
- Ist die überwiegende Mehrzahl Ihrer Einschätzungen in der *rechten Hälfte* der Skala angesiedelt (Zahlen 3 oder 4) und bewegt sich die *Gesamtsumme* der eingekreisten Zahlen *zwischen ca. 100 und 160*, deutet das darauf hin, dass Sie über eine *angemessene und stabile Selbstsicherheit* verfügen (= Hinweis auf stabile Selbstsicherheit).

Bemerkung: Eine sehr hohe Punktzahl kann allerdings auch bedeuten, dass die Selbstsicherheit als ein Schutzschild vor die eigentliche Unsicherheit gestellt und als Druckmittel eingesetzt wird.

Anregungen

Versuchen Sie, etwas mehr über die Zusammenhänge Ihrer Selbstsicherheit herauszufinden:

- *Schauen Sie auf den situativen Kontext Ihrer Selbstsicherheit – sind Sie besonders unsicher z. B. im Kontakt mit fremden Menschen oder bei Kontrolle und Kritik, bei Lob und Komplimenten, in gefühlsintensiven Situationen oder beim Nein-Sagen u. Ä.? Wie kommt das?*
- *Stellt Sie das Ergebnis der Bestandsaufnahme zufrieden oder würden Sie etwas verändern wollen? Wenn ja, in welchen Situationen wären Sie gerne selbstsicherer und wie ginge es am besten? Was und wer könnte Ihnen dabei helfen?*

Orientierungshilfe: Situationen, die mich unsicher machen

In dieser Bestandsaufnahme werden Sie mit einer Reihe von ausgewählten sozialen Situationen konfrontiert, die den einen oder anderen Menschen verunsichern und für ihn spürbar unangenehm sein könnten. Diese Situationen haben immer etwas mit der sozialen Ängstlichkeit zu tun – wenn ein Mensch mit diesem Wesenszug seinen Selbstwert gefährdet sieht (durch Misserfolg, Fehler, Kritik u. Ä.), gerät er leicht aus dem Gleichgewicht und reagiert entweder unsicher-passiv (Flucht, Rückzug) oder unsicher-aktiv (Manipulation, Aggression). Diese Erlebens- und Verhaltensweise verhindert eine sachliche und effektive Auseinandersetzung mit der Situation.

Wer die eigene soziale Ängstlichkeit kennt, kann auch die eigenen Reaktionen gezielt verändern (andere Verhaltensweisen ausprobieren und neue Erfahrungen sammeln). Diese Bestandsaufnahme vermittelt eine Orientierung im situativen Kontext der eigenen Unsicherheit.

Die Aufgabe besteht darin, sich möglichst lebhaft die einzelnen aufgelisteten Situationen vorzustellen und die *Intensität ihrer verunsichernden Wirkung auf einer Skala von 1 bis 4 einzuschätzen*. Die Zahlen haben folgende Bedeutung:
»Die *Situation verunsichert mich*...«

1 = gar *nicht*
2 = *leicht*, aber es lässt sich aushalten
3 = *ziemlich*, wenn es geht, meide ich sie
4 = *sehr stark*, ich vermeide sie generell

Beispiel für die Einschätzung der verunsichernden Wirkung:
Konkrete Situation: ... eine Prüfung machen zu müssen, sich prüfen zu lassen ...

- Wem die Prüfungssituation *nie etwas ausgemacht* hat, der kann die *Zahl 1* einkreisen.
- Wer sich in der Prüfungssituation zwar *unsicher fühlt*, aber *trotzdem hingeht* und sich ihr stellt, der kann die *Zahl 2* einkreisen.
- Wer sich durch die Prüfungssituation *so stark verunsichert fühlt*, dass er sich regelrecht *zwingen muss, hinzugehen*, müsste die *Zahl 3* einkreisen.
- Für einen Menschen, der *wegen* seiner *Prüfungsangst* das *Studium nicht zum Abschluss bringen kann*, ist die *Zahl 4* sicherlich die zutreffende.

Hinweis: Es handelt sich hier um *keinen standardisierten psychologischen Test* zur Erfassung einer »gesunden« oder »krankhaften« Intensität sozialer Ängstlichkeit! Die Bestandsaufnahme ermöglicht lediglich eine bessere Orientierung in der eigenen Erlebens- und Handlungstendenz in sozialen Situationen. Trotzdem könnte sie u. U. mehr belasten, als es lieb ist. Dann ist es ratsam, mit einen vertrauten Menschen darüber zu sprechen oder aber fachliche Hilfe in Anspruch zu nehmen (z. B. eine psychologische Beratung).

Folgende Situationen verunsichern mich:

		gar nicht	leicht	ziemlich	sehr stark
1.	Mit unbekannten Menschen ein Gespräch zu führen	1....	2....	3....	4.....
2.	In der Öffentlichkeit zu sprechen	1....	2....	3....	4.....
3.	Mit Autoritätspersonen zu tun zu haben ..	1....	2....	3....	4.....
4.	Andere Leute zu führen, ihre Tätigkeit zu koordinieren......................	1....	2....	3....	4.....
5.	Bei der Arbeit beobachtet zu werden.....	1....	2....	3....	4.....

	gar nicht	leicht	ziem- lich	sehr stark
6. Mit einem anderen Menschen in Konflikt zu geraten	1....	2....	3....	4.....
7. Sich vor anderen blamieren, dumm da stehen	1....	2....	3....	4.....
8. Wenn mich jemand kritisiert	1....	2....	3....	4.....
9. Misserfolg in Beruf/Studium/Haushalt zu haben	1....	2....	3....	4.....
10. Die Selbstkontrolle zu verlieren	1....	2....	3....	4.....
11. Wenn mein Wissen und Tun von anderen beurteilt wird	1....	2....	3....	4.....
12. Die Verantwortung zu übernehmen	1....	2....	3....	4.....
13. Das Gefühl zu haben, andere lehnen mich ab	1....	2....	3....	4.....
14. Wenn ich Fehler gemacht habe	1....	2....	3....	4.....
15. Die Arbeit anderer Leute zu beurteilen	1....	2....	3....	4.....
16. Wenn wichtige Termine bevorstehen	1....	2....	3....	4.....
17. Konflikte anderer Leute lösen/regeln zu müssen	1....	2....	3....	4.....
18. Wenn andere mich nicht beachten	1....	2....	3....	4.....
19. Jemanden zu loben	1....	2....	3....	4.....
20. Eine Absage zu bekommen (vom anderen Geschlecht)	1....	2....	3....	4.....
21. Jemanden um einen Gefallen bitten	1....	2....	3....	4.....
22. Von anderen Komplimente zu hören	1....	2....	3....	4.....
23. Jemanden zu kritisieren	1....	2....	3....	4.....
24. Mit fremden Menschen Kontakt aufzunehmen	1....	2....	3....	4.....
25. Zum gegebenen Anlass unpassend gekleidet zu sein	1....	2....	3....	4.....
26. Während einer Kinovorstellung zur Toilette zu müssen	1....	2....	3....	4.....
27. Den Vorgesetzten auf seinen Fehler anzusprechen	1....	2....	3....	4.....
28. Einen vereinbarten Termin abzusagen	1....	2....	3....	4.....
29. Konträre Meinung zu äußern	1....	2....	3....	4.....
30. Eine andere Situation:	1....	2....	3....	4.....

Addieren Sie bitte die eingekreisten Zahlen.   Punkte insgesamt: _____

AUSWERTUNG

In den Untersuchungen von Ullrich/Ullrich de Muynck haben Menschen mit diagnostizierter sozialer Ängstlichkeit im Durchschnitt 57 % der möglichen Punktezahl erreicht. Zwei Drittel dieser Personen erreichten 35–79 % des Maximums. Die Kontrollgruppe von sozial nicht ängstlichen Menschen wies eine deutlich niedrigere durchschnittliche Punktezahl auf.

In Anlehnung an diese Ergebnisse lässt sich für die vorliegende Bestandsaufnahme eine Orientierungszahl ausrechnen: 57 % von erreichbaren insgesamt 120 Punkten = 68 Punkte. Daraus ergibt sich die Möglichkeit, *anhand der erreichten Punktezahl die eigene Tendenz zur sozialen Ängstlichkeit grob einzuschätzen*: wer *deutlich mehr als 68 Punkte* hat, tendiert zur *Unsicherheit*, wer *deutlich weniger als 68 Punkte* hat, tendiert zur *Sicherheit*.

Bemerkung: Eine sehr niedrige Punktezahl muss nicht immer ein Beweis für »absolute« Selbstsicherheit sein. Sie kommt auch durch Bemühungen um eine besonders gute Selbstdarstellung zustande.

Anregungen

- *Haben Sie festgestellt, dass Sie sich in manchen sozialen Situationen verunsichern lassen? Wahrscheinlich ist das für Sie nichts Neues, oder? Nichtsdestotrotz ist es wichtig, sich mit möglichen Gründen dieser Tendenz zu befassen, um sich vielleicht demnächst bewusster steuern zu können. Also: Wo kommt die Unsicherheit her? Hat sie eine Verbindung zu Ihrer Lebensgeschichte? Haben Sie dafür eine Erklärung?*
- *Sind Sie aus der Bestandsaufnahme als ein selbstsicherer Typ herausgekommen? Was gibt Ihnen die Sicherheit im Umgang mit anderen Menschen? Worauf stützen Sie sich in Situationen, in denen Sie als Person bzw. Ihre Fähigkeiten, Ihre Position, Ihr Ansehen u. Ä. infrage gestellt werden können?*
- *Sie können eine qualitative Analyse machen: Betrachten Sie die Situationen mit der Einschätzung 1 und 4 genauer – wie unterscheiden sie sich? Wie kommt es, dass die erstgenannten Sie nicht aus der Ruhe bringen und die anderen Sie verunsichern? Was bzw. wer bestimmt in diesen Situationen Ihr Befinden, Denken und Handeln?*
- *Sind Sie mit den Ergebnissen dieser Bestandsaufnahme zufrieden oder würden Sie an Ihrer Empfindlichkeit gegenüber der verunsichernden Wirkung etwas ändern? Wenn ja, was ist das und wie ginge es am besten? Was bräuchten Sie dafür und was bzw. wer könnte Ihnen dabei helfen?*

4.2.6 Ein Praxisfundament der Beratung: Die Gesprächsführung

Der Mensch steht durchgehend im kommunikativen Wechselspiel mit seiner sozialen Umwelt – er sendet und empfängt ständig Signale, Informationen und Mitteilungen. Als Gespräch wird die Situation betrachtet, in der zwei oder mehrere Personen miteinander kommunizieren, d. h. dass zwischen ihnen eine dialogisch ausgerichtete und thematisch fokussierte Abfolge von sprachlichen Äußerungen stattfindet. Der unmittelbare Kontakt zwischen den Beteiligten sowie der Sprecherwechsel sind weitere charakteristische Merkmale eines Gesprächs. So betrachtet lassen sich als die wichtigsten Kommunikationsformen der Gegenwart das direkte Gespräch (»face-to-face«) und das Telefongespräch bezeichnen. Gespräche sind von begrenzter Dauer und haben i. d. R. drei Phasen: eine Eröffnungs-, eine Kern- und eine Beendigungsphase. In der Eröffnungsphase klären die Beteiligten das zu besprechende Thema und ihre wechselseitige Gesprächsbereitschaft. Die Kernphase dient dem Äußerungsaustausch zum Thema, und in der Beendigungsphase wird die Besprechung des Themas beendet und die »Gesprächsgemeinschaft« aufgelöst. Sowohl der Gesprächsbeginn als auch das Gesprächsende werden i. d. R. in Form von ritualisierten Äußerungen »eingeläutet« (vgl.: Brinker/Sager, 1996, 11 f).

Es ist hilfreich, sich diese ausgewählten Grundaspekte der Begriffsbestimmung aus der linguistischen Theorie zu vergegenwärtigen, wenn im beruflichen Kontext, d. h. professionell Gespräche geführt werden. Der heilpädagogisch Tätige muss nämlich imstande sein, zu unterscheiden, ob er gerade im Alltagskontext mit den Menschen um ihn herum nur übers Wetter plaudert oder aber ein Beratungsgespräch führt. Im ersten Fall kann er es sich durchaus erlauben, seinem Gegenüber die Meinung zu sagen oder mit ihm über die Wetterlage zu streiten und muss nicht zwingend auf die Einhaltung und Berücksichtigung von theoretischen Aspekten achten. Im zweiten Fall aber ist er als Fachperson der Professionalität verpflichtet und muss in dem Beratungsgespräch die Theorieerkenntnisse und die Methodik der Gesprächsführung beachten.

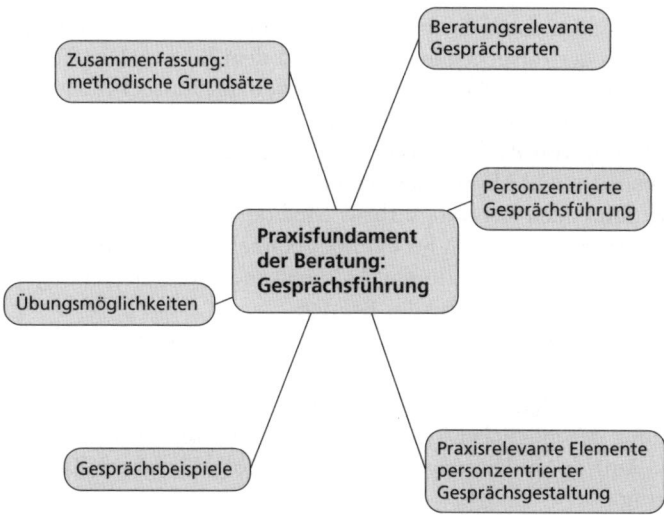

Abb. 16: Kapitel 4.2.6 – Inhaltliche Struktur

Beratungsrelevante Gesprächsarten

Es gibt unzählige Anlässe, Arten und Formen des Gesprächs. Nicht alle Gespräche, die ein Mensch während des Tages führt, lassen sich als beratungsrelevant einordnen, weil sie in einem anderen Setting als das Beratungssetting stattfinden

– z. B. Smalltalk mit dem Nachbarn über den Gartenzaun ist keine beratungsrelevante Gesprächsart. Gleichwohl es auch möglich ist, dass ein kurzes Gespräch »zwischen Tür und Angel« an Beratungsrelevanz gewinnt, wenn z. B. die 15-jährige Michaela, die in einer Heimgruppe der stationären Jugendhilfe lebt, sich bei der diensthabenden Pädagogin zum Wochenendbesuch zu Hause abmeldet und dabei erwähnt, dass sie nicht wisse, was sie der Mama zum Geburtstag schenken soll. Es kommt also darauf an, wer mit wem in welcher Situation und in welchem Rahmen was bespricht. Ein professioneller Gesprächsrahmen und die formalen Positionen der Beteiligten sind wichtige Eckpunkte der Unterscheidung zwischen einem informellen Kurzgespräch am Zaun des Gartens und einem kurzen einmaligen Beratungsgespräch mit Michaela im Dienstzimmer der Wohngruppe.

Im Folgenden werden drei wichtige Gesprächsarten kurz beschrieben, die im Kontext der heilpädagogischen Tätigkeit – also im professionellen Rahmen – bei der Wahrnehmung der Beratungsaufgabe zustande kommen: das Erstgespräch und das Abschlussgespräch, die jede Beratung »einrahmen« (müssten), sowie das Mediationsgespräch, welches bei Beratung von mehreren Personen (am häufigsten in der Erziehungsberatung) dann erforderlich ist, wenn die Ratsuchenden sich im Streit oder Konflikt befinden.

Erstgespräch

Eine wichtige Funktion von Erstgesprächen ist der Aufbau eines Vertrauensverhältnisses zwischen der ratsuchenden Person und dem Berater. Die nächste Aufgabe besteht darin, einen Überblick über die Situation des Ratsuchenden zu gewinnen. Auch dient diese erste Begegnung der Einschätzung von gegenseitigen Erwartungen, der Klärung von Arbeitsweisen und -vorgängen, Rahmenbedingungen und Zuständigkeiten sowie Absprachen über die organisatorisch-logistischen Aspekte der durchzuführenden Beratungsarbeit. Methodisch gesehen existiert kein typisches oder bestimmtes Schema für ein Erstgespräch – jede ratsuchende Person mit ihrer individuellen Situation, ihrem Anliegen und ihrer Art verlangt nach einer Anpassung der Vorgehensweise des Beraters.

Was den Erstgesprächen gemeinsam ist, sind die zu klärenden Themen:

- Gründe für eine Beratung/Problembeschreibung,
- Darstellung der möglichen/verwendbaren/einzusetzenden Beratungsmethoden,
- Ziel und Auftrag (die Klärung folgt der Reihenfolge: Anlass → Zielvorstellungen → Auftrag),
- Dauer/Häufigkeit/Termine der Beratungsgespräche,
- Kosten und
- Fragen des Ratsuchenden.

Es ist ersichtlich, dass es im Erstgespräch nicht um die »Behebung vorhandener Probleme« geht. Beide Seiten machen sich bekannt, der Berater gewinnt eine Vorstellung vom persönlichen Anliegen und Ziel des Ratsuchenden, klärt mit ihm den Beratungsauftrag und überprüft diesen bezüglich der Machbarkeit vom

Blickwinkel der eigenen Kompetenz. Der Ratsuchende bekommt somit Hinweise darauf, in welcher Weise die Beratung (mit diesem Berater) hilfreich für ihn sein kann. In diesem Sinne ist das Erstgespräch für die weitere Zusammenarbeit ausschlaggebend.

Abschlussgespräch

Als ein strukturierter Prozess hat die Beratung nicht nur einen »offiziellen« Anfang in Form des Erstgesprächs, sondern muss auch ein »offizielles« Ende in Form des Abschlussgesprächs haben. Das gilt nicht nur für eine Reihe von Beratungsgesprächen, also für einen Beratungsprozess, auch eine einmalige Beratungssituation soll ohne die Klärung der Berateraufgabe (»Worum geht es, was erwarten Sie von mir, was kann ich tun?«) nicht anfangen und ebenfalls soll sie mit einer kurzen Reflexion abgeschlossen werden (»Können Sie mit dem, was wir besprochen haben, etwas anfangen? War das Gespräch für Sie hilfreich?«).

Im Abschlussgespräch am Ende eines Beratungsprozesses werden die anfängliche Problemsituation und das Ziel des Ratsuchenden sowie der Auftrag und der gemeinsame Weg seiner Erfüllung reflektiert. Weiterhin sind die erarbeiteten Hinweise auf den Umgang mit der Problemsituation, die erreichten Veränderungen und die eventuell noch offenen Fragen und Anliegen zu besprechen. Es ist auch möglich, mit dem Ratsuchenden kurz in die Zukunft zu schauen: Was nimmt er sich vor und wie will er die in der Beratung gewonnenen Erkenntnisse und Anregungen in seinem »Leben nach der Beratung« nutzen.

Der wichtigste Dreh- und Angelpunkt eines Abschlussgesprächs ist die Überprüfung der Auftragserfüllung: Sind sich der Ratsuchende und der Berater einig, dass der Auftrag als erfüllt betrachtet werden kann, wird der Beratungsprozess beendet. Stellt sich heraus, dass der eine oder andere Teilbereich des Auftrags noch nicht zufriedenstellend erfüllt ist, so haben die Beteiligten die Möglichkeit, diesbezüglich die Beratung fortzusetzen.

Mediationsgespräch

Mediation ist ein Verfahren der Konfliktlösung. Es geht um eine Vermittlung bei Konflikten durch unparteiische Dritte mit dem Ziel, einen Ausweg aus dem Konflikt zu finden, mit dem die zerstrittenen Parteien einverstanden sind und den sie auch gehen wollen. Also geht es darum, dass ein Konsens erzielt wird. Die Aufgabe des unparteiischen Dritten (der Mediatorin bzw. des Mediators) besteht nicht darin, die Konfliktlage zu beurteilen und eine Lösung vorzugeben, sondern die Konfliktbeteiligten zu ermutigen, selbst eine Lösung des Streits oder Konflikts zu erarbeiten.

Ein Mediationsgespräch lässt sich als »geschütztes Gespräch« betrachten, weil der Mediator darauf achtet, dass während der Kommunikation der Konflikt nicht eskaliert. Außerdem bietet das Mediationsgespräch eine gute Chance, dass den Konfliktparteien die jeweilige Sichtweise sowie das Empfinden und die Interessen der Gegenseite bewusst werden und somit zwischen ihnen Verständnis und

Vertrauen wachsen können. Diese Wirkungsmöglichkeit verleiht dem Mediationsgespräch auch eine »präventive Wirkungsnote« (vgl.: Bendl, 2003). Mit dem wachsenden Begreifen der Sicht-, Denk- und Handlungsweisen der Gegenseite verbessert sich die Befriedigung des genuin menschlichen Bedürfnisses nach Verstehen-Wollen, was wiederum den gefühlsmäßigen Aggressivitätspegel sinken lässt. Auch die Erfahrung, dass man durch die Umsetzung der gefundenen Lösung eine andere – im besten Fall: konstruktive – Art und Weise des Umgangs mit den Differenzen praktizieren kann, verringert die Wahrscheinlichkeit, dass in der Zukunft etwaige Differenzen zu kämpferisch-kriegerischen Auseinandersetzungen führen werden. Somit können die »Absolventen« einer erfolgreichen Mediation nicht nur eine Entlastung im aktuellen Streit erleben. Sie profitieren auch prophylaktisch, indem sie besser imstande sind, mit zukünftigen Konflikten in konstruktiver Art und Weise umzugehen.

Das Mediationsgespräch weist vier Phasen auf:

(A) die Konfliktparteien teilen die eigene Sichtweise der Lage mit, lernen, sich gegenseitig zuzuhören und ernst zu nehmen;
(B) die Konfliktzusammenhänge, -hintergründe und -auswirkungen werden erörtert;
(C) Konsensvorschläge werden gesammelt (ohne sie sofort zu bewerten);
(D) die Konfliktparteien wählen eine Konsenslösung aus und vereinbaren (schriftlich!) die Umsetzung (samt einer Durchführungskontrolle).

Die Kommunikation in einem Mediationsgespräch verläuft nach konkreten und streng einzuhaltenden Regeln (die Bereitschaft beider Seiten, sich auf diese Regeln einzulassen, muss verbindlich vereinbart werden):

- Die Gegenseite ausreden lassen und ihr aktiv zuhören, denn jeder hat das Recht darauf, den Konflikt aus seiner Sicht zu erzählen, und ihm steht die dafür erforderliche Zeit zu.
- Für eigene Aussagen/Mitteilungen/Rückmeldungen in Richtung der Gegenseite die Form von sog. Ich-Botschaften verwenden.
- Keine Beleidigungen, Vorwürfe, Schuldzuweisungen u. Ä.
- Recht auf ein Einzelgespräch, wenn schwierige Situationen auftreten.

Der Mediator hört beiden Seiten aktiv zu, stellt gegebenenfalls Fragen, fasst die Quintessenz des Gehörten zusammen, und weist auf die dem Konflikt zugrunde liegenden Hintergründe, Gefühle und Interessen hin. Auch ist es seine Aufgabe, die zerstrittenen Parteien zu ermutigen, miteinander konstruktiv zu reden: Bevor die eigene Position dargestellt wird, soll das paraphrasiert (mit eigenen Worten wiedergegeben bzw. zusammengefasst) werden, was die Gegenseite gerade geäußert hat. Das trägt dazu bei, dass die beteiligten Personen sich – trotz unterschiedlicher Ansichten – beachtet fühlen. Die bisherige »destruktive Konfliktpflege« (Vorwürfe, Schuldzuschreibung, Beleidigungen, Unterstellungen usw.) wird durch eine lösungsorientierte Haltung mit entsprechender Sicht- und Vorgehensweise abgelöst: »Weder du noch ich sind schlechte Menschen, nur weil wir unterschiedliche Ansichten haben. Lass uns in der Sache nach einer Lösung suchen, statt uns gegenseitig zu bekämpfen ...«

Ein wichtiger »Nebeneffekt« einer gelungenen Mediation besteht darin, dass die Ratsuchenden dann in ihrem Alltag »konfliktfähiger« werden – mit der Erfahrung und den in der Mediation erlernten Fähigkeiten sind sie besser imstande, zukünftige Konflikte zu lösen.

Personzentrierte Gesprächsführung

Der Ausdruck »personzentriert« steht in der anerkannten Nachfolge des Begriffs »klientenzentriert«, der von Carl R. Rogers formuliert und als Charakteristikum seines therapeutischen Ansatzes verwendet wurde. Im psychotherapeutischen Setting bezeichnet man mit »klientenzentriert« den Grundsatz, dass ein Therapeut die Kenntnis und Bewusstheit seiner eigenen Persönlichkeit mit dem gezielten Einsatz von klar definierten und auf Wirksamkeit geprüften »Variablen« verbindet, wodurch ein vom Klienten selbst gesteuerter Veränderungsprozess ermöglicht wird.

Rogers befasste sich nicht nur mit dem Gebiet der Psychotherapie, sondern mit weiteren Lebensbereichen, in denen menschliche Beziehungen eine zentrale Rolle spielen. Dazu gehörten z.B. Erziehung, Familienleben, Bildung, soziale Arbeit, Gruppenkonflikte, Gruppenführung, Management, interkulturelle Kommunikation usw. Er hat auf diese Bereiche die Prinzipien seines Therapiemodells und seiner Persönlichkeitstheorie übertragen. In diesem außertherapeutischen Setting geht es vor allem darum, dass Menschen sich »von Person zur Person« begegnen und den fördernden zwischenmenschlichen Kontakt erleben. Deshalb sprach Rogers vom »person-centered-approach« (PCA).

Trotz dieser klaren Zuordnung beider Begriffe existieren einige Verständnisprobleme, weil der Ausdruck »personzentriert« sowie seine verschiedenen Ableitungen inzwischen auch in einer Vielzahl weiterer Kontexte benutzt wird. So gibt es pädagogische Techniken, die als »schülerzentriert« beschrieben werden, Sozialdienststellen, die sich um eine »kundenzentrierte« Haltung bemühen, und sogar Gewerkschaften, die »mitgliederzentriert« arbeiten wollen.

Die Grundsätze der Sichtweise des Personzentrierten Ansatzes auf Menschen sind hier bereits in Anlehnung an die Persönlichkeitstheorie von C.R. Rogers kurz dargestellt worden (▶ **Kap. 4.2.3**). In der Heilpädagogik, so wie wir sie verstehen, also aus den Quellen des Humanismus und des Konstruktivismus sich speisend, besteht in der Sichtweise des Menschen und seiner Unterstützung ein eindeutiger Bezug zu den Prinzipien von Carl R. Rogers. Demnach kann man sagen, dass in der Heilpädagogik (methodisch gesehen) das gesamte Aufgabenfeld »Beratung« personzentriert ausgerichtet und jedes Beratungsgespräch auf personzentrierte Art und Weise gestaltet werden soll. Folglich werden im weiteren Text ausgewählte Aspekte fokussiert, die für die Methodik einer personzentrierten Gesprächsführung relevant sind.

Als grundlegend lässt sich die Personzentriertheit des Beraters betrachten – eine innere Haltung, die dem Menschenbild des personzentrierten Ansatzes entspricht.

4 Beratung und Heilpädagogik: Methodische Zugänge

Worum es dabei im Wesentlichen geht, erörtert Rogers wie folgt:[7] »... Sicher würde ich diese Arbeit nicht tun, wenn das Helfenwollen nicht ein Teil meiner Intentionen wäre, und wenn ich den Klienten zum ersten Mal sehe, dann hoffe ich, dass ich fähig bin, ihm helfen zu können. Allerdings glaube ich im Moment der gegenseitigen Kontaktaufnahme nicht, dass ich nur von dem ›Jetzt will ich dir helfen‹ erfüllt bin. Es ist viel mehr ein ›Ich möchte dich verstehen‹ im Sinne der Frage ›Was für eine Person bist du hinter deinem Schutzschild, oder hinter all diesen Verwirrungen, oder hinter all diesen Masken, die du in deinem Leben mit dir herumschleppst; wer bist du?‹ Es scheint mir, dass in mir der Wunsch ist, einer Person zu begegnen, und nicht das ›Jetzt möchte ich helfen‹. Es scheint mir, dass ich durch meine Erfahrung gelernt habe, wenn wir begegnen können, dann taucht Hilfe auf; in diesem Sinne ist sie ein Nebenprodukt.«

Dass Rogers der inneren Welt des Ratsuchenden eine zentrale Bedeutung beimisst, hat weitreichende Auswirkungen auf die beraterische Gesprächsführung: Der Berater hat die Aufgabe, die verborgene Bedeutung von manchmal nicht nachvollziehbaren Äußerungen und Verhaltensweisen des Ratsuchenden zu verstehen. Er muss Einblick in dessen Wahrnehmungswelt gewinnen und zu begreifen suchen, wie dieser seine (konstruierte) Realität erlebt und deutet. Die Personzentriertheit in der psychosozialen Beratung ist darauf ausgerichtet, die Unabhängigkeit des ratsuchenden Menschen zu fördern und ihn in dem Gefühl zu bestärken, dass er derjenige ist, der über sein Handeln und seinen Alltag bestimmt. Das fängt mit der Ermutigung an, über die Richtung und den Inhalt der Gespräche zu bestimmen. Dies bedeutet, dass der Berater empathisch auf den Ausdruck gegenwärtiger Sorgen und Interessen seines Gegenübers reagiert (unabhängig von deren faktischen Grundlagen) und bereit ist, ihn bei der Erforschung dieser Anliegen zu begleiten.

Wer im personzentrierten Sinne Gespräche führt, verwendet keine Technik, sondern gibt sich dem Ratsuchenden gegenüber als ein Mensch, der diesem nichts vormacht, um das Verstehen seiner subjektiven Bedeutungen bemüht ist und diese ohne Vorbehalte akzeptiert. Dies trägt dazu bei, dass der Ratsuchende sich sicher vor Fremdbewertung fühlt, sich auf das Erkennen von Diskrepanzen im eigenen Selbstkonzept sowie auf dessen Erweiterung konzentrieren und letztendlich auch über konkrete Schritte zur eigenverantwortlichen und selbst bewerteten Alltags- und Lebensgestaltung entscheiden kann. Das Hauptanliegen der personzentrierten Gesprächsführung ist also Entlastung, Orientierung und Ermutigung zum Herangehen an die Situation, die zur Inanspruchnahme der Beratung geführt hat.

Bei der personzentrierten Gesprächsführung hilft es nicht viel, nur einige Schlüsselelemente des umfassenderen personzentrierten Ansatzes herauszunehmen und andere unberücksichtigt lassen. Vielmehr geht es darum, im Gespräch umfassend auf den Personsein-Erhalt des Gegenübers ausgerichtet zu sein (vgl.: Morton, 2002, 17–36). Diese Art mit einem Menschen zu sein, lässt sich nur

---

7 Gespräch zwischen C.R. Rogers und M. Buber vom 18.04.1957 an der Universität von Michigan. in: Hagel, J.: Zur Selbstverständnis der Heilpädagogik als Handlungswissenschaft. EFH Bochum 1990, Schriftenreihe »Denken und Handeln«

schwer definitorisch erfassen. Was es bedeutet und worauf es dabei ankommt, ist vor allem bzw. eigentlich nur durch reflektierte Erfahrung erschließbar.

Im Sinne C.R. Rogers sind theoretische Modelle, wie auch die mit ihnen verbundenen methodischen Hinweise, weniger wichtig als die Einstellung des Beraters und die Art, wie dieser dem Ratsuchenden eine »hilfreiche Beziehung« anbietet. Die grundsätzlichen Aspekte dieser Haltung formuliert Rogers in Form von folgenden Fragen (vgl.: Rogers, 1985, 53–72):

- Kann ich so sein, dass mein Gegenüber mich wirklich als vertrauenswürdig, verlässlich und beständig wahrnimmt?
- Kann ich das, was ich bin, unmissverständlich ausdrücken?
- Kann ich es mir erlauben, zu meinem Gegenüber positive Einstellungen (Wärme, Fürsorglichkeit, Zuneigung, Interesse und Respekt) zu empfinden?
- Bin ich als Mensch stark genug, um in der Welt meines Gegenübers nicht befangen zu sein?
- Bin ich meiner selbst sicher genug, um meinem Gegenüber sein Anders-Sein zu erlauben?
- Darf ich voll und ganz in die Welt meines Gegenübers eintreten, kann ich seine Gefühle und persönlichen Sinngebungen so sehen wie er?
- Kann ich jede Aussage meines Gegenübers akzeptieren und ihn annehmen, wie er ist?
- Bin ich in der Lage, mit einem Feingefühl in der Beziehung zu meinem Gegenüber so zu agieren, dass mein Verhalten von ihm nicht als bedrohlich empfunden wird?
- Kann ich mein Gegenüber vor der Gefahr einer Fremdbewertung schützen?
- Kann ich, unbefangen von seiner und meiner Vergangenheit, meinem Gegenüber als jemandem begegnen, der sich in einem Prozess des Werdens befindet?

Diese Fragen bedürfen keiner Abwandlung oder Neuinterpretation – ganz gleich, wer das Gegenüber ist und in welcher Lage es sich befindet. Sie sind auf alle menschlichen Beziehungen anwendbar, weil sie die wesentlichen Aspekte einer Mitmenschlichkeit – sowohl im allgemein menschlichen als auch im professionellen Kontext – erfassen. Wenn der Berater die Fragen bejahen kann, ist er in der Lage, eine wahrhaft personzentrierte Arbeit zu leisten, ganz gleich welchen Verfahrens- bzw. Methodenansatz er vertritt.

Personzentrierte Haltung des Beraters

Die Personzentriertheit des Beraters offenbart sich wie folgt:

- *bei dem Ratsuchenden sein*, d.h. alles, wovon er spricht, mit seinen Augen anschauen, die eigenen subjektiven Bewertungsmomente nicht berücksichtigen und ihm eine Rückmeldung über das geben, was als sein Empfinden und Denken im Kontext des Gesagten wahrnehmbar ist;

- *aufmerksam zuhören, was und wie der Ratsuchende sich äußert*, d. h. interessiert zu sein an seinen Erfahrungen, Wichtigkeiten, Gewichtungen und Bedeutungen, statt sich selbst als ein Experte zu geben, der immer die umfassende Erkenntnis hat und weiß, was zu tun ist;
- *die eigene Gesprächsführungskompetenz nicht beweisen wollen*, d. h. statt sich auf die »richtige Methodik« (»Mache ich alles richtig?«) mit Ruhe, Interesse und Selbstsicherheit auf die »Ich-Du-Begegnung« mit dem Ratsuchenden konzentrieren;
- *die Selbstwahrnehmung und -orientierung des Ratsuchenden fördern*, statt danach zu streben, dass dieser seine Sichtweisen, Empfindungen usw. sowie die Handhabung der Situation ändert.

Mit folgender Orientierungshilfe kann man die eigene Haltung in Gesprächen erkunden und einschätzen. Sie wurde in Anlehnung an die Publikationen bzw. Arbeitsunterlagen der VHS Niedersachsens (vgl.: VHS Niedersachsens, 1992) sowie von Weisbach (vgl.: Weisbach, 2003) erarbeitet und bietet eine gute Möglichkeit, die persönlichen Reaktionstendenzen auf die Äußerungen in einzelnen Beispielsituationen konkret zu hinterfragen (»Wie sehe ich den anderen?«, »Wie sehe ich die von ihn angesprochene Situation?«, »Wie sehe ich mich selbst?«). Diese Orientierung ist für eine eventuelle Ausgestaltung der eigenen Haltung im Sinne der Personzentriertheit sehr hilfreich.

Orientierungshilfe: Eigene Haltung in Gesprächen

In der Reaktion auf die Äußerung eines anderen Menschen offenbart sich die eigene Einstellung zu ihm, zu dem, wovon er spricht, und letztendlich auch zu sich selbst. Kurz gesagt: Für die Antwort, die einem anderen Menschen gegeben wird, ist die (häufig nicht bewusste) innere Überzeugung und die sich daraus ergebende Einstellung und Haltung der reagierenden Person ausschlaggebend.

Es ist besser möglich, an der eigenen Einstellung und Haltung zu arbeiten, wenn sie erkannt wird. Für diesen Zweck ist die vorliegende Selbstüberprüfung gedacht. Sie hilft bei der Orientierung in Bezug auf die eigene Grundtendenz, auf Menschen mit ihren Themen und Problemen zu reagieren.

WICHTIG: Es handelt sich hier um keinen psychologischen Test, sondern um eine bewusstmachende Bestandsaufnahme, die als Ausgangspunkt für ein gezieltes Vorgehen beim Einüben und Entfalten der personzentrierten Art zu kommunizieren dient.

Aufgabe: Im Folgenden finden Sie Äußerungen von 10 Personen in unterschiedlichen Situationen und mit unterschiedlichem Anliegen (bezeichnet als »Person 1« bis »Person 10«). Zu jeder Aussage sind sechs verschiedene Antworten zur Auswahl vorgegeben. Wichtig: Es handelt sich um sinngemäße Formulierungen, nicht um die wortwörtliche Wiedergabe des Gesagten. Also stören Sie sich bitte

4.2 Methodische Grundlagen des beraterischen Handelns in der Heilpädagogik

nicht daran, wenn Sie stellenweise den Eindruck haben sollten »So redet man doch nicht ...«.

- Lesen Sie bitte aufmerksam die jeweilige Äußerung und stellen Sie sich die jeweilige Person vor. Nehmen wir an, Sie würden diesen Menschen gut kennen, er spräche zu Ihnen wie dargestellt und Sie müssten darauf antworten.
- Lesen Sie dann die sechs Antworten, die zu jeder Person vorgeschlagen werden. Lassen Sie sich von Ihrer Spontaneität leiten und wählen Sie die Antwort, die Sie Ihrem Gegenüber in dieser Situation am ehesten geben würden. Grübeln Sie nicht, sondern gehen Sie nur von Ihrem Empfinden aus. Kreisen Sie dann die Ziffer dieser Antwort ein.
- Wiederholen Sie dieses Vorgehen bei den Aussagen von allen 10 Personen.
- Füllen Sie dann die Ergebnistabelle aus, um Ihr eigenes Einstellungs-Profil zu erstellen.

Person 1 (Frau, 37 J., spricht mit müder Stimme):
»...Ich weiß wirklich nicht, was ich tun soll. Ich weiß wirklich nicht, ob ich meine Stelle als Telefonistin wieder annehmen soll... Das macht mich so nervös, es ist kaum auszuhalten..., aber so hätte ich wenigstens eine Anstellung und ein gutes Gehalt. Oder soll ich das alles lassen – tun, was mich wirklich interessiert: auf jeden Fall eine abwechslungsreiche Arbeit – aber dann müsste ich ja wieder ganz von unten mit kleinen Gehalt beginnen. ... Ich weiß nicht, ob ich das bringe.«

Antworten zur Auswahl:

1. Könnten Sie mir mehr über die Dinge erzählen, die Sie gerade interessieren? Es ist sicher sehr wichtig, vorher genau darüber nachzudenken.
2. Hier ist Vorsicht geboten. Bevor Sie sich auf etwas Neues einlassen, müssen Sie sicher sein. dass es für Sie von Vorteil ist und dass Sie nicht einem Schatten nachjagen.
3. Na ja, vielleicht besteht noch Hoffnung. Sie müssen herausfinden, welche anderen Möglichkeiten für Sie bestehen. Wäre es möglich, ein Gespräch mit dem Personalchef zu führen?
4. Sie stehen unentschlossen vor den beiden Möglichkeiten und aus lauter Nervosität können Sie keine Entscheidung treffen.
5. Das ist wirklich keine leichte Entscheidung. Auf einer Seite steht ein gesicherter Arbeitsplatz, der Ihnen aber nicht gefällt. Andererseits ist ein Neuanfang immer mit Umstellungen verbunden.
6. Sie machen sich zu viele Sorgen. Ihre Schwierigkeiten beseitigen Sie nicht, wenn Sie sich so aufregen. Sie dürfen es sich nicht so schwer machen, es wird schon irgendwie gehen.

Person 2 (Mann, 30 J., spricht mit belegter Stimme):
»...Ich habe ein ganz komisches Gefühl: Wenn ich etwas Erfreuliches erlebe, kann ich einfach nicht daran glauben. Ich tue dann so, als ob ich es nicht erlebt hätte. Das beruhigt mich dann wirklich! Ich wollte mich eigentlich mit Gerda

verabreden und war schon wochenlang in ihrer Nähe, bis ich den Mut fand, sie zu bitten, sich mit mir zu treffen ...und dann sagte sie ›ja‹. Und ich habe es nicht glauben können und bin dann auch nicht hingegangen ...«

Antworten zur Auswahl:

1. Junger Mann, in Ihrem Alter muss man schon etwas realistischer über die Frauen denken. Sie sind nicht anders als die Männer und Gerda wünscht sich sicherlich genauso gerne ein Rendezvous wie Sie.
2. Es kommt Ihnen ganz unwirklich vor, wenn Ihnen etwas Erfreuliches passiert?
3. Sie haben sich so oft eingeredet, dass Ihnen nichts Erfreuliches passieren kann. Und so erscheint es Ihnen beim tatsächlichen Eintreten ganz unwirklich.
4. Ich frage mich, ob dieses Gefühl der Unwirklichkeit mit einem bestimmten Ereignis in Ihrem Leben verknüpft ist. Können Sie mir mehr darüber sagen, was Sie mit »wenn mir wirklich etwas Erfreuliches passiert« meinen?
5. Besteht denn wirklich ein Grund, sich wegen dieser Sache zu grämen? Wir alle haben mit sonderbaren Gefühlen und Wünschen zu kämpfen. Sicherlich werden Sie es überstehen.
6. Ich glaube, dass Ihnen diese Erfahrung eine Lehre sein wird. Das nächste Mal müssen Sie sich bemühen, Ihre Chancen wahrzunehmen.

Person 3 (Mann, 35 J., seine Stimme ist laut und klingt aggressiv):

»...Ich habe mich entschlossen, irgendetwas zu tun – ich habe keine Angst davor, schwer zu arbeiten. Ich habe auch keine Angst, ein paar harte Schläge einzustecken, wenn ich weiß, was ich will. Und ich scheue mich nicht, wenn es muss, über Leichen zu gehen. Ich will alles für mich. Ich gebe mich nicht mit einer mittelmäßigen Stelle zufrieden! Ich will jemand sein!...«

Antworten zur Auswahl:

1. Mit einem Wort: Sie zeigen sich sehr ehrgeizig, weil Sie sich selbst Ihren eigenen Wert beweisen müssen.
2. Sie meinen, immer an erster Stelle stehen zu müssen, welche Mittel und Anstrengungen dazu auch notwendig sein sollten.
3, Was bringt Sie Ihrer Meinung nach zu diesem großen Entschluss, etwas erreichen zu wollen?
4. Hätten Sie ein Interesse daran, einige Tests zu machen, um herauszufinden, für welchen Beruf Sie sich am besten eignen? Das konnte eine Hilfe für Sie sein, obwohl Sie mit Ihrer Unternehmungslust sicherlich in manchen Berufen gute Aussichten haben.
5. Großer Ehrgeiz ist immer eine wirksame Triebfeder! Aber meinen Sie das ernst, dass Sie über Leichen gehen würden? Könnte Ihnen das nicht mehr schaden als nützen?
6. Ihre Gefühle sind sehr heftig. Sie dürften unter dem Eindruck einer erst kürzlich erlebten Enttäuschung stehen. Sie müssen sich zuerst beruhigen und besinnen!

Dann werden Sie Ihre kühle Entscheidungskraft wiedergewinnen, ohne Ihren Enthusiasmus dabei zu verlieren.

Person 4 (Frau, 30 J., berichtet zaghaft):

»... Seit zehn Jahren wohne ich nun schon in dieser Stadt und seit sieben Jahren in derselben Wohnung, aber ich kenne einfach niemanden. Im Büro scheine ich mir keine Freunde machen zu können, und ich fühle mich dort wie gelähmt ..... Ich versuche, mit den anderen Angestellten freundlich zu sein, aber im Grunde fühle ich mich verkrampft und nicht wohl .... Und dann rede ich mir ein, dass es mir doch egal ist, weil man sich eben auf die Leute nicht verlassen kann – jeder lebt für sich. Ich will keine Freunde, und manchmal bin ich soweit, dass ich wirklich davon überzeugt bin ...«

Antworten zur Auswahl:

1. Sie sind zu pessimistisch, es wird schon nicht ewig dauern. Die anderen werden schon eines Tages auf Sie zu kommen.
2. Ich kenne Leute in der gleichen Situation. Sie fanden Anschluss, indem Sie einem Freizeitklub beigetreten sind. Lassen Sie sich also nicht unterkriegen, man muss nicht immer allein bleiben.
3. Wenn Sie mir vielleicht mehr darüber erzählen könnten, wie Sie neue Freunde suchen, würden wir einen deutlichen Hinweis erhalten, wo der Fehler zu suchen ist.
4. Sie sind schon eine lange Zeit davon überzeugt, dass Sie keine Freunde finden können. Ist es das, was Sie sagen wollten?
5. Wahrscheinlich wollen Sie gar keine Freunde finden. Offensichtlich versuchen Sie, sich vor etwas anderem zu schützen.
6. Es ist traurig, keine Freunde zu haben, und Sie sollten wirklich etwas dagegen unternehmen. Sie erschweren sich das Finden neuer Freunde – vielleicht sind Ihre Erwartungen zu hoch.

Person 5 (Mann, 30 J., nach einem Einsatz als Soldat im Kriegsgebiet; spricht zornig, verbittert):

»Was soll das alles? Niemand spielt ein offenes Spiel mit mir. Die Kerle, die zuhause geblieben sind, die haben alle Vorteile – sie haben von uns profitiert, während wir in ... kämpften. ... Ich verwünsche sie alle. Sie spielen ein doppeltes Spiel .... Und was meine Frau anbetrifft, nun ja ...«

Antworten zur Auswahl:

1. Sie wollten noch etwas über Ihre Frau sagen ...
2. Sie glauben, ausgebeutet worden zu sein, weil Sie vielleicht in Ihrem Leben zu kurz gekommen sind. Und das macht Sie jetzt wütend.
3. Das an Ihnen begangene Unrecht empört Sie, weil Sie glauben, sich mehr als andere verdient gemacht zu haben.

4. Ich kann Ihre diesbezüglichen Gefühle verstehen, aber Sie müssen sich nun davon frei machen können, sonst wird Sie das an Ihrem Vorwärtskommen hindern.
5. Sie sind nicht der einzige empörte Mensch auf der Welt. So etwas kommt oft genug vor. Aber mit der Zeit werden Sie die Angelegenheit vergessen und wieder ins richtige Gleis kommen.
6. Sie werden sich zur Rache hinreißen lassen, aber das macht die Dinge nur noch komplizierter, glauben Sie nicht?

Person 6 (Mann, 35 J., spricht laut mit einer klaren Stimme):
»...Ich bin sicher, dass die Sache mir gelingen könnte. Was ich brauche, ist Überblick, Verstand und Unternehmungsgeist. Das alles habe ich. Und wenn ich auch noch die entsprechenden finanziellen Mittel hätte, würde ich mich sofort dran machen...«

Antworten zur Auswahl:

1. Sie sollten vielleicht einen Finanzberater aufsuchen. Bevor man eine Anleihe aufnimmt, braucht man eine kompetente Beratung.
2. Gut so. Man muss von sich selber überzeugt sein, wenn man etwas erreichen will. Zaghaftigkeit kann alles zunichte machen. Sie sind auf dem richtigen Weg und ich wünsche Ihnen viel Erfolg.
3. Sie sind sich sicher – wenn Sie das Grundkapital hätten, würden Sie daraus auf jeden Fall einen Gewinn ziehen.
4. Sie sind von Ihrem Erfolg überzeugt, weil Sie genau wissen, was man braucht, damit die Sache klappt. Wenn man die Dinge nüchtern genug betrachtet, kommt die Zuversicht von selbst.
5. Haben Sie schon untersucht, mit welchen Risiken Sie dabei rechnen müssten?
6. Sie machen sich viele Gedanken übers Geld – wie man dazu kommt und wie man es am besten einsetzen kann ...

Person 7 (Mann, 46 J., spricht mit gehässiger Stimme):
»...Nun, da ist ein Neuer in der Firma; aber er ist ein verschlagener Kerl. Er weiß auf alles eine Antwort und glaubt, er habe das Schießpulver erfunden. Aber, Herrgott, er hat keine Ahnung, mit wem er es zu tun hat. Ich könnte und würde alles besser machen als er, wenn ich nur wollte ...«

Antworten zur Auswahl:

1. Sie glauben, der Erste sein zu müssen. Es ist wirklich wichtig für Sie, an der Spitze zu stehen.
2. Ändern Sie Ihre Haltung dem Neuen gegenüber, dann wird sich auch Ihre Stellung bessern.
3. Haben Sie Geduld, mit der Zeit bessert sich auch Ihre Position.
4. Dieser Neuankömmling scheint Ihnen so eingebildet, dass Sie es ihm am liebsten zeigen und ihn übertrumpfen möchten.

5. Sie spielen offensichtlich kein faires Spiel! Warum legen Sie soviel Wert darauf, diesen Mann auszustechen?
6. Haben Sie sich genau über die bisherige Karriere und die jetzige Funktion dieses Mannes informiert? Was wissen Sie über ihn?

Person 8 (Frau, 24 J., redet mit wütend-verhaltener Stimme):

»... *Wenn ich sie nur sehe! ... Sie ist weder attraktiv noch intelligent. Ich frage mich, wie sie es fertig bringt, so vielen Leuten etwas vorzumachen. Ihr gelingt etwas und alle bewundern sie, wie sie es zustande gebracht hat .... Ich halte das nicht mehr aus! Sie bekommt alles, was sie will: meine Stelle ... und Gerhard auch ... Ihn hat sie mir buchstäblich entführt! Dann sagte sie nur ›Es tut mir leid.‹ ... Aber sie wird sich wundern, ich werde es ihr schon zeigen ...*«

Antworten zur Auswahl:

1. Diese Frau erinnert Sie vielleicht an jemand, vielleicht eine ehemalige Freundin, die Ihnen Unrecht getan hat und die Sie nicht ausstehen können.
2. Sie finden, dass diese Frau das erreicht, was eigentlich Sie bekommen sollten?
3. Man könnte fast sagen dass Sie diese Frau nicht riechen können. Wir alle haben gegen manche Leute Vorurteile, aber selten bringt uns das einen Nutzen.
4. Das ist ein typischer, wohlbekannter Fall von Eifersucht, der durch eine Person hervorgerufen wird, die etwas fähiger und geschickter ist, als Sie es sind.
5. Warum versuchen Sie nicht, sie beim Bluffen zu ertappen und sozusagen auf ihrem eigenen Feld zu schlagen? Wenn sie nur etwas vormacht, dann dürfte das nicht so schwierig sein, oder?
6. In Ihrem Alter ist man natürlich allen Enttäuschungen gegenüber sehr anfällig – aber man hat den Vorteil, vernünftiger zu sein und mehr Lebenserfahrung zu besitzen.

Person 9 (Mann, 35 J., hat einen neuen Job), antwortet auf die Frage seines Freundes »Na, wie sind denn die Kollegen im Büro?« wie folgt:

»... *Ach zum Teufel mit ihnen! Obwohl ich mein Bestes versucht hatte, sind der neue Chef und sein Stellvertreter sauer auf mich, weil ich mich bei einer schwierigen Abrechnung geirrt hatte. Das hat mich ... ich tue doch mein Bestes ... ich tue wirklich mein Bestes, aber wenn sie mir sagen, dass es nicht genug sei, dann zeigt mir das immer deutlicher, dass ich zu nichts tauge ...*«

Antworten zur Auswahl:

1. Na ja, Martin ... Versuche doch die Sache objektiv zu betrachten. Ist es denn wirklich so schlimm? Aus einem Fehler bei einer schwierigen Abrechnung muss man doch kein Drama machen.
2. Mit anderen Worten, weil man dich kritisiert, neigst du zu Schuldgefühlen.
3. Du hast dein Bestes getan und trotzdem ist dir ein Fehler unterlaufen. Deswegen glaubst du jetzt, nicht viel zu taugen?

4. Guck mal, wenn du dich durch so etwas entmutigen lässt, dann taugst du wirklich zu nichts.
5. Sag' mal Martin, und sei ehrlich: Ist wirklich nur dieses eine Missgeschick der Grund dafür, dass du an dir selbst zweifelst?
6. Du sollst dich darauf konzentrieren, was du bis jetzt alles richtig gemacht und erreicht hast, statt dich durch Fehler entmutigen zu lassen. Mache doch die Bilanz deiner Erfolge!

Person 10 (Mann, 22 J., ein Student), kommt in die Sprechstunde eines Professoren und auf die Frage »Was möchten Sie mit mir besprechen?« antwortet er:
»... *Herr Professor, ich wäre sehr froh, wenn Sie mir helfen könnten, einen Arbeitsplan für das nächste Semester aufzustellen. Ich habe mit mehreren Leuten darüber gesprochen und sie gefragt, was ich wählen soll. Nur sagt jeder etwas anderes und es ist schwierig für mich, zu entscheiden, was ich wirklich tun soll. Ich studiere im ersten Semester und weiß wirklich nicht, was ich tun soll ...*«

Antworten zur Auswahl:

1. Wenn ich Sie richtig verstanden habe, so glauben Sie, es handelt sich dabei um etwas, wozu Hilfe von außen nötig ist – etwas, was Sie nicht von sich aus entscheiden können.
2. Na gut. Kommen Sie, ich kann Sie beraten, welche Grundlagenveranstaltungen und welche Wahlseminare sinnvoll sind.
3. Wenn Sie Ihre Möglichkeiten und Wünsche genauer anschauen, anstatt nach Meinungen anderer zu suchen, würden Sie mit Sicherheit den Semesterplan selbst aufstellen können.
4. Ich glaube, Sie müssen zuerst ein stabiles Selbstvertrauen entwickeln. Das würde Ihnen am besten helfen, die Lehrveranstaltungen zu wählen.
5. Das ist nicht so schlimm, dass Sie sich in der Studien- und Prüfungsordnung nicht zurechtfinden. Lassen Sie uns gemeinsam schauen, was Sie planen können.
6. Versuchen Sie doch, zuerst Ihre Vorlesungs- und Studienzeiten einzuteilen. Dann fällt Ihnen die Semesterplanung garantiert nicht so schwer!

AUSWERTUNG

In der unten stehenden Tabelle ist jeweils eine Spalte einer von den zehn zu bearbeitenden Aussagen zugeordnet – die Spalten sind mit »Person Nr. 1« bis »Person Nr. 10« gekennzeichnet. Die Tabelle hat sechs Zeilen (von A bis F), in denen die Ziffern der sechs Antworten vorgegeben sind, die bei der Bearbeitung jeder Aussage zur Verfügung standen (1 bis 6). Schraffieren Sie bitte in allen Spalten das Kästchen aus, in dem die Nummer der Antwort steht, die Sie ausgewählt haben.
Beispiel: Sie haben bei der Person Nr. 1 die Antwort 1 ausgewählt. So schraffieren Sie in der Spalte »Person Nr. 1« das Kästchen aus, in dem die Zahl 1 steht.

	Person Nr. 1	Person Nr. 2	Person Nr. 3	Person Nr. 4	Person Nr. 5	Person Nr. 6	Person Nr. 7	Person Nr. 8	Person Nr. 9	Person Nr. 10	Σ
A	2	1	5	6	6	2	5	3	4	3	
B	4	2	1	5	2	6	1	4	2	4	
C	6	5	6	1	5	4	3	6	1	5	
D	1	4	3	3	1	5	6	1	5	6	
E	3	6	4	2	4	1	2	5	6	2	
F	5	3	2	4	3	3	4	2	3	1	

Die Summe (Σ) in der rechten Spalte bezieht sich auf die Anzahl der in den einzelnen Zeilen A bis F schraffierten Felder. Sie gibt Ihre Tendenz wieder, die mit den Buchstaben A bis F (Einstellungs-Typen) gekennzeichnete Einstellung und Haltung dem Gesprächspartner gegenüber in Ihren Antworten zu offenbaren.

Jeder Buchstabe bezeichnet eine andere Einstellung/Haltung des antwortenden Menschen:

- *Typ A* tendiert zum Bewerten des Gesagten vor dem Hintergrund einer moralischen Sichtweise. Ein zustimmendes bzw. ablehnendes Urteil über das Gegenüber kommt somit oft zustande ...
- *Typ B* tendiert zum Interpretieren vor dem Hintergrund eigener Erklärung. Eine Verzerrung bzw. Verfremdung dessen, was das Gegenüber geäußert hat, ist hier fast vorprogrammiert ...
- *Typ C* empfindet Mitleid und tendiert zum Trösten/Stützen der Gegenübers. Folge ist das Herunterspielen/Beruhigen/Ermutigen mit dem Ziel des »Entdramatisierens«...
- *Typ D* tendiert zur Hinterfragung bzw. Erforschung des Gesagten – und zwar vom Blickwinkel dessen, was ihm selbst als wichtig erscheint. Oft verdächtigt er das Gegenüber, über Unwichtiges zu reden oder etwas zu verschweigen und bedrängt es, ihm schnell Wesentliches zu sagen ...
- *Typ E* tendiert zu einer möglichst schnellen Lösung – die er selbst als sinnvoll erachtet. Das Gegenüber bekommt prompt Vorschläge bzw. Ratschläge, weil der Typ E von ihm keine weiteren Informationen bzw. Aussagen benötigt ...
- *Typ F* ist bemüht zu verstehen und versucht, das, worüber sein Gegenüber spricht, mit dessen Augen zu sehen und sein Empfinden nachzuvollziehen. Sein Hauptanliegen ist die Gewissheit, dass er das Gesagte begriffen hat ... Dieser Typ offenbart am deutlichsten die personzentrierte Haltung.

Praxisrelevante Elemente personzentrierter Gesprächsgestaltung

Für eine gelingende personzentrierte Gesprächspraxis im Beratungskontext sind viele Wirkfaktoren und Variablen wichtig. Sie zu berücksichtigen bzw. sie korrekt und zum relevanten Zeitpunkt im Gespräch zu verwenden, erhöht die Chance auf das Entstehen des fördernden Klimas, trägt zum funktionierenden Arbeitsbündnis zwischen Berater und Ratsuchenden bei und stärkt die Bereitschaft beim Ratsuchenden, sich weiter und tiefer gehend mitzuteilen. Auch das für Selbstexploration des Ratsuchenden erforderliche Vertrauen zum Berater wird gestärkt.

Im weiteren Text wird eine Auswahl von diesen Aspekten der personzentrierten Gesprächsgestaltung in Kurzform dargestellt.

Das Zuhören

Für ein Beratungsgespräch sind mindestens zwei Menschen notwendig. Es können u. U. auch mehrere Personen sein, z. B. bei einer Erziehungsberatung beide Eltern und das Kind. Wenn mehrere Personen auf einmal versuchen, sich mitzuteilen, kann ein Durcheinander entstehen, welches das Verstehen verhindert. Das Zuhören ist schwierig, weil die Aufmerksamkeit und das Interesse der Beteiligten sich immer auf denjenigen ausrichten müssen, der gerade spricht. Eine der wichtigen Aufgaben des Beraters besteht darin, den am Gespräch beteiligten Personen zu verdeutlichen (und auch durch eigenes Verhalten, d. h. als Modell zu zeigen), wie wichtig es ist, sich gegenseitig zuzuhören. Dies gelingt, wenn im Beratungsgespräch ein »Sprecher-Zuhörer-Verhältnis« entsteht.

Jemandem wirklich zuzuhören, ist eine komplexe Angelegenheit. In China wird die Sprache bekanntlich nicht mit Buchstaben, Worten und Sätzen, sondern mit Zeichen verschriftlicht, die i. d. R. aus mehreren – für den gesprochenen Ausdruck relevanten – Elementen bestehen. Für das Zuhören steht das Zeichen (▶ **Abb. 17**), welches sich aus Elementen zusammen setzt, die ein wirkliches Zuhören charakterisieren[8]:

- Du (= das Gegenüber als Person respektvoll beachten),
- Augen (= Blickkontakt, das Gegenüber anschauen),
- Ohr (= Lauschen, sich das Gesagte anhören),
- konzentrierte Aufmerksamkeit (= alles Aufnehmen und verstehen wollen),
- Herz (= offen sein für Mitempfinden und Mitfühlen).

Das Zuhören hat eine starke Wirkung. Je nachdem, wie ihm der Berater zuhört, fühlt sich der Ratsuchende und verhält sich entsprechend – beginnend mit einem »Zu-Machen« bis hin zu selbstexplorierenden Aussagen. Es gibt im Grunde vier Formen/Arten, die in zwischenmenschlicher Kommunikation vorkommen:

- nur zum Schein zuhören, aber eigentlich über eigene bzw. andere Angelegenheiten nachdenken (unechtes Zuhören),
- aufmerksam anhören, was der andere sagt, und dabei nonverbal/körpersprachlich signalisieren: »Ich höre dir zu.« (stilles Zuhören),
- aufmerksam zuhören, was der andere sagt, und ihm eine Rückmeldung über die Inhalte des Gehörten geben (paraphrasierendes Zuhören),

---

8 Quelle: Palenčárová, Jana & Šebesta, Karel [2006]: Aktivní naslouchání při vyučování. Rozvíjení komunikačních dovedností na 1. stupni ZŠ. Praha: Portál, S. 54

Abb. 17: Zeichen für Zuhören

- aufmerksam zuhören, was der andere sagt, und wahrnehmen, wie er sich dabei fühlt sowie welche Bedeutung es für ihn hat, um ihm eine Rückmeldung über sein Befinden im Kontext der geschilderten Situation zu geben (aktives Zuhören).

Beim unechtem Zuhören fühlt sich der sich Mitteilende vom Zuhörer nicht ernst genommen, und seine Motivation zur Fortsetzung des Gesprächs schwindet. Folglich ist das unechte Zuhören in Beratungsgesprächen denkbar ungeeignet.

Das stille Zuhören ist vor allem dann hilfreich, wenn ein Mensch viel zu berichten und zu erzählen hat und sich im Prozess des »lauten Nachdenkens« befindet. Etwaige Äußerungen seines Zuhörers wirken sich störend aus. Folglich ist diese Art des Zuhörens für die Phase des Beratungsgesprächs besonders gut geeignet, in der die ratsuchende Person ihre Problemlage beschreibt.

Beim paraphrasierenden Zuhören erlebt sich der sich mitteilende Mensch von seinem Zuhörer wahr- und ernst genommen. Durch die nonverbalen Signale der Aufmerksamkeit und die paraphrasierte Rückmeldung des Gehörten erkennt und erlebt er, dass ihm jemand zuhört, der bemüht ist, zu verstehen, worüber gesprochen wird. Das motiviert den Ratsuchenden, weiter über die inhaltlichen Gegebenheiten bzw. Sachkontexte zu sprechen. Folglich ist diese Art des Zuhörens für die Phase des Beratungsgesprächs besonders gut geeignet, in der die inhaltlichen Aspekte der von der ratsuchenden Person geschilderten Situation im Vordergrund stehen.

Das aktive Zuhören erzeugt am besten das fördernde Klima, welches für ein personzentriertes Gespräch charakteristisch ist: Der Berater nimmt sowohl (kognitiv) den geschilderten Sachverhalt auf als auch (empathisch) die damit verbundenen Gefühlsregungen beim Ratsuchenden. Anschließend gibt er diesem eine (beschreibende, d.h. nicht interpretierende!) Rückmeldung darüber, was er wahrgenommen und hinsichtlich der Verbindung zwischen Sachverhalt bzw. Situation → Bedeutung → Empfinden → Verhalten/Handeln verstanden hat. Das aktive Zuhören des Beraters offenbart sich wie folgt:

- Er wendet sich dem Ratsuchenden ganz zu, stellt Blickkontakt her, schaut diesen offen und interessiert an (keine ablehnende Mimik oder Gestik!) und zeigt ihm dadurch, dass er wirklich zuhört (»Ich bin ganz Ohr.«).
- Er fasst die Kernpunkte der sachlich-inhaltlichen Aussagen und Mitteilungen des Ratsuchenden in eigenen Worten zusammen (paraphrasiert) und zeigt ihm dadurch, dass er bemüht ist, zu verstehen, was dieser geäußert hat.
- Er nimmt die verbalen und körpersprachlichen Signale der Gefühle beim Ratsuchenden auf (emotionales »Mitschwingen«), fasst in Worte, was dieser auf emotionaler Ebene zum Ausdruck bringt (verbalisiert) und zeigt ihm dadurch, dass er bemüht ist, zu verstehen, wie dieser sich fühlt.

Der Ratsuchende fühlt sich folglich häufig vom aktiv zuhörenden Berater wirklich verstanden. Nicht nur das – er kann vor dem Hintergrund dieser Rückmeldung den einen oder anderen Zusammenhang seiner Situation selbst besser erfassen. Folglich ist diese Art des Zuhörens für die Phase des Beratungsprozesses besonders gut geeignet, in der vom Berater eine Unterstützung des Ratsuchenden bei seiner Selbstexploration bzw. Selbsterkenntnis zu leisten ist.

Die Körpersprache

Was ist die Körpersprache? Sie wird als primäre Ausdrucksweise aller Menschen bezeichnet. Sie ist evolutionär gesehen eine Art von Ur-Sprache, die wir alle sprechen – mit ihr werden Botschaften ohne Worte gesendet und zwar zu einem kleinen Teil bewusst (kontrollierbarer Bereich) und überwiegend nicht bewusst, spontan und instinktiv-automatisch (nicht kontrollierbarer Bereich). Als solche gilt die Körpersprache als ein unverstellter Ausdruck der inneren seelischen Regungen und Bewegungen des Menschen (»Sprache der Seele«) und damit auch als ein Gradmesser der Kongruenz von verbalen Äußerungen, Mitteilungen, Aussagen eines Menschen.

Die oft zitierten Ergebnisse eines Experiments von Albert Mehrabian belegen die große Wirksamkeit von nonverbalen Elementen in der menschlichen Kommunikation. Die von ihm formulierte sogenannte »7 %–38 %–55 %-Regel« besagt, dass die Wirkung einer Mitteilung auf den »Empfänger« zu 7 % durch den sprachlichen Inhalt, zu 38 % durch den stimmlichen und zu 55 % durch den mimisch-körpersprachlichen Ausdruck bestimmt ist (vgl.: Mehrabian, 1971, in: Stangel, 2012). Obwohl es sich um eine kleine Probandengruppe mit 20 Personen handelte, tendieren manche Kommunikationstrainer dazu, aus den Ergebnissen eine allgemeingültige Aufteilung der Kommunikationsanteile abzuleiten. Was vom wissenschaftstheoretischen Aspekt her gesehen nicht korrekt ist.

Auch wenn die Ergebnisse von Mehrabians Forschung nicht verallgemeinert werden können, weisen sie doch auf die Wirkungskraft körpersprachlicher Elemente in der zwischenmenschlichen Kommunikation hin. Man muss sie in jedem Fall differenziert betrachten. So wirkt z. B. bei einem Vortrag über mathematische Integralrechnung sicherlich nicht zu 93 % die nonverbale und körpersprachliche Ausdrucksweise des Professors auf die Studierenden. In diesem Fall hängt die

Wirkungsstärke sehr stark von den mitzuteilenden Inhalten ab. Wenn es aber um ein durchaus stark emotionales Thema geht, wie z. B. eine Liebeserklärung, kommt es viel weniger auf die verbalen Äußerungen an. Hier dominiert die metakommunikative Wirkung der Stimme (Intonation, Tonfall ...) und der körpersprachliche Ausdruck (Mimik, Gestik ...) vor dem Inhalt.

Wer also professionell Gespräche führen will, soll bewusst auf die Körpersprache achten. Und zwar sowohl auf die des Gegenübers als auch auf die eigene. Konkret heißt es, folgende Aspekte der körpersprachlichen Ausdrucksweise zu kennen, wahrzunehmen und ernst zu nehmen:

(A) Die körpersprachlichen Signale werden (fast) automatisch sowohl ausgedrückt als auch wahrgenommen in folgenden Bereichen:

- Blick (Augen),
- Gesichtsausdruck (Mund, Stirn, Mimik),
- Gestik (Arme, Hände),
- Körperhaltung (Kopf, Hals) und Körperbewegung (Gangart),
- Körperkontakt (Berührung),
- Nähe-Distanz Dimension (räumlicher Abstand),
- nonverbale Vokalisierungen, Laute.

(B) Die Körpersprache eines Menschen wird von mehreren Faktoren beeinflusst. Neben der evolutionär begründeten und instinktiv verankerten körpersprachlichen Ausdrucksfähigkeit (die auch in der Tierwelt vorhanden ist) sind das vor allem während des Lebens wirkende Faktoren, die den körpersprachlichen Ausdruck des Individuums prägen: Erziehung, Bildung, soziokulturelle Einflüsse, Status, soziale Schichtzugehörigkeit, soziale Position, aber auch das Selbstwertgefühl (innere Überzeugung über den eigenen Wert) und die aktuelle Verfassung, also das momentane Befinden.

(C) Die Körpersprache wird von Gefühlen »beherrscht«. Viele Empfindungen und Befindlichkeiten lassen sich nur schwer in Worte fassen, manchmal versucht man auch diese willentlich zu unterdrücken. Das kann zwar mit einem hartnäckigen Training annähernd gelernt werden, aber Gefühle suchen immer nach einem Ausdrucksweg. Diesen finden sie (als physiologisch-hormonal verlaufende organismische Zustände – also unwillkürlich) auf der körpersprachlichen Ebene. Deshalb kann man davon ausgehen, dass die »Sprache des Körpers« die wahrhafte Offenbarung der aktuellen Gefühlslage eines Menschen ist.

Die Körpersprache kann durchaus die Wortsprache ersetzen – z. B. man nickt, statt »Ja« zu sagen bzw. schüttelt mit dem Kopf, statt »Nein« zu sagen. Auf diese Art und Weise kann der Mensch mit Gesten »sprechen«. Die ganzheitliche kommunikative Wirkung entsteht jedoch erst durch die Verbindung beider Ausdrucksformen. Dabei gibt es zwei Möglichkeiten:

- Stimmt die Körpersprache mit dem verbal Gesagten überein, so wirkt die gesamte Äußerung überzeugend – z. B. wenn die Aufforderung »Und jetzt verschwinde hier!« mit der Armbewegung hin zur Tür begleitet wird. Oder wenn man z. B. bei der Aussage »Schön dich wiederzusehen!« die Hand zur Begrüßung ausstreckt. Auf diese Art und Weise bilden die Körpersprache und die verbale Äußerung eine Einheit. Menschen, die beide Kommunikationselemente so übereinstimmend zeigen, wirken ehrlich, erwecken Vertrauen und strahlen eine starke Überzeugungskraft aus.
- Widersprechen sich die beiden Ausdrucksformen jedoch, lässt sich das als Hinweis auf einen möglichen Konflikt betrachten – man sagt das eine, aber denkt etwas anderes. Diese Zwiespältigkeit merkt der Gesprächspartner anhand der Mimik und Gestik und reagiert darauf mit Verunsicherung und Misstrauen. Menschen, die körpersprachlich das Gegenteil des Gesagten signalisieren, wirken verwirrend, wenig bis gar nicht überzeugend und werden für unaufrichtig gehalten.

Während des Beratungsgesprächs hat die Körpersprache eine wichtige Informations- und Appellfunktion – gerade auch in den Interaktionen mit Menschen, die mit einer Körperbehinderung leben. Auf diese Funktion zu »hören«, hilft dem Berater, das Anliegen des Ratsuchenden zu erkennen und ernst zu nehmen, d. h. richtig zu reagieren. Weisbach gibt in seinem empfehlenswerten Buch verständliche und nachvollziehbare Hinweise auf den körpersprachlichen Ausdruck eines Gesprächspartners in Situationen, in denen eine Gesprächspause zustande kommt (vgl.: Weisbach, 2003, 67–84; die veranschaulichenden Smileys stammen als frei verfügbare Grafiken aus dem Internet):

»Jetzt sind Sie dran ...«
Der Ratsuchende ist mit seinem Redebeitrag fertig und möchte hören, was der Berater dazu zu sagen hat. Er kann ihn direkt fragen (»Was meinen Sie dazu?«) oder versuchen, seine Zustimmung herauszukitzeln (»Finden Sie nicht auch?«). Körpersprachlich wird die Aufforderung »Jetzt sind Sie dran!« mit einem direkten Blickkontakt und angedeuteten Kopfnicken zum Ausdruck gebracht und soll auch so verstanden werden. Erfahrene Berater wissen, dass diese Art der Anforderung »Rede-du-jetzt« nur bei ca. 35 % aller Gesprächspausen zustande kommt. Schaut Sie der Ratsuchende also nicht direkt an, warten sie seine nächste Äußerung entspannt ab.

4.2 Methodische Grundlagen des beraterischen Handelns in der Heilpädagogik

»*Bitte nicht stören – ich denke nach* ...«

Der Ratsuchende hört auf zu sprechen, um nachzudenken (z. B. darüber, ob er bereits alle Punkte erwähnt hat oder wie er den nächsten Gedanken treffend formulieren soll o. Ä.). Er kann das zwar verbal mitteilen, aber i. d. R. signalisiert er das mit dem Blick: Er schaut den Berater nicht an, sondern richtet seinen Blick nach schräg oben (ohne Interesse daran, was sich dort tatsächlich befindet ...). Ein solcher Blick fordert also eine Denk-Pause.

»*Bitte nicht stören – ich sinne nach* ...«

Wer nachsinnt, beschäftigt sich innerlich mit Fragen nach seiner Stimmung, seiner Empfindung, überlegt, was ihm wichtig ist, wie er sich fühlt u. Ä. – er tastet sich innerlich sozusagen emotional ab. Während beim kognitiv ausgerichteten Nachdenken nach schräg oben geschaut wird, richten sich die Augen beim emotional ausgerichteten Nachsinnen leicht nach schräg unten (ebenfalls ohne Interesse daran, was sich dort tatsächlich befindet ...). Ein solcher Blick fordert also eine Nachsinn-Pause.

Ist sich der Berater nicht sicher, ob der Ratsuchende nachdenkt oder nachsinnt, kann er seinen Eindruck direkt ansprechen, z. B.:

- »Sie denken gerade noch nach.«
- »Ihnen scheint etwas durch den Kopf zu gehen.«
- »Sie möchten noch in Ruhe etwas überlegen.«
- »Ich merke, dass Sie noch etwas beschäftigt.«

»*Lass uns jetzt eine Weile schweigen* ...«

Es kommt zwar nicht allzu oft vor, kann sich aber gelegentlich ereignen: Der Ratsuchende beendet seine Äußerungen und möchte jetzt die Eindrücke aus dem Gespräch »sacken lassen«. Dazu ist eine Stille erforderlich, die nicht durch weiteres Sprechen gestört werden soll. Er signalisiert dieses Bedürfnis mit einem »weiten« Blick in unbestimmte Ferne (ebenfalls ohne Interesse daran, was sich dort tatsächlich befindet ...). Ein solcher Blick fordert also ungestörte Stille zum (gemeinsamen) Schweigen.

»Das ist mir jetzt peinlich ...«

Es passiert immer wieder, dass der Gesprächspartner plötzlich zu sprechen aufhört, weil ihm bewusst wird, dass er gerade etwas gesagt hat, was er eigentlich gar nicht erzählen wollte, oder weil er sich schämt: Er erlebt eine Situation der inneren Not, zeigt eine betroffene Miene, blickt direkt nach unten und senkt auch häufig den Kopf. Oder sein Blick scheint sich an irgendeinem Punkt im Raum festzuklammern. Seitens des Beraters ist es durchaus hilfreich, diese für den Ratsuchenden peinliche Pause mit »Fingerspitzengefühl« (vielleicht mit einem Themenwechsel?) zu beenden.

Es kommt immer wieder vor, dass der Berater schweigt, um die eigene Aussage gedanklich vorzubereiten. Das mag so aussehen, als ob er nichts zu sagen hätte oder in der besprochenen Angelegenheit nicht kompetent oder interessiert wäre. Diesem Eindruck lässt sich vorbeugen, wenn der Berater seine Nachdenkpause kurz ankündigt, z. B. durch folgende Formulierungen:

- »Lassen Sie mich darüber nachdenken.«
- »Ich will das Gesagte für mich kurz ordnen.«
- »Ich muss mal einen Moment überlegen.«
- »Mir kommt da gerade eine Idee, warten Sie mal einen Augenblick.«

Es gibt einen interessanten Zusammenhang zwischen Körperhaltung, -position, -bewegung und einem Standpunktwechsel (im übertragenen Sinn):

- Bringt ein Gespräch den Ratsuchenden nicht zur Veränderung seiner Körperhaltung, dann hat ihn mit hoher Wahrscheinlichkeit das Besprochene nicht berührt. Deswegen kommt bei ihm auch innerlich bzw. seelisch nichts in

Bewegung. Dies wäre jedoch durchaus wünschenswert, denn nur durch Bewegung kann ein Mensch seinen Standpunkt verändern und den Gesprächsgegenstand aus einem neuen Blickwinkel betrachten.
- Bleibt der Ratsuchende unverändert in seiner körperlichen Haltung, bewegt er sich auch geistig nicht und kann/wird auch seine Auffassung der besprochenen Situation nicht aufgegeben. Er wird es wiederholen, statt über diverse Aspekte und Perspektiven zu diskutieren. Falls er während des Gesprächs seinen Standpunkt verändert und zu einer neuen Betrachtung kommt, macht sich das (u. a.) dadurch bemerkbar, dass er seine Sitzposition, seine Körperhaltung sowie seine Position im Raum verändert.

Wie lässt sich dieser Zusammenhang in einem Beratungsgespräch nutzen? Sollten sich im Gespräch z. B. die Fronten verhärten, kann man sich auf den körpersprachlichen Ausdruck des Gegenübers konzentrieren: Wahrscheinlich wirkt dieser wie erstarrt. Mit einer einfachen Maßnahme lässt sich die verhärtete Situation aufweichen: Bewegt sich der Berater an einen anderen Platz, muss sich auch der Ratsuchende zumindest mit dem Blick bewegen und dem Berater – im konkreten wie im übertragenen Sinne – folgen. Ebenfalls hilfreich ist es, den Ratsuchenden dazu aufzufordern, sich etwas anzuschauen, was hinter ihm ist (z. B. ein Plakat, ein Bild o. Ä.). Die Bewegung zu einer völlig veränderten Sitzhaltung regt auch eine veränderte geistige Haltung an.

Fazit: Das Wissen um die Körpersprache und die Berücksichtigung dieses Wissens steigert die Gesprächsführungskompetenz des Beraters. Seine Selbst- und Fremdwahrnehmung wird präziser, das empathische »Mitschwingen« im Gefühlsfeld des Ratsuchenden ergibt präzisere Hinweise auf sein aktuelles Befinden, und das Wahrnehmen und Erkennen von Konflikten, Störungen, Inkongruenzen während des Beratungsprozesses gelingen besser. Letzten Endes wird auch der Berater für den Ratsuchenden »lesbarer« und transparenter, wenn er darauf achtet, dass seine verbale und körpersprachliche Ausdruckweise übereinstimmen, also kongruent sind.

Fragen stellen

Stellt der Ratsuchende dem Berater eine Frage, ist diese kurz, aufrichtig und vom eigenen Standpunkt zu beantworten. Auch ist zu prüfen, ob der Fragende die Antwort verstanden hat. Um den Ratsuchenden gut verstehen zu können, kann ihm der Berater auch klärende, sachbezogene Fragen stellen. Diese sollen sich allerdings vor allem auf das beziehen, was der Ratsuchende gesagt hat.

Als geschlossene Fragen werden die suggestiv-prüfenden Fragen (»Fühlen Sie sich dabei etwa nicht wohl?«) und die interpretrativ-prüfenden Fragen (»Leiden können Sie ihn wohl nicht, oder?«) bezeichnet. Sie geben dem Ratsuchenden nur drei Antwortmöglichkeiten (z. B. ja – nein – weiß nicht) bzw. benennen sogar die zur Auswahl stehenden Antworten und haben folglich eine starke suggestive Wirkung. »Technisch« gesehen werden die geschlossenen Fragen häufig mit einem Verb eingeleitet (siehe die genannten Beispiele). Sie tragen nicht zur Entfaltung des Gesprächs bei, weil sie die Mitteilungsspontaneität des Ratsuchenden einschränken und blockieren.

Dagegen bieten die offenen Fragen ein breites Spektrum an Antwortmöglichkeiten an. Man kann sie nicht mit einfachem »Ja« oder »Nein« beantworten. Der Berater erfährt die Wünsche und Meinungen des Ratsuchenden, weil dieser frei auf das angesprochene Thema eingehen kann. Vorausgesetzt, ein Mindestmaß an Vertrauen zwischen den beiden Gesprächspartnern ist vorhanden. »Technisch« gesehen sind für die Formulierung von offenen Fragen die sog. W-Wörter hilfreich:

- Wer ... hat Sie informiert?
- Welche ... Ideen und Wünsche haben Sie?
- Was ... wollen Sie erreichen?
- Wie ... haben Sie die Situation erlebt?
- Wie ... fühlen Sie sich dabei?
- Was ... halten Sie von ihm?« u. Ä.

Selbstverständlich muss eine offene Frage nicht immer nur mit dem Buchstaben »W« beginnen. Je nach Gesprächsverlauf und den hierin behandelten Themen und Fragestellungen dürfen bzw. müssen auch andere Formulierungen verwendet werden, z. B. »Bitte beschreiben Sie mir das genau.«, »Können Sie mir das näher erklären?«, »Können Sie mir bitte ein Beispiel nennen?«, »Von welcher Annahme gehen Sie aus?«, »Haben Sie eine Idee, woran das liegen mag?« usw.

»Black out« im Verlauf des Gesprächs

Kommt der Ratsuchende ins Stocken und weiß nicht, was er sagen bzw. wie er fortfahren soll, ist eine indirekt-ermutigende Äußerung hilfreich (»Wenn Sie sich ein wenig Zeit nehmen, werden manche Gedanken oder Themen kommen ...«, oder »Es ist kein Grund zur Eile, wir können warten, bis Ihnen etwas einfällt ...«).

Fragt der Ratsuchende weiter nach Hilfe, ist sein Anliegen ernst zu nehmen. In diesem Fall kann ihm der Berater einen Hinweis auf eine gute Gedanken- und Themenquelle anbieten (»Manchmal ist es hilfreich, über den Anlass nachzudenken, der Sie zum Gespräch mit mir angeregt hat ...«).

Ratschläge und Tipps geben

Auch wenn das »Helfen-Wollen« noch so stark sein mag: Der Berater kann getrost davon ausgehen, dass seine Tipps oder Erfahrungen den »Sprecher« mehr von der Suche nach eigenen Handlungsmöglichkeiten ableiten, als ihm helfen. Deshalb: keine Ratschläge, keine Lösungsvorschläge. Vielmehr soll er Interesse zeigen in Bezug darauf, was der Ratsuchende selbst an Lösungsmöglichkeiten erkennen kann.

Jerry Bozard, ein Mitstreiter von C. R. Rogers, erzählte in einem Gespräch mit dem Autor dieses Textes, dass auch der Begründer des personzentrierten Ansatzes gelegentlich Kommentare, Zustimmungen, Interpretationen und prüfende Fragen äußerte – wenn der Klient darauf bestand, die Meinung von Rogers zu hören und sich nicht davon abbringen ließ. Also geht es nicht um eine strikte Verweigerung von Rat/Tipp/Meinung seitens des Beraters, sondern um die bewusste Zurückhaltung im Sinne »Ja, ich habe meine eigene Erfahrung/Meinung, aber die will ich dir nicht ›überstülpen‹.«

Genauso gibt es keine 100 %ige Klienten- bzw. Personzentriertheit rund um die Uhr. Hierzu müsste der subjektive Hintergrund des Beraters soweit »verneint« werden, dass dadurch seine Identität als Person verloren ginge. Er würde dann zu einem mechanischen Spiegel verkommen, der dem Ratsuchenden keine Beziehung anbieten kann. Und das ist für eine personzentrierte Gesprächsgestaltung kontraproduktiv.

Affekte

Zeigt oder äußert der Ratsuchende starke Gefühlsregungen, dann sind sie weder zu analysieren noch zu interpretieren (wie z. B.: »Sie haben offensichtlich Probleme damit, Ihre Gefühle im Griff zu haben.«). Wenn jemand das Recht zur Interpretation hat, dann ist das der Ratsuchende selbst. Der Berater hat die Aufgabe, ihn dazu zu ermutigen.

Fehler

Niemand ist vollkommen und deshalb widerfährt es auch trainierten und gesprächserfahrenen Menschen, dass sie den Blickwinkel des Gesprächspartners, sein Befinden oder die Bedeutung des Themas nicht richtig einschätzen. Solche Verstehensungenauigkeiten sind etwas, was als »natürliche Fehlerquote« bezeichnet werden kann, denn es ist nicht möglich, immer genau zu erkennen, was in einem anderen Menschen vorgeht – und das ist auch gut so! Außerdem werden sie i. d. R. im weiteren Gesprächsverlauf richtig gestellt und deshalb stellen sie etwas dar, was zu jedem Gespräch dazu gehört. Deshalb ist eine Fehleinschätzung eigentlich kein Fehler, vielmehr bietet sie eine Chance zur Klärung.

Anders ist das allerdings bei Fehlern, die sich auf das Grundsätzliche beziehen – nämlich auf die Einstellung des Beraters zu dem Gesprächspartner und die damit zusammenhängende Bereitschaft, dessen subjektive Sichtweise, die Bedeutung des Themas für, sein Befinden u. Ä. zu akzeptieren. Auch die eigene Kongruenz spielt hier eine wichtige Rolle. Wenn also der Berater nicht akzeptierend und kongruent ist, entstehen Hindernisse, die kaum überwindbar sind: Das Gespräch verläuft oberflächlich, stockt und im Endeffekt belastet es mehr, als es klärt, denn es kann weder eine (professionell-)partnerschaftliche Atmosphäre noch ein unterstützendes Klima und Vertrauen entstehen.

Es gibt auch Äußerungen, Aussagen, Erwiderungen des Beraters, die als Fehler gelten. Sie entstehen, wenn dieser ein eigenes spezifisches Anliegen verfolgt: z. B. möchte er als Experte in einem guten Licht dastehen oder aber sich vor unangenehmen Inhalten, Gefühlen oder Erlebnissen schützen. Dies bewirkt, dass der Berater versucht

- zu verallgemeinern, zu generalisieren (z. B. »Das kommt häufiger vor, dass man Streit mit der Schwiegermutter bekommt.« u. Ä.) bzw. den sog. »man-Stil« anwendet (z. B. »Man müsste doch erkennen, dass ...« u. Ä.),
- zu verharmlosen, herunterzuspielen (z. B. »So schlimm ist das doch nicht.«, oder: »Nichts isst man so heiß, wie es gekocht wird ...« u. Ä.),
- zu belehren oder zu predigen, zu dozieren oder zu dogmatisieren (z. B. »Wissen Sie, es ist aber ganz anders, als Sie es sehen.«, oder: »So etwas tut man doch nicht.«, oder: »Das kann man nur so verstehen ...« u. Ä.),
- zu beurteilen und zu kommentieren (z. B. »Das haben Sie aber gar nicht gut gemacht.«, oder: »Besser könnte ich es selbst nicht regeln.« u. Ä.) bzw. eine Diagnose zu stellen (z. B. »Das ist eindeutig die Folge von ...« u. Ä.),
- zu moralisieren und zu korrigieren (z. B. »So, und jetzt haben Sie den Salat ...«, oder: »Wenn Sie sich nicht ständig rechtfertigen würden, dann ...« u. Ä.),
- Ratschläge zu erteilen (z. B. »Bemühen Sie sich doch jetzt mehr um ihre Frau.«, oder »Gehen Sie doch das Problem jetzt von der anderen Seite an.« u. Ä.),
- Anweisungen zu geben (z. B. »Als Erstes nehmen Sie jetzt das und das in Angriff ...«, oder: »Das Wichtigste ist jetzt, dass sie vor allem an sich selbst denken.« u. Ä.).

Notizen während des Gesprächs

Psychologische Erkenntnisse über das menschliche Gedächtnis sagen, dass alles, was einem Menschen widerfährt, was er hört, sieht, schmeckt, spürt, empfindet usw. gespeichert wird. Hierbei gibt es aber eine Schwierigkeit, denn das eigentliche Gedächtnisproblem besteht in der Verfügbarkeit der gespeicherten Informationen: diese sind nämlich nicht immer (und schon gar nicht alle) leicht abrufbar. Diese Tatsache macht das Festhalten von während eines Beratungsgesprächs mitgeteilten, erörterten und erarbeiteten Inhalten, Erkenntnissen, Absprachen, Vorhaben u. Ä. in Form von Notizen unumgänglich. Ganz im Sinne des Spruches: »Das Gehörte wird vergessen, das Notierte bleibt verfügbar.«

Das Gedächtnisproblem tangiert gleichermaßen den Berater wie den Ratsuchenden und deshalb ist es hilfreich, wenn beide sich eine »Gedächtnisstütze« zulegen: Die ratsuchende Person z. B. in der Form eines Beratungsjournals und der Berater in Form von Kurzprotokollen aus jedem Beratungsgespräch. Dies müsste am Anfang der Beratung besprochen und als genuiner Bestandteil der Beteiligung am Beratungsgeschehen erörtert sowie verbindlich vereinbart werden.

Bei der Erforderlichkeit, das im Beratungsgespräch Mitgeteilte und Erarbeitete festzuhalten, stellt sich die Frage, inwieweit das Notieren während des Gesprächs den Kommunikationsverlauf stören, verlangsamen und beeinträchtigen kann. Die Erfahrung vieler Beraterinnen und Berater belegt, dass es nicht wesentlich stört, wenn man sich stichwortartig notiert, was gesagt wurde. Natürlich geht es nicht darum, ein Beratungsgespräch in Form eines Wort-für-Wort-Protokolls festzuhalten. Vielmehr signalisiert der Berater dem Ratsuchenden durch das kurze Notieren von Stichworten, dass er an einer guten Orientierung im Gesprächsgeschehen interessiert ist und dass er sich nicht nur auf sein Gedächtnis verlassen will. Also gilt beim Notieren der Grundsatz: »Nur so viel wie erforderlich und so wenig wie möglich.«

Wichtig ist die Offenheit der Notizen – wann auch immer der Ratsuchende das Bedürfnis spürt, zu erfahren, was der Berater gerade notiert hat, müssen sie für ihn einsehbar sein. Auch ihr Sinn muss ihm von Anfang an bekannt sein – sie dienen der Erstellung eines kurzen Gesprächs- und Ergebnisprotokolls nach der Beendigung des Beratungsgesprächs.

Ausdrucksweise

Manchmal wirkt sich die Fachlichkeit des Beraters auf der Sprachebene eher hinderlich aus, wenn er im Gespräch mit Ratsuchenden spezifische Fachausdrücke verwendet. Dies kann zwar manchmal sinnvoll sein, z. B. wenn es um die Erörterung spezifischer Gesichtspunkte geht. Die ratsuchende Person fühlt sich aber wohler und sicherer mit einem Berater, der verständlich spricht. Prinzipiell sollte deshalb die Ausdrucksweise des Beraters den Verstehensmöglichkeiten des Ratsuchenden entsprechen – dieser ist eben kein Kollege, mit dem man »fachsimpeln« kann. Auf der anderen Seite bedeutet das nicht, dass der Berater immer die verbalen Ausdrücke des Ratsuchenden übernehmen muss, insbesondere wenn sie grob und vulgär sein sollten. Hier ist seine »paraphrasierende Kreativität« gefragt.

Es ist eine wichtige und auch ziemlich anspruchsvolle Aufgabe, die eigene Ausdrucksweise an den Verstehensmöglichkeiten und -grenzen des Ratsuchenden zu orientieren. Hierfür ist die sprachliche Flexibilität unumgänglich: Begriffe, Synonyme, Wortwahl, Satzbau, Stil usw. müssen dem beratenden Heilpädagogen bewusst sein und er muss diese passend verwenden – je nachdem, mit wem er das Beratungsgespräch führt.

Über den üblichen verbalen Kommunikationsrahmen hinaus sind im heilpädagogischen Alltag auch spezifische Kommunikationsbedingungen zu beachten: Im Endeffekt müsste der heilpädagogisch Tätige z. B. im Beratungsgespräch mit einem geistig behinderten Menschen die sog. leichte Sprache beherrschen und verwenden. Das bedeutet, dass er in diesem Fall – wenn er seine Beratungsaufgabe ernst nimmt – sich dafür nicht nur hinsichtlich beraterischer Methodik und Gesprächsführung qualifizieren muss, sondern dass er auch die Ausdrucksweise der leichten Sprache erlernt. Noch deutlicher tritt die Bedeutung der Ausdrucksweise in der Beratung von Menschen hervor, die sinnesbehindert (hör- und/oder sehbehindert) sind und nur bzw. vor allem gebärdensprachlich kommunizieren können.

Gesprächsführung in schwierigen Situationen

Im heilpädagogischen Berufsalltag kommen auch Gesprächsanlässe und -konstellationen vor, die nicht leicht zu handhaben sind. In Anlehnung an Benien (vgl.: Benien, 2003) lässt sich zu diesem Thema Folgendes sagen: Kommunikation ist zwar nicht die Lösung aller Probleme, aber ohne eine klare Kommunikation gibt es keine klaren Lösungen. Auch wenn die meisten Gesprächssituationen im beruflichen Alltag zur Routine gehören, so gibt es doch immer wieder Themen und Situationen, in denen die Kommunikation schwierig wird, z. B.:

- soll ein seit längerer Zeit unter der Oberfläche schwelender Konflikt angesprochen werden, hierdurch könnte die Beziehung zwischen den Gesprächspartnern eine intensive Belastung erfahren,
- muss ein Kollege einen anderen Kollegen etwas Kritisches sagen, mit dem er sich menschlich sehr verbunden fühlt,
- trägt jemand einen stillen Vorwurf mit sich herum und weiß nicht, wie er ihn ansprechen soll, ohne Porzellan zu zerschlagen usw.

Solche schwierigen Gespräche dürfen nicht nur nebenbei »zwischen Tür und Angel« geführt werden. Sie benötigen

- eine sorgfältige Vorbereitung,
- einen ungestörten Rahmen und eine konstruktive Gesprächsatmosphäre,
- das Wissen um einen folgerichtigen Gesprächsablauf,
- eine Achtsamkeit für Zwischentöne und Nuancen zwischen den Zeilen,
- eine den Beteiligten, dem Thema und der Gesamtsituation entsprechende Wortwahl.

Die »Kunst der Gesprächsführung« hat Regeln und Gesetzmäßigkeiten. Dabei geht es nicht um rhetorische Kniffe oder raffinierte Finten aus der kommunikationspsychologischen Trickkiste – solche Mittel manipulieren den Gesprächspartner, damit er »richtig« (in meinem Sinn) funktioniert. Eine personzentrierte Gesprächsführung im Berufsalltag nimmt den Gesprächspartner als Subjekt in seinem verantwortlichen Handeln ernst. Sie baut auf der Fähigkeit des Beraters, soziale Interaktionen so zu gestalten, dass Informations- und Abstimmungsprozesse das gemeinsame Arbeiten fördern und erleichtern.

Wer ein schwieriges Gespräch meistern will, muss so kommunizieren, dass einerseits der Sachverhalt offen angesprochen und geklärt wird und andererseits alle Beteiligten ihr Gesicht wahren können. Hierbei ist es hilfreich, folgende Grundsätze des Auftretens zu beachten:

- achtungsvoll dem anderen gegenüber und mit Selbstachtung sich selbst gegenüber,
- ehrlich, wahrhaftig statt listig, gerissen und fintenreich,
- situationsangemessen statt die Wahrheit und Logik der Situation leugnend,
- klar, direkt, unmissverständlich statt verwickelt, unklar, hinten herum und doppeldeutig,
- konkret bleibend statt ablenkend, ausweichend und herumredend,
- zuhörend statt rechtfertigend, verteidigend bzw. selbst redend und abschweifend,
- reflektierend-bedächtig statt vorantreibend,

- nach innen schauend statt Projektionen und Übertragungen walten zu lassen,
- sich mitteilend statt mauernd, schweigend, sich abkapselnd und herunterschluckend,
- »ich« sagend statt »man«, »es«, »wir« und »du«.

Gesprächsbeispiele

Im folgenden Abschnitt sind zwei Gesprächsbeispiele zu finden, die mit diametral unterschiedlichen Intentionen geführt worden sind:

- ein Gespräch auf der Grundlage des diagnostisch-direktiven Ansatzes sowie
- ein Gespräch im Sinne des personzentrierten Ansatzes.

Diese Gegenüberstellung soll die Unterschiede verdeutlichen, die sich aus der jeweiligen Intention des Beraters auf den Ablauf und die Ergebnisse der Kommunikation mit dem »Sprecher« ergeben. Die Beispiele haben einen klinisch-therapeutischen Hintergrund.[9]

Diagnostisch-direktives Gespräch

Es handelt sich um ein Gespräch zwischen einem klinischen Psychologen (bezeichnet als Z wie Zuhörer) und einem Klienten (bezeichnet als S wie Sprecher). Das Hauptanliegen des Psychologen hier ist die psychologische Untersuchung des Klienten zwecks Erstellung einer Diagnose.

Z: Sie sind gekommen, weil Sie mit mir etwas besprechen möchten?
S: Ja, ich möchte einen Rat von Ihnen ...wissen Sie, ich habe zu Hause Schwierigkeiten. Ich würde ungern meiner Mutter wehtun, aber ich möchte mein eigenes Leben führen.
Z: Sie wohnen noch zu Hause?
S. Ja, wir wohnen zusammen.
Z: Mit den Eltern?
S: Nein. Mein Vater ist vor ein paar Jahren gestorben, und damit hat das ganze angefangen.
Z: Wie alt sind Sie?
S: Dreiundzwanzig. Und ich denke, dass ich genug alt bin, um mich zu verselbstständigen. Ich möchte meinen eigenen Weg gehen, und nicht immer von meiner Mutter abhängig sein. Nur weiß ich nicht, wie ich anfangen soll ...
Z: Es ist sehr schwirig, und es gibt eine ganze Menge von Leuten, die in derselben Situation sind, und sich gerne von ihren Eltern abkoppeln möchten. Sie haben genug von der Bevormundung, aber letztendlich schaffen sie es doch nicht, die Sicherheit und den Schutz des elterlichen Hauses aufzugeben.

---

9 Vrolijk, A. & Dijkema, M. & Timmermann, G. [1992]: Das nicht-direktive psychologische Gespräch. In: Vymětal, J. (Hrsg.): Psychoterapeutické sešity č. 52, Praha, S. 2–3, 7–8

S: Ja, ja ... ja. Das glaube ich ... Wissen Sie, ich weiß nicht, wie ich das machen sollte. Ehrlich, wir streiten uns nicht. Wenn wir uns richtig in die Wolle kriegen würden, das könnte der Anfang sein ... Dann könnte ich mich ärgern und ihr sagen, wie fest sie mich hält. Aber sie ist immer still und aufopferungsvoll ...
Z: Haben Sie schon irgendwann versucht, selbst einen Streit zu provozieren?
S: Nein ... Nein!
Z: Haben Sie Angst davor?
S: Ja ... Ich möchte ihr nicht weh tun, weil sie immer so nett zu mir ist. Sie versorgt mich, wäscht meine Wäsche, und kümmert sich um alles.
Z: Und darin besteht Ihre Abhängigkeit von ihr.
S: Ja, ja.
Z: Und weil Ihr Vater nicht mehr lebt, haben Sie nicht die notwendige Kraft und Selbstständigkeit, um ein eigenständiges und unabhängiges Leben zu führen.
S: Eigentlich weiß ich es nicht genau, wie stark ich von ihr abhängig bin. Zum Beispiel habe ich es bisher nicht versucht, allein zu wohnen. Eigentlich möchte ich es, aber habe keinen Mut, mit ihr darüber zu sprechen. Sie würde dann sagen: »Das Haus ist groß genug, ich verstehe gar nicht, warum du weg willst.«
Z: Ja. Sie haben schon immer Angst gehabt, sich zu verselbständigen.
S: Jetzt habe ich Angst, sie alleine zu lassen. Sie würde im Hause ganz alleine bleiben ... Sicher, ich könnte sie oft besuchen, ... aber ihr Sinn des Lebens wäre weg.
Z: Trotzdem sollten Sie versuchen, etwas wirklich Eigenständiges zu machen.
S: Ja, das sollte ich. Aber wie soll ich das machen? Ich kann doch nicht einfach sagen: »Tschüss, ich ziehe aus, ich will woanders wohnen und selbstständig leben.« Das schaffe ich nicht!
Z: Wenn Sie es nicht wagen, wenn Sie es nicht schaffen, einen eigenen Weg zu gehen, dann werden Sie noch mit 30 Jahren in der gleichen Situation sein, und es wird für Sie zunehmend schwieriger werden, etwas daran zu ändern.
S: Ja ... Wenn Sie das so sagen, bekomme ich Angst. Es hört sich schrecklich an.
Z: Es ist aber so, und deshalb sage ich es Ihnen offen und klar, dass es Ihnen bewusst wird. Eines Tages werden Sie diesen Schritt sowieso machen müssen.
S: Ach, das wird ungeheuer schwer für mich. Ich sehe schon ihre Augen und wie sie mit den Tränen kämpft ... Das wird sehr schwer für mich sein, daran festzuhalten ...

Kurzkommentar: Eine direktiv-diagnostische Intention wirkt sich so aus, dass ...

- der Berater direktiv-aktiv und der Klient reaktiv-passiv ist,
- der Berater das Thema vom Blickwinkel seiner Sichtweise und Erfahrung her bearbeitet,
- der Klient sein eigentliches Anliegen (ich erlebe und fühle mich handlungsunfähig ...) vom Berater nicht reflektiert bekommt und folglich sich nicht verstanden fühlen kann,
- der Berater Ratschläge gibt,
- der Klient mit den Ratschlägen nichts anzufangen weiß.

4.2 Methodische Grundlagen des beraterischen Handelns in der Heilpädagogik

Vor dem Hintergrund dieses Beispiels werden nun einige, leider nicht allzu selten in Gesprächen vorkommende, Reaktionen und Antworten von Beratern auf die Äußerungen des Ratsuchenden aufgelistet. Diese Art der Reaktion hat i.d.R. eine hemmende bzw. blockierende Wirkung auf das Empfinden, Denken und folglich auch auf das weitere Gesprächsverhalten des Ratsuchenden. Es ist also durchaus möglich, die unten stehenden Reaktionen und Antworten des Beraters auf die Äußerungen des Ratsuchenden als »Stolpersteine« des Beratungsgesprächs zu bezeichnen.

Nehmen wir an, eine Frau kommt in die Beratung und auf die Frage des Beraters, was sie veranlasste, zu ihm zu kommen, antwortet sie mit folgender Aussage: *»Mir geht es in der letzten Zeit schlecht. Ich fühle mich schwach und kann mich nicht aufraffen, die alltäglichen Dinge zu erledigen. Alles erscheint mir sinnlos ...«.* Als »Stolpersteine« des Gesprächs werden mit hoher Wahrscheinlichkeit diese Reaktionen bzw. Antworten des Beraters wirken:

- befehlen (z. B. »Das müssen Sie anders sehen!«),
- deuten, diagnostizieren, »in eine Schublade stecken«, (z. B. »Ihre Kraftlosigkeit und der fehlende Sinn des Erledigens von alltäglichen Angelegenheiten beweisen, dass Sie depressiv sind.«),
- herunterspielen (z. B. »Das ist nicht so schlimm, vielen geht es genauso.«),
- ausfragen, verhören (z. B. »Wo wohnen Sie?«, »Was machen Sie beruflich?«, »Sind Sie verheiratet?«),
- beratschlagen, Lösungen vorgeben (z. B. »Werden Sie aktiv, sonst klappt das mit den alltäglichen Dingen wirklich nicht.«),
- Vorwürfe machen (z. B. »Letzten Endes sind es die Menschen um Sie herum, die unter ihrer Kraftlosigkeit leiden.«),
- bewerten (z. B. »Nur schwache Persönlichkeiten bleiben im Loch Ihrer Kraftlosigkeit stecken.«),
- von sich reden, Ich-zentriert reagieren (z. B. »Für mich wäre es nicht denkbar, sich so gehen zu lassen und nichts dagegen zu tun.«),
- überreden (z. B. »Versuchen Sie, den Alltag zu meistern – Ihre Familie würde Ihnen dankbar sein. Und dafür lohnt es sich doch zu kämpfen, oder?«).
- warnen, drohen (z. B. »Wenn Sie nichts tun und sich nicht aufraffen, verlieren Sie nicht nur die Achtung vor sich selbst, sondern auch noch die Liebe und Beachtung Ihrer Angehörigen.«).
- dagegenhalten (z. B. »Das sehe ich anders – zu sagen: ›Ich kann nicht‹, ist doch nur eine Ausrede, um nichts tun zu müssen.«),
- Lebensweisheiten verbreiten (z. B. »Der Mensch ist doch dafür geschaffen, dass er an die Lebens- und Alltagsaufgaben aktiv herangeht und diese erledigt!«),
- verspotten, ironisieren (z. B. »Sie stellen sich wie ein trotziges Kind an, das sich der Aufgabenerledigung verweigert, um die Erwachsenen zu ärgern!«).

Die belastende und das Gespräch hemmende Wirkung dieser Reaktionen kann man gut in einem kurzen Rollenspiel erforschen und nachvollziehen: Eine Person äußert die Aussage der Ratsuchenden und eine andere Person erwidert darauf im Sinne der einzelnen o. a. Reaktionen. Anschließend reflektiert die erste Person, wie es ihr mit dieser Reaktion erging – ob sie sich verstanden und ernst genommen fühlte, welche emotionalen Regungen sie dabei spürte, was sie am liebsten darauf gesagt hätte und tun würde, ob sie bereit war, mit diesem Berater weiter zu reden u. Ä.

Die »Stolpersteine« des Gesprächs haben im Wesentlichen mit der Haltung des Beraters zu tun. So wie er sich selbst, die ratsuchende Person und ihr Thema sieht und bewertet, so reagiert er auf das, was diese sagt. Deshalb ist es auch interessant, wenn die Person, die in dem kurzen Rollenspiel als Berater wirkt, sich klar macht, welche Einstellung, Haltung und Bewertung zu den »Stolperstein-Antworten« führt.

Personzentriertes Gespräch

Es handelt sich um ein Gespräch zwischen einem klinischen Psychologen (bezeichnet als Z wie Zuhörer) und einem Klienten (bezeichnet als S wie Sprecher). Der Psychologe bemüht sich hier darum, die subjektive Erlebens-, Denk- und Handlungsweise des Klienten zu verstehen und ihm eine Rückmeldung darüber zu geben, was er verstanden hat.

Z: Sie sind gekommen, weil Sie mit mir etwas besprechen möchten?
S: Ja. Das war in der Tat eine plötzliche Entscheidung. Schauen Sie, ich rede nicht gern über mich selbst, ich bin eher ein in sich gekehrter Mensch ... Aber es gibt ein Problem, welches sich schon lange Zeit zieht, und ich kann damit nicht fertig werden. Und mit meinen Freunden möchte ich nicht darüber sprechen ... (beide schweigen einige Sekunden lang) ... Wissen Sie, ich war lange Zeit Seemann, und die Freundschaften aus dieser Zeit halten noch, aber alle Freunde sind auf dem See ... Ich arbeite jetzt als Maschinist ... schon seit 4 Jahren, und die Arbeit gefällt mir nicht so gut. Ich habe sie mir auch nicht ausgesucht; meine Frau wollte das ... Wissen Sie ich habe vor 5 Jahren geheiratet. Damals fuhr ich noch zu See. Das Seemannsleben gefiel mir ganz gut, und ich wollte dabei bleiben. Aber wegen meiner Frau war das nicht möglich. Ich war ... wissen Sie, das war ... ach ... alle meine Freunde waren von ihr so begeistert, wirklich. Sie ist nämlich sehr hübsch ... (beide schweigen einige Sekunden lang) ... So habe ich sie geheiratet, und fuhr weiter zur See. Dann war es aber schlimm. Sie schrieb mir traurige Briefe, die ich gar nicht verstanden habe. Ich wusste gar nicht, was sie will. Und es wurde immer schlimmer. Sogar Telegramme hat sie mir geschickt, dass ich zurückkommen soll. Wenn ich aber auf dem Schiff bin, kann ich nicht so einfach nach Hause zurück, weil für mich kein Ersatzmann da ist ... So habe ich gekündigt und kehrte nach Hause zurück.
Z: Hmm hmm.
S: Aber dann fing erst das richtige Leiden an. Meine Frau wollte von mir immer mehr, und wie ich das heute sehe, habe ich nur Opfer gebracht ...
Z: Ja ...
S: Aber das hat mich zunächst nicht so gestört, weil ich sie so sehr geliebt habe. Ich liebe ... etzt weiß ich es nicht mehr so genau ... Es ärgert mich, wenn ich zu

4.2 Methodische Grundlagen des beraterischen Handelns in der Heilpädagogik

Hause nichts darf. Wenn ich meine Pfeife rauche, schreit sie, dass die Gardinen stinken werden. Auch Schnaps muss ich geheim trinken ... Ich muss ... ach ...

Z: Also möchten Sie damit sagen: »Ich habe Opfer gebracht, aber wenn das so weiter geht und kein Ende nimmt, dann ...«

S: Ja, genau!

Z: Sie sagen sich: ich habe das Seemannsleben geopfert, das war sehr schwer für mich, und ich habe nicht richtig begriffen, warum das sein musste. Na gut, das haben Sie getan, aber jetzt kommt es Ihnen vor, als ob Sie kein eigenes Leben mehr hätten ...

S: Ja, so ist es.

Z: Es ist Ihnen nichts mehr geblieben.

S: Ja ...

Z: Ja ...

S: Und es ist absolut unmöglich, das meiner Frau zu erklären. Sie fängt sofort an, zu fauchen, verstehen Sie?

Z: Hmm hmm ...

S: Ich kann einfach mit ihr nicht darüber reden. Ich habe darüber nachgedacht, und das einzige, was ich machen kann, ist davonzugehen. Aber was dann? ... Dann werde ich genau dort sein, wo ich bereits vor 5 Jahren war ... auf der Straße. Und ich denke, dass für mich die Seefahrt auch nicht mehr so sein wird, wie früher ... Ich weiß nämlich, dass ich mir das heute schöner vorstelle, als es tatsächlich ist. Aber das ganze ist ein Problem vor allem deshalb, weil es zu Hause nicht mehr so gut ist, weil ...

Z: Hmm hmm ...

S: Ich weiß nicht mehr, was ich tun soll. Meine Arbeit gefällt mir immer weniger, ich ... ach ...

Z: Sie sagen sich: »So geht es nicht weiter, früher oder später kommt der Knall ...«

S: Ja!

Z: Auf der anderen Seite haben Sie Angst vor der Trennung und vor dem Gefühl, dass sie allein und mit leeren Händen dastehen würden: »Ich habe die Seefahrt gelassen, und nach all dem, was passiert ist, würde ich sie nicht mehr mit Freude machen können«.

S: Ja ... so ist das.

Z: »Ich bin wieder allein, frei, aber allein.« – und Sie spüren, dass die fünf Jahre eigentlich verlorene Zeit waren.

S: Ja. Und ich habe zwei Kinder, die ich sehr liebe, und sie mich auch. Sie sind noch klein ... Und das sind natürlich Dinge, die mich festhalten ... Auf der anderen Seite ist hier eine Reihe von Dingen, die ich nicht machen kann, obwohl sie mir wichtig sind, z. B. darf ich nicht in die Kneipe ... ich darf einfach nicht hingehen! ... (beide schweigen einige Sekunden lang) ... Deswegen habe ich ein unglaubliches Theater gehabt, sie hat mich aus der Kneipe rausgejagt und so ... Das ist schrecklich. Ich würde sehr gern nach einem Ausweg suchen, aber es geht nicht, mit ihr kann man gar nicht darüber sprechen ... (beide schweigen einige Sekunden lang) ... Ach ... ich kann das nicht, ich werde sofort wütend.

163

Z: Es ist schon so viel passiert ...
S: Das ist schrecklich.
Z: Zwischen ihnen steht mittlerweile so viel, dass Sie nicht einmal in Ruhe miteinander sprechen können.
S: Nein, das geht wirklich nicht mehr.
Z: Aber trotzdem haben Sie das Gefühl, dass etwas passieren muss.
S: Ja ... und dann habe ich sie geschlagen. Ich konnte mich nicht beherrschen und habe sie geschlagen ... Und dann zog ihre Mutter bei uns ein.
Z: Sie ist jetzt da wie ein Wachhund.
S: Ja, genauso ist es. Und jetzt ... es ist egal, was ich mache, alles ist falsch. Immer bin ich der Schuldige.
Z: Dann ist es so, dass Sie da eigentlich kein Zuhause mehr haben.
S: Ich werde höchstens geduldet, allerdings nur dann, wenn ich das mache, was die Schwiegermutter will ...

Kurzkommentar: Eine personzentrierte Intention trägt dazu bei, dass ...

- der Berater aktiv zuhört,
- der Klient aktiv ist, nachdenkt, seine Lage und Gefühle erforscht,
- der Berater nicht nach neuen Sachverhalten fragt, keine voreiligen Schlüsse zieht, weder bewertet noch beschwichtigt und auch keine Ratschläge erteilt,
- der Klient es hinbekommt, seine Situation zu reflektieren (»... Ich habe alles geopfert, und jetzt stehe ich nur mit Nachteilen da ...«), und er sich ihre Zusammenhänge bewusst machen kann,
- der Berater seine eigene Sichtweise gar nicht einbringt, sondern sich um das Verstehen der Erlebenswelt des Klienten bemüht und
- der Klient nach eigenen Schlüssen und Erkenntnissen suchen kann – in diesem Sinne ist er von der Meinung und eventuellen Lösungsvorschlägen des Beraters unabhängig.

Vor dem Hintergrund dieses Beispiels werden nun im weiteren Text einige hilfreiche Reaktionen und Antworten von Beratern auf die Äußerungen des Ratsuchenden aufgelistet. Diese Art der Reaktion hat infolgedessen eine fördernde und positive Wirkung auf das Empfinden, Denken und folglich auch auf das weitere Gesprächsverhalten des Ratsuchenden. Es ist also durchaus möglich, die unten stehenden Reaktionen und Antworten des Beraters auf die Äußerungen des Ratsuchenden als fördernde Elemente des Beratungsgesprächs zu bezeichnen. Sie werden hier an der gleichen Äußerung einer ratsuchenden Person dargestellt, die bereits bei den »Stolpersteinen« des Gesprächs verwendet wurde. Dies soll verdeutlichen, dass es in der Gesprächsführung nicht so viel auf die Aussage des Ratsuchenden, sondern auf die Reaktion des Beraters ankommt.

Nehmen wir also noch einmal an, eine Frau kommt in die Beratung und auf die Frage des Beraters, was sie veranlasste, zu ihm zu kommen, antwortet sie mit folgender Aussage: »*Mir geht es in der letzten Zeit schlecht. Ich fühle mich schwach und kann mich nicht aufraffen, die alltäglichen Dinge zu erledigen. Alles erscheint mir sinnlos ...«.* Als fördernde Elemente des Gesprächs werden mit hoher Wahrscheinlichkeit diese Reaktionen und Antworten des Beraters wirken:

- umschreiben, Gehörtes wiedergeben, paraphrasieren (z. B. »Es fällt Ihnen schwer, die Kraftlosigkeit zu überwinden und aktiv zu werden. Sie spüren, dass es notwendig wäre, aber Sie schaffen es nicht ...«),
- zusammenfassen (z. B. »Sie wissen nicht, was Sie tun sollen, um aus dem Loch der Kraft- und Sinnlosigkeit rauszukommen, und suchen Hilfe ...),
- Quintessenz klären, auf den Punkt bringen (z. B. »Wäre es Ihnen vielleicht doch möglich, das Eine oder Andere zu erledigen, wenn Sie darin einen Sinn fänden?«),
- nachfragen, Präzisierung erbeten (z. B. »Worin könnten Sie am ehesten einen Sinn erkennen? Versuchen Sie, das genau zu überlegen.«),
- Denkanstoß geben – »Was wäre, wenn ...« (z. B. »Ich frage mich gerade, was Ihnen bei den Alltagsverrichtungen als sinnvoll erscheinen könnte.«),
- Zwiespältigkeit der Lage ansprechen – »einerseits-andererseits« (z. B. »Einerseits sehen Sie die Notwendigkeit, die vielen Alltagsdinge zu erledigen. Andererseits sehen Sie sich nicht imstande, es zu schaffen.«),
- Gefühle ansprechen (z. B. »Sie möchten die vielen Alltagsdinge erledigen, aber erleben sich als jemanden, der sich zu schwach fühlt, um das zu schaffen.«).

Die positive Wirkung der das Gespräch fördernden Reaktionen kann man ebenfalls wie bei den hemmenden Reaktionen gut in einem kurzen Rollenspiel erforschen und nachvollziehen: Eine Person äußert die Aussage der Ratsuchenden und eine andere Person erwidert darauf im Sinne der einzelnen o. a. Reaktionen. Anschließend reflektiert die erste Person, wie es ihr mit dieser Reaktion erging – ob sie sich verstanden und ernst genommen fühlte, welche emotionalen Regungen sie dabei spürte, was sie am liebsten darauf gesagt hätte und tun würde, ob sie bereit war, mit diesem Berater weiter zu reden u. Ä.

Die gesprächsfördernden Antworten offenbaren (genauso wie die »Stolpersteine«) die Haltung des Beraters. So wie er sich selbst, die ratsuchende Person und ihr Thema sieht und bewertet, so reagiert er auf das, was diese sagt. Deshalb ist es auch interessant und relevant, wenn die Person, die in dem kurzen Rollenspiel als Berater wirkt, sich klar macht, welche Einstellung, Haltung und Bewertung sie zu den Gespräch fördernden Antworten führt.

Fazit: Die kommentierten Gesprächsbeispiele sowie die Angaben zu den hindernden und fördernden Reaktionen und Antworten ermöglichen nur eine Schlussfolgerung: Weder die diagnostisch-direktive Art noch die Reaktionen und Antworten à la »Stolpersteine« sind in Beratungsgesprächen erwünscht, und die beratenden Heilpädagoginnen und Heilpädagogen sollten auf ihre Verwendung verzichten.

Dagegen wirkt die personzentrierte Art auf den Ratsuchenden durchaus ermutigend und schafft eine Atmosphäre, in der sich das Gespräch entfalten kann. Folglich dürfte sie in der heilpädagogischen Beratung in den Rang eines methodischen »Grundstocks« erhoben und bewusst praktiziert werden.

Übungsmöglichkeiten

Die personzentrierte Gesprächsgestaltung lässt sich auf mannigfaltige Art und Weise üben. Sehr wichtig ist dabei die Reflexion der Übungsarbeit, aus der die Anregungen und Erkenntnisse für die weiteren Versuche hervorgehen. Für die Reflexion ist neben einem sachkundigen Berater auch die Gruppe der Übenden unverzichtbar. Im Hinblick auf die technischen Hilfsmitteln leisten ein Diktiergerät, ein MP3-Player, und eine Videokamera eine sehr effektive Unterstützung. Als hilfreich haben sich folgende Übungsformen gezeigt:

- sogenanntes Gesprächslaboratorium in einer Kleingruppe,
- Gesprächsanalyse mithilfe einer Tonaufnahme (Diktiergerät, MP3-Player u. Ä.),
- Arbeit mit einem Gesprächsprotokoll,
- Versuche, einfühlsam auf diverse Aussagen bzw. Mitteilungen zu reagieren,
- die Alltagskommunikation als Übungsfeld,
- Kommunikation und Interaktion in einer Gruppe.

Für alle Übungen gelten folgende Grundsätze:

- Die Schweigepflicht ist das oberste Gebot. Auch wenn es sich nur um Übungsgespräche handelt, sind ihre Inhalte Privatangelegenheit des »Sprechers«. Folglich darf über sie mit Dritten außerhalb der Übungsgruppe nicht gesprochen werden.
- Offenheit gegenüber den eigenen Fehlern und misslungenen Versuchen ist die wichtigste Voraussetzung für die Selbsterkenntnis und Selbsterfahrung der Übenden.
- Geduld und Ausdauer in der Kombination mit Gelassenheit und Vertrauen sowohl in die eigene Lernfähigkeit als auch in die Hilfe des Facilitators sowie der Unterstützung der Gruppe sind die wichtigsten Bedingungen der effizienten Übungsarbeit.
- Kein Mensch kann durchgehend und hundertprozentig personzentriert sein. Auch C. R. Rogers war es nicht (s. o.). Es gibt auch keine ideale personzentrierte »Technik«. Jeder Mensch kann nur auf seine persönliche Art personzentriert sein. Deshalb sollte es Ziel jeder/jedes Übenden sein, die eigene Form personzentrierter Kommunikation und Interaktion zu suchen und zu kultivieren, statt irgendetwas von anderen zu kopieren.

Gesprächslaboratorium mit Videoaufnahme

Zwei Übende sprechen miteinander. Der »Ratsuchende« teilt dem »Berater« etwas mit, was eine Bedeutung für ihn hat (z. B. was beschäftigt ihn gerade bzw. in den letzten Tagen besonders intensiv). Der »Berater« hat die Aufgabe, zu versuchen, das Befinden des »Ratsuchenden« im Kontext der Situation zu verstehen, und diesem darüber eine Mitteilung zu geben. Das Gespräch kann ca. 10–15 Minuten dauern und wird von der Kamera aufgenommen.

Anschließend wird die Aufnahme reflektiert (gegebenenfalls gemeinsam mit den Mitgliedern anderer Kleingruppen). Dabei sind insbesondere folgende Punkte wichtig:

- Hat der »Berater« verstanden? Welche Rückmeldung über das Verstandene hat er dem »Ratsuchenden« gegeben?
- Fühlte sich der »Ratsuchende« verstanden?
- Was war besonders hilfreich oder hinderlich für den »Ratsuchenden«, was für den »Berater«?
- Wo waren im Gesprächsverlauf kritische Punkte bezüglich der Echtheit, der Akzeptanz und der Empathie des »Beraters«?
- Was wurde den Übenden durch die Übung und ihre Reflexion über die eigene Haltung bewusst?

Gesprächslaboratorium mit Beobachter

Es geht hier um denselben Übungsverlauf wie in dem vorherigen Beispiel, nur dokumentiert anstatt einer Videokamera ein Beobachter, der den Verlauf sowie die Merkmale der Kommunikation zwischen den Übenden zwecks Reflexion notiert. Dabei geht es nicht um ein wortwörtliches Protokoll des Gesagten, sondern um das Festhalten der Art, wie der »Berater« auf die Aussagen des »Ratsuchenden« verstehend (verbal und nonverbal) eingegangen ist und wie diese Reaktionen bei diesem ankommen (z.B. die Verwendung von »Türöffnern«, nonverbale Äußerungen der Aufmerksamkeit durch Mimik, Kopfnicken u.Ä., aber auch z.B. die Unterbrechungen des Redeflusses durch den »Berater« sowie alles, was dem Beobachter als besonders hilfreich bzw. hinderlich während des Gesprächs auffällt). Die Ergebnisse der Beobachtung werden dann als Grundlage der Reflexion benutzt, die mit der gleichen Aufgabenstellung verläuft wie oben beschrieben.

Aufnahme eines Gesprächs

Der Übende nimmt ein Gespräch aus seinem Alltag mittels eines Diktiergeräts o.Ä. auf, und bringt die Aufnahme zwecks Reflexion in die Übungsgruppe. Die Aufnahme wird dann ähnlich wie die Videoaufnahme reflektiert. Sie ist auch ohne die visuelle Wahrnehmung hilfreich, weil sie nicht nur Worte, sondern auch die Merkmale der Stimme (Tonlage, Lautstärke, Tempo) und andere hörbare Gesprächsgegebenheiten (z.B. Schweigen o.Ä.) wiedergibt.

Bei allen Aufnahmen ist es erforderlich, vorher die Einwilligung des »Sprechers« zu erbitten. Auch wenn es um eine Übung geht, muss er mit der Aufnahme einverstanden sein. Wer diese Bedingung missachtet, umgeht oder das Gespräch sogar geheim aufnimmt, handelt gegen die ethischen Grundsätze der Gesprächsführung.

Arbeit mit einem Gesprächsprotokoll

Es gibt einige wortwörtliche Protokolle von Gesprächen, die C.R. Rogers oder andere erfahrene personzentrierte Berater und Therapeuten geführt haben. Diese Gesprächsprotokolle sind eine ergiebige Quelle von Anregungen. Sie zu lesen und einzelne Äußerungen des »Ratsuchenden« sowie die Reaktionen des »Beraters« auf sich wirken zu lassen, vermittelt einen Eindruck über die personzentrierte Arbeitsweise erfahrener Fachleute. Anschließend über diese Eindrücke zu diskutieren oder im Rollenspiel eigene Antworten und Reaktionen zu versuchen, ist eine gute Möglichkeit der praktischen Umsetzung der gewonnenen Anregungen.

Übung empathischer Reaktionen

Die Übenden haben die Aufgabe, auf die vorgesagten bzw. vorliegenden Äußerungen eines »Ratsuchenden« ihre eigenen einfühlsamen Verstehenserwiderungen zu geben. Sie können diese auch in einem kurzen Rollenspiel äußern. Die Versuche werden dann reflektiert, verglichen, diskutiert, auf ihre Wirksamkeit im Rollenspiel geprüft usw.

Alltag als Übungs- und Sensibilisierungsfeld

Im Alltag werden unzählige Gespräche entweder von den Übenden direkt geführt oder aber aus der Position eines Beobachters miterlebt (das kann genauso gut ein Streitgespräch mit der Schwiegermutter sein, wie das zufällig mitgehörte Gespräch zweier Tischnachbarn in der Gaststätte).

Sie bieten eine gute Möglichkeit, sich die Interaktion der Beteiligten durch die »Brille der Personzentriertheit« anzuschauen und zu lernen, die gelungenen sowie misslungenen, die hilfreichen sowie hinderlichen Reaktionen, Antworten, Erwiderungen usw. zu erkennen. Dadurch wächst die Sensibilität für die personzentrierten Elemente in der alltäglichen Kommunikation und folglich auch die Fähigkeit, die Gesprächsgestaltung bewusst im Sinne der personzentrierten Haltung anzugehen.

Die Gruppe als Übungsfeld

In der Gruppe der Übenden begegnen sich die Anwesenden »von Person zu Person«. Die bewusste personzentrierte Interaktion in der Gruppe erfordert und fördert zugleich die Ausbildung der entsprechenden Haltung und ermöglicht es den Gruppenmitgliedern, die Wirksamkeit dieser Haltung »am eigenem Leibe« zu erfahren. Dies kommt dann zustande, wenn

- im Kontext der sonstigen Übungsarbeit die Gruppenmitglieder im Beisein Anderer sich selbst reflektieren und von sich sprechen,
- jedes Mitglied der Übungsgruppe sein Anliegen zum Ausdruck bringen kann,

- die anderen Mitglieder sich um eine verstehende Haltung ihm gegenüber bemühen.

Dies zu erleben, ist eine intensive und prägende Erfahrung, die sich fördernd auf die Entwicklung aller Beteiligten auswirkt.

Zusammenfassung: Methodische Grundsätze personzentrierter Gesprächspraxis

Die bisherigen Erörterungen zu der personzentrierten Gesprächsführung weisen auf das hin, was in einem Beratungsgespräch hilfreich bzw. hinderlich ist. Dabei gilt: Nicht die Technik, sondern die Kongruenz, Akzeptanz und Empathie des Beraters machen die ermutigende und Orientierung fördernde Wirkung aus[10]. Abschließend lassen sich einige Grundsätze personzentrierter Gesprächsgestaltung herausarbeiten, die es sich in der Beratungspraxis lohnt zu beherzigen:

- Dem Ratsuchenden und seinen Mitteilungen/Äußerungen gehört die volle Aufmerksamkeit des Beraters. Dieser bekundet das durch sog. »Türöffner«[11] – kurze, inhaltlich unbestimmte, verbale Ausdrücke der Annahme, der Zuwendung und des Interesses (z. B. »Hm hm«, »Aha«, »Ach ja«, »Oh«). Zudem ergänzt er den Ratsuchenden während des Sprechens nicht und lässt ihn geduldig seine eigenen Worte und Ausdrücke finden. Versteht der Berater die Mitteilung des Ratsuchenden nicht, gibt er das offen zu (»Das verstehe ich noch nicht ganz ...«) und bittet um eine nochmalige Schilderung oder ein konkretes Beispiel.
- Der Ratsuchende bestimmt das Thema und das Tempo. Jeder Mensch hat seine eigene Art zu reden, zu denken, zu argumentieren ... Deshalb ist beim Zuhören Geduld gefragt. Auch das Schweigen ist ein wichtiger Bestandteil des Gesprächs. Es gibt beiden Seiten die Möglichkeit, in aller Ruhe zu fühlen, zu denken und zu formulieren. In diesem Sinne birgt das Schweigen den Keim der nächsten Äußerung in sich.
- Der Berater nimmt den Ratsuchenden ganzheitlich wahr – nicht nur das Gesagte, sondern auch die metakommunikativen Signale (Ton, Lautstärke u. Ä.) sowie die Körpersprache (Mimik, Gestikulation u. Ä.) sind wichtig. Er schließt von den Einzelheiten in der Mitteilung auf das Gesamtempfinden des Ratsuchenden und vergleicht Einzelheiten, um das Gesamtbild zu erfassen. Er versucht, sich in die Erlebniswelt des Ratsuchenden hinein zu versetzen (wie dieser fühlt, denkt und handelt), um seine subjektive Realität zu spüren. Dabei gilt sein Interesse dem Ratsuchenden als Person und nicht seinen Problemen, Symptomen oder Komplexen. Weder Lob/Zustimmung noch Kritik/Zweifel gegenüber dieser Erlebniswelt sind angebracht – die Aufgabe besteht darin, den Standpunkt des Rat-

---

10 Jeder Mensch offenbart seine Grundeinstellung überzeugend nur durch eigene Ausdrucksweise. Wer also bemüht ist, »es wie Rogers zu machen«, wirkt nicht echt. Ein »Anwender personzentrierter Gesprächstechnik«, der sich selbst als Person nicht zeigt, wird selten als Begleiter auf dem Weg zur Selbsterforschung angenommen.
11 Ein Begriff von Thomas Gordon.

suchenden und seine Sichtweise der Lage ohne Vorbehalte, Skepsis oder Kritik zu verstehen.
- Der Berater teilt dem Ratsuchenden mit, was er wahrgenommen und verstanden hat. Dabei nutzt er seine sprachliche Kreativität, indem er bei der Suche nach einer passenden Formulierung eigene Worte/Synonymen/Metaphern ... verwendet (paraphrasiert). Der Ratsuchende hat somit die Möglichkeit, die Rückmeldung des Beraters zu berichten, zu ergänzen, einzuschränken, zu bestätigen u. Ä., oder aber sie als nicht zutreffend abzulehnen (sog. Verifizierung). In diesem Klärungsprozess kann er seine eigene Situation besser durchschauen und ihre Zusammenhänge erkennen. Weder diagnostiziert der Berater den Ratsuchenden noch versucht er, seine Äußerungen zu interpretieren oder zu beurteilen. Ebenfalls nicht angebracht ist die Verallgemeinerung der geschilderten Lage (»Damit haben doch alle Leute Schwierigkeiten ...«). Trotz ähnlicher Problemlagen bei mehreren Personen ist die Erlebenswelt jedes einzelnen Menschen eine andere (sie ist eine von ihm, für ihn passend/viabel konstruierte) und lässt sich nur in ihrem individuellen Bedeutungsrahmen verstehen/erfassen.
- Der Berater löst die Probleme des Ratsuchenden nicht. Wenn jemand einschätzen kann, was der Ratsuchenden tun kann, dann er selbst. Ratschläge geben nur die persönliche Meinung wieder, aber darum geht es nicht (im Vordergrund steht doch das Verstehen). Ratschläge entmutigen, rufen Passivität oder aber auch Widerstand des Ratsuchenden hervor. Ebenfalls verbindet sich der Berater nicht mit dem Ratsuchenden gegen Dritte. Es ist nicht seine Aufgabe, für den Ratsuchenden Partei zu ergreifen, sondern ihn mit seiner Erlebenswelt zu verstehen.
- Diese Hinweise sind in der Beratung mit Menschen mit Behinderungen auf die jeweilige Situation anzupassen. Die Beratung von Menschen mit einer Sinnesbehinderung muss das Spezifische dieser Behinderung in den Kommunikations- und Interaktionsprozessen berücksichtigen, so dass z. B. die Beratung eines Menschen mit einer Hörbehinderung durch die Inanspruchnahme der Gebärdensprache oder mithilfe eines Gebärdensprachdolmetschers durchgeführt werden muss. Die Beratung eines Menschen mit einer sog. geistigen Behinderung müsste auf dem Hintergrund der Nutzung der »Einfachen Sprache« oder im Rahmen eines Peer-Counseling-Settings erfolgen etc.

4.3 Das Fachwissen als Gegenstand und Hintergrund der Beratungsaufgabe

In diesem Kapitel wird zuerst das heilpädagogische Fachwissen beschrieben, das eine Relevanz für die Beratungsaufgabe besitzt. Es handelt sich um die wesentlichen heilpädagogischen Themen, wie zum Beispiel Behinderung, Beeinträchtigung, Teilhabe, aber auch Disability Studies. Diese werden in dem ersten Punkt dieses

Kapitels recht ausführlich dargestellt. Anschließend werden die beratungsrelevanten Inhalte der Psychologie und der Medizin skizziert. Das Kapitel schließt ab mit einigen Hinweisen zu konkreten Vorgängen der heilpädagogischen Unterstützung im Rahmen dieser fachwissenschaftlichen Einbindung. Da die Inhalte zu juristischen und rechtlichen Grundlagen schon im ▶ Kapitel 3.1 ausführlich beschrieben wurden, wird hierauf nicht weiter eingegangen, obwohl sie auch zu den relevanten Begründungskontexten für die Beratungspraxis in der Heilpädagogik zu zählen sind.

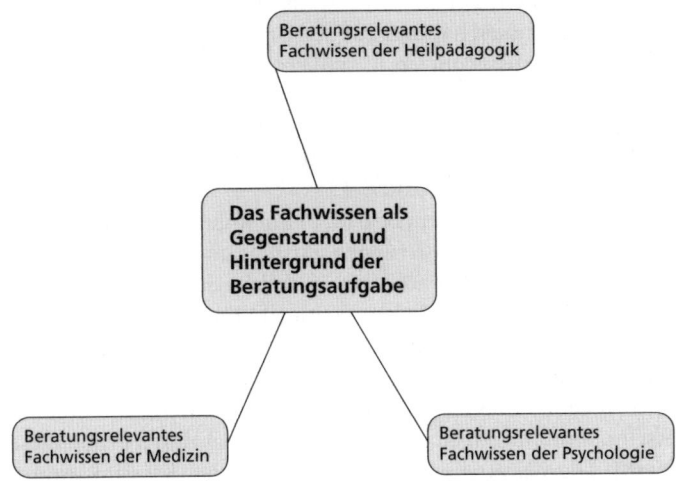

Abb. 17: Kapitel 4.3 – Inhaltliche Struktur

4.3.1 Beratungsrelevantes Fachwissen der Heilpädagogik

Die grundsätzlichen heilpädagogischen Begrifflichkeiten, die den Prozess einer Beratung tangieren, häufig aber auch fokussieren, sind unseres Erachtens folgende:

- der Begriff der Behinderung,
- die Begriffe und Begriffsbildungen zur Partizipation,
- Aussagen zur Vielfalt,
- die Disability Studies,
- Selbstbestimmung und Autonomie sowie
- zweckdienliche Aussagen zur Inklusion.

Sie werden im Folgenden näher beschrieben, weil auf ihnen die praxisrelevanten Aussagen zu Beratungsprozessen im Kontext der Heilpädagogik aufbauen (z. B. im Zusammenhang mit dem unterstützen Wohnen, der Hilfeplanung oder dem persönlichen Budget). Diese werden am Schluss dieses Kapitels beispielhaft skizziert.

Grundsätzlich lässt sich Behinderung als »sozial- und kulturwissenschaftliche Kategorie« (Dederich, 2009, 15) definieren. Dieses bedeutet, dass Behinderung nicht als Faktum der Person oder der Persönlichkeitsstruktur, sozusagen als pathologisierende Variable, anzusehen ist, sondern dass sie als sozial- und kulturwissenschaftliche Variable auf dem Hintergrund gesellschaftlicher Prozesse entsteht und konstruiert wird. Daher kann es auch eine allgemein anerkannte Definition von Behinderung nicht geben. Hierzu Dederich ausführlich:

»Ein wesentlicher Grund hierfür liegt darin, dass es sich um einen medizinischen, psychologischen, pädagogischen, soziologischen sowie bildungs- und sozialpolitischen Terminus handelt, der in den jeweiligen Kontexten seiner Verwendung unterschiedliche Funktionen hat und auf der Grundlage heterogener theoretischer und methodischer Voraussetzungen formuliert wird. Zu der Unklarheit trägt der metaphorische Gehalt des Begriffs ebenso bei wie sein ungeklärtes Verhältnis zu der teilweise angrenzenden, teilweise synonym verwendeten, teilweise ergänzenden Termini wie Krankheit, Schädigung, Beeinträchtigung, Gefährdung, Benachteiligung oder Störung.« (Dederich, 2009, 15)

Behinderung ist somit immer ein Begriff, der in hohem Maße unscharf ist und an den Grenzen semantischer Präzisierungen entsteht und operiert. Umgangssprachlich wird der Begriff der Behinderung in zweifacher Weise verwendet: »Als Bezeichnung eines Vorgangs und als individuelle Eigenschaft« (Gröschke, 2007, 100). Das Behindertsein und das Behindertwerden kommt hierbei in den Fokus der Betrachtung: Ein Mensch erscheint auf der individuell-medizinischen Ebene als behindert, wird jedoch durch gesellschaftliche Strukturen, Vorenthaltungen und Lernprozesseinschränkungen zu einem Menschen, der durch genau diese Prozesse behindert wird. Die Beschreibung der Internationalen Klassifikation der Funktionsfähigkeit von Behinderung und Gesundheit (ICF) geht darauf ein, indem sie sowohl die Körperfunktionen und -strukturen (also den eher individualbezogenen Bereich) als auch die Aktivitäten und Teilnahmemöglichkeiten eines Menschen (somit sein Dasein in und mit der Gesellschaft) beschreibt. Eine Behinderung wird dort von unterschiedlichsten pädagogischen, heilpädagogischen und anthropologischen Grunddimensionen betrachtet, welche es ratsam erscheinen lassen, Behinderung immer wieder als »pädagogische Aufgabe« aufzufassen und darzustellen (Bleidick, 1999). Die Entwicklungsfähigkeit eines Menschen sowie seine Lernfähigkeit sind in diesem Kontext ebenso zu beachten wie die Art und Weise wie er als Subjekt handelnd tätig wird (vgl.: Gröschke, 2007, 106/107).

Pädagogische und heilpädagogische Beratungsprozesse im Kontext von Behinderung haben sich somit nicht (vor allem) auf Defekt oder Schädigung, sondern immer wieder auf die Entwicklungs- und Lernfähigkeit sowie auf die konkreten Handlungsoptionen aller beteiligten Menschen zu beziehen. Das sogenannte Faktum (manchmal ist es aber auch nur ein Phantom) der Behinderung ist zwar als ein Hintergrund des Entwicklungszustands, aber nicht als der alleinige zu betrachten. Beratung in Kontexten von Behinderung erfordert also immer eine Fokussierung und Berücksichtigung von Entwicklungspotentialen und Möglichkeiten der Beteiligten. Diese sind als grundlegend anzunehmen und zu realisieren – im Sinne eines Entwicklungsmodells im Verlauf der Beratung. Darauf verweisen auch die Disability-Studies (hierzu wird im weiteren Punkt dieses Kapitels ausführlicher Bezug genommen).

Die Sichtweise »Menschen werden durch die Gesellschaft behindert« ist durchaus beratungsrelevant und stellt einen Deutungshorizont bereit, auf dem Behinderung als sozialwissenschaftliche Kategorie beschrieben werden kann: Die Prozesse, wie und wodurch Behinderung als Abweichung, als Stigma, als zu Rehabilitierendes, als in einer Gesellschaftsstruktur Eingebundenes dargestellt werden, müssen im jeweiligen individuellen Beratungskontext berücksichtigt werden (vgl.: Dederich, 2009, 20/21).

Gerade die aktuelleren Ansätze der Heil- und Behindertenpädagogik, die Stigmatisierungsprozesse, Interaktionen sowie die Verankerung des Menschen in materialistischen Gesellschaftsstrukturen andeuten, können das Verwobensein des behinderten Menschen in gesellschaftliche Prozesse, die Abhängigkeit seiner Problemstrukturen von diesen gesellschaftlichen Prozessen erklären. In jüngster Zeit haben vor allem der systemtheoretische sowie der konstruktivistische Zugang dazu beigetragen, die komplexen Phänomene des von Abhängigkeit geprägten menschlichen Seins in der Gesellschaft zu fokussieren und zu analysieren. Gerade bei der Auffassung von Behinderung als Konstrukt kann davon ausgegangen werden, dass jeder Mensch, das heißt sowohl der Mensch mit Behinderung in Beratungskontexten als auch die beratenden Personen als solche in ihrer jeweils »strukturellen Kopplung [...] mit anderen Individuen [...] ihre eigene Erfahrungs- und innere Lebenswirklichkeit[en] hervorbringen. Hierfür können keine objektiven Maßstäbe geltend gemacht werden, vielmehr erfolgt die Konstruktion nach dem Prinzip der Passung, dessen Ansatzpunkt die Ausgangsbedingungen des Individuums sind. Hierzu gehören auch körperlich-biologische Schädigungen. Diese werden aber nicht als prinzipielle Begrenzung der Individualentwicklung verstanden, da diese auch von Randbedingungen abhängig ist. Schädigungen bedingen also nicht kausallinear die Weiterentwicklung, sind aber ein zentrales Element bei der zugleich auf Autonomie und struktureller Kopplung beruhenden Formierung einer kognitiven und psychosozialen Individualität« (Dederich, 2009, 27/28).

Konstruktivistisch betrachtet ist Behinderung eine Beobachterkategorie – der Beobachter erschafft die Welt und nimmt sie wahr. Des Weiteren stellt sich Behinderung als Prozess der Konstruktion von Wirklichkeit dar, die durch strukturell gekoppelte Systeme erfolgt. Diese beschreiben auf einem konsensuellen Weg gemeinsame, und nur für diesen Moment der Kooperation und Kommunikation existierende Wirklichkeitsdeutung, an der sie sich (zumindest vorläufig) einigen. Letztlich ist Behinderung durch die Konstruktion der von außen dazukommenden Beobachter »als Schädigung beschreibbar, die als Ausgangsbedingung, nicht aber als unabänderliche Tatsache aufgefasst wird« (Dederich, 2009, 28).

Behinderung stellt sich also systemisch-konstruktivistisch als Prozess einer entwicklungslogischen und entwicklungsoffenen Bestimmung dar, die deutlich von den sie bedingenden Variablen der Gesellschaft sowie von weiteren Kontexten (wie Familie, Partnerschaftsbeziehung etc.) abhängig ist. In diesem Sinne, d. h. als ein weiterer möglicher Kontext kann auch die Beratung als solche wirken.

Die konstruktivistische Begründung des Begriffs Behinderung darf nicht darüber hinwegtäuschen, dass die Situation kompliziert ist – haben doch weitere Theorien in den jüngsten Jahren eine exakte Beschreibung dieses Begriffes nahezu verunmöglicht. Behinderung behält folglich weiter seinen metaphorischen, sozialrelationalen und sozial-normativen Charakter. Auch wenn sie kaum als beschreibender Grundbegriff der Heil- und Behindertenpädagogik gedacht werden kann, besitzt sie doch etwas Einigendes – nämlich die Relativität bzw. Relationalität des Phänomens »Behindert sein bzw. werden« (vgl.: Dederich, 2009, 36/37; Gröschke, 2007, 101/102). Folglich kann Behinderung nur im Rahmen der Begegnungsmöglichkeiten aller beteiligten Personen gedeutet werden – und zwar auch in jeder Beratungssituation.

Ein weiterer für die Beratungsaufgabe innerhalb der Heilpädagogik relevanter Begriff ist die Teilhabe bzw. Partizipation. Sie stellt das übergeordnete Anliegen des heilpädagogischen Handelns dar, und folglich zielt auf sie in hohem Maße auch die beraterische Unterstützung in heilpädagogischen Arbeitsfeldern ab. Gleichwohl ist auch der Begriff der Partizipation nicht eindeutig fassbar. Er erscheint als »Sammelsurium, hinter dem sich unterschiedliche und zum Teil widersprüchliche Bedeutungen verbergen. Partizipation wird häufig synonym mit den Begriffen Teilnahme, Teilhabe, Beteiligung oder Mitbestimmung verwendet [...]« (Prosetzky, 2009, 88). Ob es in der Umsetzung der Partizipation hierbei um ein Mehr an Partizipation, also ein Mehr an Teilgabe und Demokratie, oder um eine Verbreiterung dieser Partizipation geht, ist in den Theorien hierzu häufig nicht konkret ausgewiesen (vgl.: Prosetzky, 2009, 89). Trotz der Ambivalenz dieser Begrifflichkeit, welche sich auch in den unterschiedlichen Fassungen in der Beschreibung der Weltgesundheitsorganisation wiederfinden lässt, so zum Beispiel in den Fassung der ICDH I, II und der ICF (vgl.: Prosetzky, 2009, 90), wird der Begriff der Partizipation in den letzten Jahren als ein leitender Grundbegriff für heil- und behindertenpädagogisches Handeln genutzt.

Der Mensch mit einer Behinderung (die durch die Gesellschaft konstruiert und durch eigene Beschaffenheit bedingt ist) soll also im Hinblick auf ein menschliches Leben an eben diesem Leben teilhaben können. Teilhabe impliziert ein positiv konnotiertes Dabeisein aller Beteiligten im Rahmen bestimmter gesellschaftlicher Verfügungs- und Bedingungsmomente. Beratungsprozesse verfolgen u. a. im hohen Maße auch dieses Ziel. In einer schwierigen Krisen- und Problemsituation soll der Mensch mit Behinderung und seine nähere Umgebung (i. d. R. seine Familie) dahingehend beraten werden, dass seine Partizipation am gesellschaftlichen (und damit auch wirtschaftlichen) Leben, an den Strukturen des gesellschaftlichen Netzwerkes (wieder) möglich wird. In den letzten Jahren ist der Begriff der Partizipation in einen neuen Kontext gestellt worden – es geht um eine Erweiterung bzw. sogar um eine radikale Neukonstruktion der Partizipation: die Inklusion.

Der Begriff der Inklusion wird in vielfältiger Hinsicht so unterschiedlich begründet, beschrieben und konnotiert, dass es nicht möglich ist, diese Auffassungen im Rahmen dieser kurzen Skizze wiederzugeben (vgl. hierzu ausführlich: Dederich/Greving/Mürner/Rödler, 2006). Nichtsdestotrotz können hier einige grundlegende Annahmen und Postulate zur Inklusion benannt werden. Kersten Reich beschreibt fünf Standards, die für eine gelingende Inklusion als erforderlich erscheinen (vgl.: Reich, 2012, 54–90):

- *Ethnokulturelle Gerechtigkeit* ausüben und *Antirassismus stärken*. Menschen aller Rassen aller Nationen sind in gemeinsame Lern- und Bildungsprozesse einzubeziehen. »Ethnokulturelle Gerechtigkeit bedeutet [...] aber auch, dass sich die jeweiligen Mehrheitskulturen einer Gesellschaft Rechenschaft darüber ablegen, inwieweit sie aus dem historisch überkommenen Konstruktionen, z. B. den Zuschreibungen nach Geschlecht, Hautfarbe, Land- oder Stadtherkunft, Hochsprache oder Dialekt etc., und den in ihnen oft subtil verborgenen Rassismen bewusst aussteigen können. Hier ist es besonders wichtig, im Kontext der eigenen Kultur die Geschichte dieser Kultur mit ihren ethnischen Ausgrenzungen intensiv zu studieren und die Wirkungen bis in die Gegenwart zu reflektieren« (Reich, 2012, 57). Da es die Beratung in heilpädagogischen Kontexten sehr häufig mit Menschen mit Migrationserfahrungen zu tun hat, ist dieses Postulat nicht hoch genug einzuschätzen.
- *Geschlechtergerechtigkeit* herstellen und *Sexismus ausschließen*. Die Wahrnehmung von Menschen als Mann sowie als Frau im Kontext einer gleichbleibenden und gerechten Begleitung ist hierbei eine nicht hintergehbare Basis. Auch sind hierbei Menschen mit einzubeziehen, die über andere als die landläufig bekannten Geschlechtsorientierungen verfügen, also als Lesben, Schwule, homo- und bisexuelle, sowie als Menschen, welche als Transsexuelle bzw. als transgenderorientierte Personen leben.
- *Diversität* in den sozialen Lebensformen *zulassen* und *Diskriminierungen* auch in sexuellen Orientierungen *verhindern*. Da sich das Gesellschaftssystem in der sogenannten Postmoderne hoch diversiv entwickelt hat, ist eine Akzeptanz, ja eine Anerkennung und Teilhabe unterschiedlichster sozialer Lebensformen relevant. Wie zum Beispiel Familie, Religion, Beruf und Bildungsprozesse gelebt werden, erscheint in der modernen Gesellschaftsstruktur in hohem Maße von Diversität gekennzeichnet zu sein. Ein Beratungsprozess im Rahmen heilpädagogischer Handlungsfelder hätte somit diese unterschiedlichen Lebensformen zu akzeptieren und in den Beratungskontexten nicht normativ vorzugehen (▶ auch Kap. 1 und 2).
- Die *sozio-ökonomische Chancengerechtigkeit* muss erweitert werden. Menschen mit Behinderungen bringen unterschiedliche Kompetenzen mit, welche dazu dienlich sein müssen im Hinblick auf ihr Einkommen eine Erweiterung eben dieses nach sich zu ziehen. Gerade die Prozesse der Arbeit von Menschen mit Behinderungen sind noch weit davon entfernt, als inklusive Prozesse gestaltet zu werden (vgl.: Grampp/Hirsch/Kasper/Scheibner/Schlummer, 2010). Eine Inklusion, welche somit und folglich nur den Schulbereich meint, verpasst schon grundlegend das Ziel einer inklusiven, das heißt in diesem Falle teilgebenden und teilhabenden Orientierung in allen Lebensphasen und Lebensbereichen.
- Als (bestimmt nicht nur) Letztes: Die Chancengerechtigkeit von Menschen mit Behinderungen herstellen. Der Prozess der Kategorisierung, Klassifizierung und Konstruktion von Behinderung muss in allen gesellschaftlichen Prozessen deutlich werden. Beratung hätte damit darauf hinzuwirken, dass es zu einer differenzierten Sichtweise des jeweiligen Gewordenseins des Menschen mit einer sogenannten Behinderung im Rahmen seines Handlungsfeldes und seiner

Lebensfelder kommt. Eine lebenslauf-orientierte Begleitung (somit über die Frühförderung und Schule hinaus in den Bereich des Wohnens und Arbeitens, ja sogar der Begleitung von alt werdenden Menschen mit Behinderung tätig werdend) hätte dafür Sorge zu tragen, dass eben diese Teilhabe in allen Funktions- und Lebensbereichen stattfindet. Unterschiedlichkeit, Diversität ist als »Normalfall der Gesellschaft und nicht als Störbild« (Reich, 2012, 85) zu betrachten. Die Zusammenarbeit unterschiedlichster Organisationsformen im Rahmen der Behindertenhilfe hätte somit einen Netzwerkcharakter aufzuweisen, in dem auch die mannigfachen Konstruktionsmechanismen dieses Netzwerks deutlich werden, sie müssten im Rahmen der beratenden Prozesse immer auf Inklusion zielen.

Inklusion wird auch zu einem Instrument für eine Gesellschaftsanalyse, um Faktoren der Exklusion zu beschreiben und im Rahmen der hier skizzierten fünf Standards bzw. Forderungen zu modifizieren; oder, um es abschließend mit den Worten von Kersten Reich zu sagen: »Inklusion ist umfassender als das, was man früher mit Integration zu erreichen meinte. Sie ist ein gesellschaftlicher Anspruch, der besagt, dass die Gesellschaft ihrerseits Leistungen erbringen muss, die geeignet sind, Diskriminierungen von Menschen jeder Art und auf allen Ebenen abzubauen, um eine möglichst chancengerechte Entwicklung aller Menschen zu ermöglichen.« (Reich, 2012, 39)
Eng verbunden mit dem inklusiven Anliegen der heilpädagogischen Beratungstätigkeit bzw. einer Inklusion im Rahmen gesellschaftlicher Veränderungsprozesse ist der Begriff der »Vielfalt«. Die Anerkennung dessen, was im menschlichen und gesellschaftlichen Leben als vielfältig erscheint, bildet »ein grundlegendes Motiv in der Ethik der Behindertenpädagogik« (Prengel, 2009, 105). Es müsste angestrebt werden, dass die Vielfalt, also auch die mit diesem Begriff häufig verbundene Heterogenität, Differenz bzw. Diversität (s. o.), von allen Gesellschaftsmitgliedern wertgeschätzt wird. Mehr noch: Eine inklusive Gesellschaft ist eine Gesellschaft, in der Vielfalt als grundlegende Lebenskategorie aller Gesellschaftsmitglieder anerkannt und auf diesem Hintergrund in allen Situationen gehandelt wird.
Folglich müssten die beratenden Prozesse in der Heilpädagogik u. a. auch die unterschiedlichsten Lebensformen und Lebensmöglichkeiten fokussieren, die in einer Gesellschaft vielfältig gelebt werden können (s. o.).
Wird (irgendwann) die Behinderung im Kontext von Inklusion als normaler, aber natürlich verschiedener und zum Teil auch fremd anmutender Teil von Gesellschaft positiv konnotiert und bejaht, können dann die Lebensformen von Menschen mit Behinderung als zur kulturellen Vielfalt gehörig betrachtet werden. In dem Moment »... wird Behinderung als bereichernd gedeutet. Diese Deutung scheint den mit Behinderung oft verbundenen und keineswegs frei gewählten Leiderfahrungen Hohn zu sprechen. Beide, die Perspektive der Bereicherung und die Perspektive des Schmerzes, sind wesentlich für die Auseinandersetzung mit Behinderung und unverzichtbar für die Pädagogik der Vielfalt (...)« (Prengel, 2009, 109).
Vielfalt bedeutet aber auch, dass alle Menschen mit unterschiedlichsten (subjektiv wie gesellschaftlich bedingten) Anforderungen konfrontiert werden, welche ihr Leben bedingen. Diese Anforderungen könnten bei Menschen mit Behin-

derungen dazu führen, dass sie an ihnen zerbrechen. Um diese Gefahr zu verringern, hätte eine heilpädagogische Beratung dazu beizutragen, zwischen den gesellschaftlichen Prozessen und Anforderungen sowie denjenigen der Inanspruchnahme dieser Prozesse von Menschen mit Behinderung zu vermitteln. In diesem Sinne kann die Beratungsaufgabe in der Heilpädagogik nie nur individuell orientiert wahrgenommen werden, weil sie immer in Gesellschaftsstrukturen eingebunden und auf diese (z. T. rückwirkend) orientiert ist.

Eine hohe Relevanz kommt in diesem Kontext dem Begriff der Selbstbestimmung bzw. der Autonomie zu. Im Kontext inklusiver und vielfältiger Prozesse sowie der Diversität unterschiedlicher Wirklichkeitskonstrukte und -wahrnehmungen ist jeder Mensch als selbstbestimmt und autonom zu betrachten. Folglich müssen Strukturen geschaffen werden, in denen selbstbestimmt und autonom gelebt werden kann. Diese Faktoren, Verläufe und Ziele »bleiben für Menschen mit Behinderung nur dann eine Errungenschaft der Moderne, wenn sie nicht den ökonomischen Interessen der Sozialpolitik geopfert werden. Darum muss die Diskussion um Selbstbestimmung immer auch anthropologisch geführt und mit einer ›Ethik der Anerkennung‹ [...] verbunden werden« (Fornefeld, 2009, 187). Selbstbestimmung erscheint hierbei nicht nur als das Sagen und Darlegen von Bedürfnissen, sondern sie ist ein grundlegendes Apriori der Bildungs- und Lernfähigkeit eines jeden Menschen. »Selbstbestimmung und Bildung bedingen sich also wechselseitig. Darum ist Selbstbestimmung ein Leben lang Arbeit an sich selbst [...]« (Fornefeld, 2009, 187). Demnach muss die Beratungsaufgabe in der Heilpädagogik auch auf die Förderung und Wahrung der Autonomie und der Selbstbestimmung ausgerichtet sein, so dass es zu einer selbstbestimmten und autonomen Entwicklung im Rahmen von Beratungsprozessen kommen kann.

All diese Prozesse sind in den letzten Jahren zusammengeführt worden im Rahmen der Studien über Behinderung im Kontext von Gesellschaft, also in den sogenannten Disability Studies. Diese beschäftigt sich mit der Frage, warum sowohl historisch als auch sozial-kulturell eine Gruppe, besser: eine Randgruppe, wie die Menschen mit Behinderung, überhaupt konstruiert wird (vgl.: Waldschmidt, 2009, 125). Grundlegend geht es den Disability Studies darum, auf dem Hintergrund einer internationalen und interdisziplinären Forschungsperspektive das individuelle Modell von Behinderung zu überwinden. »Die Disability-Studies haben zwei eigene Konzeptionen entwickelt, nämlich ein ›soziales Modell‹ und ein ›kulturelles Modell‹ von Behinderung. Alle drei Ansätze werden benötigt, um die Komplexität des Behinderungsgeschehens zu verstehen. Neben dem sozialen Behinderungsmodell und der kulturwissenschaftlichen Ausrichtung zeichnen sich die Disability-Studies dadurch aus, dass sie in engem Kontakt zu den sozialen Bewegungen behinderter Menschen stehen. Als Wissenschaftsprojekt setzen sie sich für eine Zukunftsgesellschaft ein, in der nicht behinderte und behinderte Menschen gleichberechtigt miteinander leben und ›Behinderung‹ als Ausgrenzungskategorie überflüssig geworden ist« (Waldschmidt, 2007, 167).

Die Disability-Studies realisieren somit eine Forschungsperspektive, in der und durch die die Begrifflichkeiten der Vielfalt, der Autonomie, der Inklusion sowie der Behinderung in einen gesellschaftlichen Forschungskontext hineingenommen werden. Dieses führt im besten Fall dazu, dass es zu einer Emanzipation der beteiligten

Menschen mit Behinderung kommt, dass ihr Gewordensein im Kontext der gesellschaftlichen Konstruktionsprozesse von Behinderung deutlich wird. Im Rahmen der Disability-Studies wird Behinderung somit genutzt, um Reflexionsprozesse über Gesundheit und körperliche Unversehrtheit, über Abweichungen und Normalität, über Subjektstatus und Individualität sowie über Identität, Autonomie, Vernunft, Menschenwürde, Integration, Inklusion, Gleichheit, Solidarität und Demokratie zu reflektieren (vgl.: Waldschmidt, 2009, 132).

Es ist durchaus vorstellbar und sinnvoll, auch die Beratungskonzepte in der Heilpädagogik durch die Forschungsperspektive der Disability-Studies zu betrachten. Dieses würde bedeuten, die Konstruktion des Beratungsgeschehens schon als solche in den Blick zu nehmen, um die Vorgänge, die zur Beratung hingeführt haben bzw. sich aus dem Beratungsgeschehen ergeben, als gesellschaftlich entstandene und bedingte Prozesse zu verstehen. Dieses würde allen Beteiligten die Möglichkeit einer wesentlich freieren Gestaltung von Beratung zuteil werden lassen, als dieses mit einem (zurzeit sicherlich häufig praktizierten) individualpädagogischen Blick versucht wird. Heilpädagogische Betrachtung einer gesellschaftlichen Konstruktion von Behinderung stellt zwangsläufig auch die Konstruktionsprozesse im Rahmen der Beratung auf den Prüfstand und versucht inklusive, vielfältige und autonome Handlungsmöglichkeiten abzuleiten, vorzuhalten und auszuhandeln.

Ausgehend von diesen Variablen des Umfelds, in dem heilpädagogische Beratung konzeptionell stattfindet, können nun weitere Konkretisierungen der Beratungsprozesse benannt werden:

Es dürfte klar geworden sein, dass Beratungsprozesse folglich immer auf eine soziale Netzwerkförderung bzw. auf die Modifikation von Umwelten spezifiziert sind (vgl.: hierzu: Franz/Lindmeier/Ling, 2011, 100–109). Die an der jeweiligen Person im jeweiligen Kontext orientierten heilpädagogischen Hilfen im Rahmen von Beratungsprozessen sind eingebunden in die Verläufe der Entwicklung von Netzwerken und Umwelten. Neben der Betrachtung des Individuums (so wie dieses zum Beispiel in der Ermittlung des Hilfebedarfs in der individuellen Lebensgestaltung nach Metzler vorgenommen wird) muss immer auch eine solche Hilfe konzipiert werden, die weit über das Individuelle hinausgeht und die Person im jeweiligen Umfeld verortet (sieht). Hierzu kann auch die Form des sogenannten Peer-Counselings herangezogen werden, in dem Menschen mit Behinderung Menschen mit Behinderung beraten.

Die Erschließung und Förderung der Ressourcen des sozialen Umfeldes aller Beteiligten müsste daher in die heilpädagogischen Beratungsprozesse eingebunden werden. Diese Einbindung sozialer Netzwerke ist als eine wichtige Option zur Erweiterung der Handlungsvollzüge von Menschen mit und ohne Behinderung zu betrachten: »Auf dieser Grundlage können Interventionen aufbauen, die nicht nur Belastungsursachen und direkt betroffene Personen zum Ziel haben, sondern gerade die persönlichen Netzwerke selbst sowie regionale und sozialpolitische Strukturen berücksichtigen [...]. Auf der individuellen Ebene steht der Mensch mit seiner Bewertung der eigenen Lebenssituation und seiner Einschätzung der ihm zur Verfügung stehenden Unterstützungsleistungen im Mittelpunkt. Diese Prägung durch eine Sichtweise des Menschen als aktiven Gestalter seiner Lebenswelt und die Perspektive auf Veränderungspotentiale des Umfeldes durchbricht die anbieterdominierte Sichtweise und Legitimation professioneller Dienstleistungen [...]« (Franz/Lindmeier/Ling, 2011, 105).

Die personorientierte Hilfeleistung einer Beratung im Kontext heilpädagogischer Handlungsfelder hat in ihrer Eingebundenheit in das soziale Umfeld bzw. in ein soziales Netzwerk die dort existierenden unterschiedlichen Vernetzungsstrukturen und Ressourcen zu berücksichtigen und in Anspruch zu nehmen. Die Komplexität dieser Strukturen muss für Menschen mit Behinderung bzw. ihre Bezugspersonen verdeutlicht und nutzbar gemacht werden. Die schon weiter oben angesprochenen Lern- und Bildungsprozesse sind hierbei nicht gering zu schätzen, da die Wahrnehmung von Netzwerkstrukturen für alle Beteiligten an eben diese Bildungsprozesse gebunden ist. Beratung ist also als lebenslauforientiertes Phänomen wie auch als lebenslaufbegleitende Konzeption zu denken und zu realisieren.

Abschließend können hierzu vier Momente benannt werden, unter denen den Personen in beeinträchtigten Lebenslagen im Rahmen der Vernetzung von personorientierten Hilfen, sozialer Netzwerkförderung und Umweltkonzepten eine Partizipation in der Gesellschaft ermöglicht werden kann. Auch hier beziehen wir uns auf Franz/Lindmeier/Ling (vgl.: 2011, 107):

Es erscheint selbstverständlich, dass von den Stärken und Ressourcen einer Person auszugehen ist. Das altbekannte und Paul Moor zugeschriebene Bonmot nicht von den Fehlern auszugehen, sondern für das Fehlende zu agieren, wird hier noch einmal heilpädagogisch relevant und deutlich. Des Weiteren wird es wichtig, positiv erlebte soziale Kontakte aller Beteiligten zu fördern, da Entwicklung in Interaktion und Kommunikation, d. h. innerhalb der dialogischen Prozesse stattfindet. Auch eine Erweiterung der Umweltbedingungen ist wichtig, da Menschen mit Behinderung sich häufig bzw. vor allem in reduzierten Umweltbedingungen erfahren. Anders formuliert: Bildung bei Menschen in beeinträchtigten Lebenslagen verlangt nach einer didaktisch und pädagogisch gut begleiteten erweiterten Umwelt. Letztlich geht es auch darum, wirklich alle Menschen in diese Prozesse einzubinden, also Menschen mit hohem Hilfebedarf und problematischen Verhaltensweisen hierbei nicht auszuklammern. Gerade sie sind ein Gradmesser des Gelingens, wenn es um die Umsetzung der Ideen von Teilhabe und Inklusion geht. Die Beratungsaufgabe in heilpädagogischen Tätigkeitsfeldern vollzieht sich daher nicht nur in einem Gemeinwesen, sondern zielt immer auch auf eine Modifikation dieses Gemeinwesens ab. In diesem Sinne ist die heilpädagogische Beratung sowohl auf das Individuum als auch auf die Umwelt bezogen, wobei sie immer auch gesellschaftspolitisch, bildungspolitisch und berufspolitisch wirkt. Durch ihre Interventionen nimmt sie verändernden Einfluss nicht nur auf die konkrete Situation der ratsuchenden Menschen und ihr nahes soziales Umfeld, sondern darüber hinaus immer auch auf den Gemeinwesenraum, in dem die zu Beratenden und ihre Kommunikations- und Interaktionspartner leben. Die Wahrnehmung der Beratungsaufgabe ist also immer auch eine sozialpolitische Tätigkeit im Rahmen heilpädagogischer Handlungsfelder.

Als ein konkretes Beispiel für den Bereich, in dem Beratungen stattfinden, lässt sich die individuelle Hilfeplanung im Hinblick auf das unterstützte Wohnen für Menschen mit einer geistigen Behinderung betrachten (vgl.: Niediek, 2010). Ein anderes Beispiel stellen die Beratungsprozesse im Rahmen des persönlichen Budgets dar (vgl.: Meyer, 2011; Lachwitz, 2011, 192–197). Bei diesbezüglichen Beratungen ist es wichtig, dass die heilpädagogisch Tätigen sich auf die wissenschaftlichen Untersuchungen zu diesen unterschiedlichen Planungsprozessen beziehen. Hier ist eine entsprechende Fort- und Weiterbildung der beratenden Fachpersonen unumgänglich. Dabei sind sowohl die individuelle Hilfeplanung als auch die Realisierung eines persönlichen Budgets als diskursive Momente zu betrachten, die in jedem Kontext, in jeder Kommune, in jedem Bundesland gegebenenfalls neu auszuhandeln sind und hier immer wieder unterschiedliche Veränderungsprozesse bedingen. Ebenfalls hier wird deutlich, dass heilpädagogische Beratung immer an den Grenzen zur Sozialpolitik operiert, indem sie auch die sozialpolitischen Themen und Hintergründe fokussiert und auf sie einwirkt. Grafisch lassen sich die Erläuterungen wie folgt darstellen:

Abb. 18: Heilpädagogische Grundthemen und -begriffe im Kontext der Beratung

4.3.2 Beratungsrelevantes Fachwissen der Psychologie

Heilpädagogisches Handeln umfasst traditionell die Erziehung und Bildung unter erschwerten personalen und sozialen Bedingungen. Folglich war es defizit- und problemorientiert und auf das Individuum ausgerichtet. Im Kontext der Überwindung der störungs- und behinderungsspezifischen Aufteilung heilpädagogischer Theorie und Praxis zu Gunsten einer Fokussierung von Lebenswelt, Lebensperioden, Ressourcen und Teilhabe sowie Orientierung an Lösungsmöglichkeiten und an Systemzusammenhängen kam es in den letzten 20 Jahren zu einem Paradigmenwechsel. Heute betont die Heilpädagogik, dass sie nicht (mehr) die Defekte fokussiert, weil sie ressourcenorientiert ist. Dem kann weitestgehend zugestimmt werden.

Dies ist auch in der aktuellen heilpädagogischen Literatur erkennbar. So werden z. B. im Lehrbuch »Spezielle Heilpädagogik« nicht mehr die »klassischen« Behinderungsarten wie Körperbehinderung, geistige Behinderung, Sinnesbehinderung (Blindheit/Sehbehinderung, Taubheit/Schwerhörigkeit), Sprachbehinderung oder

4.3 Das Fachwissen als Gegenstand und Hintergrund der Beratungsaufgabe

Verhaltensstörung dargestellt und handlungsmethodisch »aufbereitet«. Die dort begründete Heilpädagogik versteht sich als handlungsfeldorientiert, d. h. auf Personengruppen ausgerichtet, die ihr Dasein von beeinträchtigten Lebenslagen und Lebenssituationen soweit belastet sehen, dass dadurch ihre Teilhabe an Bildung, Wohnen, Arbeiten, Freizeit und sonstigem gesellschaftlich-kulturellen Geschehen eingeschränkt ist. Also stellen die Autoren dort die heilpädagogische Unterstützung in aktuellen und zukünftigen Handlungsfeldern vor: Kinder und Jugendliche mit Behinderung, erwachsene Menschen mit Behinderung, Familie und Kinder mit Erziehungsproblemen, Menschen mit seelischer Belastung/Verletzung, alte Menschen mit Demenzerkrankung sowie last but not least: die Bildung im Kontext der Lebensalter (vgl.: Greving/Ondracek, 2009).

Bei der – durchaus richtigen und begründeten – Betonung der Ressourcenorientierung in der gegenwärtigen Heilpädagogik wird allerdings allzu leicht die Bedeutung des relevanten Fachwissens um die Störungen, Defekte und Behinderungen vergessen. Dieses Fachwissen ist für die Umsetzung des ersten Leitsatzes von Paul Moor (»Zuerst verstehen, dann erziehen«) sehr hilfreich. Es kommt u. a. auch aus den Referenzdisziplinen der Heilpädagogik: Medizin und Psychologie. Beide stellen dem handelnden Heilpädagogen wissenschaftlich-empirisch begründete Erkenntnisse zur Verfügung. Im Wesentlichen handelt es sich um organisch-funktionale (Medizin) bzw. empfindungs-kognitive sowie verhaltensmäßige und soziale (Psychologie) Kontexte von definierten Störungen, Defekten und Behinderungen. Da dieses Fachwissen auf einer allgemein geltenden Ebene (also ohne Präzisierungen für individuelle Ausprägungen) angesiedelt ist, kann und darf es im heilpädagogischen Alltag nicht ohne Weiteres übernommen und als eine Diagnose dem zu unterstützenden Menschen »überstülpt« werden. Vielmehr dient es dem heilpädagogisch Tätigen als Inspiration für die Herausbildung und Überprüfung von Hypothesen: Wie kann ein konkreter von einer Schädigung und/oder Behinderung betroffener Mensch den Alltag bewältigen und sich hierbei fühlen, was könnten seine diesbezüglichen Möglichkeiten und Grenzen sein, wie sich diese Situation auf seine Entwicklung, Persönlichkeit und sein Sozialverhalten auswirken könnte usw. Erst im gemeinsamen Tun mit diesem Klienten (und von ihm!) lassen sich dann diese Hypothesen auf Richtigkeit überprüfen und präzisieren.

Also bemüht sich der Heilpädagoge durch eine solche »Personalisierung« der allgemeinen Aussagen der Medizin und Psychologie darum, möglichst genau die konkrete Lage eines konkreten Menschen auf dessen individueller Subjektebene zu erfassen. Gelingt dies, ist es viel besser möglich, ein »maßgeschneidertes« heilpädagogisches Unterstützungskonzept nur für diesen konkreten Menschen (im Konztext seines gesellschaftlichen Eingebundenseins) zu kreieren. Gerade hierin ist die eigentliche heilpädagogische Verwendung des medizinischen und psychologischen Fachwissens zu sehen: Im Transfer von der allgemein gültigen Ebene auf die persönlich-individuelle Kontextebene. Die Nutzbarkeit medizinischer Sichtweise für die Erfüllung der Beratungsaufgabe in der Heilpädagogik wird im folgenden ▶ **Kapitel 4.3.3** dargestellt.

In diesem Kapitel werden die Erkenntnisse der Psychologie im Kontext heilpädagogischer Beratung fokussiert. Wichtig ist, dass diesbezügliche Ausführungen nur kurz sein und folglich auf das Wesentliche eingeschränkt werden (müssen): Zuerst wird auf die psychologischen Aspekte der Beratung in heilpädagogischen Tätigkeitsfeldern hingewiesen. Dann wird die Lanze gebrochen für die (zu Unrecht) oft vernachlässigten Erkenntnisse der Heilpädagogischen Psychologie aus den 1980–1990er Jahren; denn sie stellen immer noch eine wirklich gute Inspirationsquelle für das Verstehen des Erlebens, Denkens und Verhaltens von Menschen mit Behinderung dar (und werden in diesem Sinne höchstwahrscheinlich auch weiterhin dienlich sein). Abschließend wird die psychologische Zugangsweise zu konkreten Behinderungen beschrieben. Dies soll dem beratenden Heilpädagogen verdeutlichen, wo überall bei der betroffenen Person sich – psychologisch betrachtet – eine Schädigung und/oder Behinderung auswirken kann. Hierbei geht es vor allem um die Hinweise auf die Betrachtungsstrategie, nicht um konkrete Untersuchungsdaten. Die sind am besten im Originalton direkt den einschlägigen Publikationen zu entnehmen. Zu empfehlen sind neben dem Handbuch der Heilpädagogischen Psychologie (Fengler/Jansen, 1999) auch noch die Lehrbücher von Konrad Bundschuh (Bundschuh, 2008) und von Dieter Gröschke (Gröschke, 2005).

Die psychologischen Aspekte der Beratung in heilpädagogischen Tätigkeitsfeldern weisen folgende Relevanzen auf:

- Für das Verstehen der individuellen Art, wie Menschen mit Behinderung erleben, denken und handeln, sind die Ergebnisse der diesbezüglichen Untersuchungen auf dem Gebiet der Heilpädagogischen Psychologie besonders relevant. Sie sind nicht nur für die Gestaltung der beraterischen Kommunikation mit betroffenen Menschen hilfreich, sondern auch für die Aufklärung von anderen Personen über die behinderungsbedingte Eigenart dieser Menschen.
- Für die beratende Unterstützung von Personen, Gruppen, Institutionen hinsichtlich der Förderung von Integration bzw. Inklusion sind insbesondere die Erkenntnisse der Individualpsychologie von Alfred Adler über die Bedeutung der Dazugehörigkeit zur Gemeinschaft und die Kooperation mit anderen Menschen im Alltagsleben für das Selbstwertgefühl und das Sozialverhalten relevant. Auch die Erkenntnisse der Humanistischen Psychologie, namentlich der Bedürfnistheorie von Abraham Maslow (trotz der in jüngster Zeit erhobenen kritischen Sichtweisen hierzu), über die Bedeutung der Sicherheit sowie Beachtung und Selbstachtung für das Selbstkonzept und aus ihm resultierendes Verhalten sind für die Integrations-/Inklusionsberatungskontexte durchaus relevant.
- Für die methodische Gestaltung des Beratungsprozesses und zur Sicherung der beraterischen Wirksamkeit sind mehrere psychologische Aspekte relevant. Beispielhaft wurden sie bereits im ▶ Kapitel 4.2.3 (Ausgewählte Beratungsansätze) beschrieben.

Heilpädagogische Psychologie – gibt es sie wirklich? Und wenn ja, wo gehört sie in der Systematik psychologischer Disziplinen hin, womit befasst sie sich und was hat sie herausgefunden? Diese Fragen lassen sich wie folgt kurz beantworten (vgl.: Fengler/Jansen, 1999, 13 ff).

Auf dem Gebiet der Psychologie existieren traditionell grundlegende Forschungsgebiete, die sich im Wesentlichen mit dem Erleben, Denken und Verhalten von Menschen befassen. Es handelt sich um die Allgemeine Psychologie, Entwicklungspsychologie, Differentielle Psychologie, Persönlichkeitspsychologie und Sozialpsychologie. Außerdem existiert noch das Gebiet der Angewandten Psychologie, wo psychologische Erkenntnisse über das Erleben, Denken und Verhalten von Menschen in konkreten Situationen und Lebenszusammenhängen zusammengetragen werden. Hierzu gehören z. B. psychologische Diagnostik, Pädagogische Psychologie, Arbeitspsychologie, Klinische Psychologie oder auch Forensische Psychologie.

Die methodischen Wege zur psychologischen Erkenntnisgewinnung sind mannigfaltig und grundlegend (bis auf wenige Ausnahmen) empirisch ausgerichtet: Beschreibung und Klassifikation, Erhebung und Experiment, Beobachtung und Exploration, Einschätzung und Test, Beurteilung und Evaluation, Diagnose und Prognose, Verstehen und Interpretation sowie auch Hypothesen- und Theorienbildung.

Die Heilpädagogische Psychologie entstand im Kontext des Ausbaus des Sonderschulwesens in der BRD (seit den 1960er Jahren) als Reaktion auf die Bedarfe der Bildung und Erziehung von Kindern mit Behinderungen in spezialisierten Schulen. In diesem Sinne knüpft die Heilpädagogische Psychologie eng an die Pädagogische Psychologie an, die sich als eine Wissenschaft von Lehren und Lernen unter psychologischen Aspekten versteht. Die Heilpädagogische Psychologie untersucht den gleichen Gegenstand, nur unter den erschwerenden Bedingungen einer Behinderung bzw. diverser Behinderungsarten. Bis zum Ende der 1980er Jahre bzw. Anfang der 1990er Jahre hat die Heilpädagogische Psychologie dem Sonderschulwesen viele Erkenntnisse über das Erleben, Denken und Verhalten von insbesondere Kindern und Jugendlichen mit diversen Behinderungsarten bereitgestellt. Mit Berücksichtigung dieses psychologischen Fachwissens wurden dann die didaktisch-methodischen Unterrichtskonzepte für einzelne Behinderungsarten präzisiert und praktiziert. Heute gilt die Heilpädagogische Psychologie als eigenständiges Fachgebiet zu der Angewandten Psychologie. Zugleich ist sie auch eine Grundlagendisziplin der Heilpädagogik. Sie greift die dort entstehenden Themen und Fragen auf, betrachtet sie vom psychologischen Blickwinkel, sucht nach Antworten und stellt der heilpädagogischen Theorie, Methodik und Praxis relevante Verstehens- und Handlungshilfen zur Verfügung.

So weit so gut – die Heilpädagogische Psychologie hat ihre »Hausaufgaben« auf dem Gebiet des sog. »Sonder«schulwesens erledigt. Nur wurde in dieser Zeit bereits der Paradigmenwechsel im Hinblick auf die Sichtweise auf Menschen mit Behinderung begonnen, der bis heute andauert und auch die Zukunft prägen wird: von Defektorientierung und gesonderten Hilfeformen zu Integration und Ressourcenorientierung sowie schließlich zu einer inklusiven Lebensweise. Die Heilpädagogische Psychologie ist in der letzten Zeit immer weniger gefragt worden, schließlich thematisiert sie vor allem die psychologischen Auswirkungen von einzelnen Behinderungsarten (also »Defekten«) auf die Betroffenen und ist dadurch nicht mehr »up to date«. Auch für die heutige Heilpädagogik als außerschulisch agierende Fachdisziplin scheinen vor allem die unterrichtsrelevanten Erkenntnisse der Heilpädagogischen Psychologie zu einzelnen Behinderungsarten weniger interessant. Was allerdings aus folgenden Gründen kurzsichtig erscheint, denn ...

- ... Schädigungen, Defekte und Behinderungen sind ein genuiner Bestandteil der Lebenslage behinderter Menschen – wichtige Bedürfnisse werden tangiert, die Erfüllung von diversen Lebens- und Alltagsaufgaben wird erschwert, die Kommunikation und Interaktion erfordert besondere Formen usw. Und darauf reagiert zwangsläufig nicht nur das betroffene Individuum, sondern auch seine soziale Umwelt (zu der auch die Heilpädagogen gehören).
- ... zu wissen bzw. einschätzen zu können, wie ein Mensch mit Behinderung empfindet, denkt und sich verhält, ist die Voraussetzung dafür, ihn positiv wirksam zu unterstützen. Also wäre es unprofessionell, sich auf eigene Alltagstheorien und subjektive Annahmen zu stützen, statt die Erkenntnisse der Heilpädagogischen Psychologie zu nutzen.
- ... es ist erforderlich, das psychologische Fachwissen um die Auswirkung einer bestimmten Art der Schädigung und/oder Behinderung auf den betroffenen Menschen als Ratsuchenden in Beratungssituationen zu berücksichtigen – nicht nur eine angemessene Kommunikation mit ihm profitiert davon, sondern auch der Aspekt seiner Über- bzw. Unterforderung bei der Aufklärung, Erörterung, Lösungssuche usw. kann mit diesem Fachwissen präziser eingeschätzt und beachtet werden.
- ... die Personen aus der sozialen Umwelt behinderter Menschen fühlen sich oft im Umgang mit ihnen überfordert, weil sie die Wirkung der Schädigung und/oder Behinderung auf das Empfinden, Denken und Verhalten des Betroffenen nicht als solche erkennen. Sie suchen beraterische Hilfe und müssen über die psychologischen Wirkungskontexte informiert und aufgeklärt werden. Auch hierfür »liefert« die Heilpädagogische Psychologie dem beratenden Heilpädagogen gut brauchbare Erkenntnisse.
- ... nicht nur die schädigungs-/behinderungsspezifischen psychosozialen Folgen sind wichtig, sondern auch die Erkenntnisse über die »behinderungsübergreifende« psychosoziale Wirkung der Randposition, Exklusion, Diskriminierung gehören zum Fachwissensfundus der Heilpädagogischen Psychologie. Sie sind hilfreich bei beraterischer Unterstützung von Personen, Gruppen und Institutionen vor allem im Kontext der Integrations- und Inklusionsförderung.

Dieses sind alles Argumente, sich doch ernsthaft mit den Erkenntnissen der Heilpädagogischen Psychologie zu befassen. Viele konkrete Angaben dazu sind im bereits erwähnten »Handbuch der Heilpädagogischen Psychologie« zu finden (vgl.: Fengler/Jansen, 1999). Aus dieser empfehlenswerten Quelle werden im weiteren Text allerdings keine detaillierten Informationen wiedergegeben. Diese kann sich jede Leserin/jeder Leser nach Bedarf selbst herausarbeiten. Um zu verdeutlichen, wie umfassend die Heilpädagogische Psychologie die Auswirkungen von Schädigung, Defekt und Behinderung erfasst, folgt hier eine Übersicht von Aspekten, die bei den einzelnen Behinderungsformen empirisch untersucht wurden.

Auch wenn von den Autoren der eine oder andere Aspekt bei unterschiedlichen Behinderungen als mehr oder weniger wichtig gesehen worden ist, fokussiert die heilpädagogisch-psychologische Untersuchung im Wesentlichen folgende drei Bereiche:

(A) Entwicklungspsychologische Aspekte
   – Motorische Entwicklung
   – Emotional-soziale Entwicklung
   – Kognitive Entwicklung/Intelligenz/Lernen
   – Sprachentwicklung/Kommunikation
   – Persönlichkeitsentwicklung/Selbstkonzept
(B) Sozialpsychologische Aspekte
   – Sozialverhalten/Interaktion
   – Soziokulturelle Kontexte/Enkulturation/Sozialisation
   – Gesellschaftliche Einstellungen/Vorurteile
   – Konflikte im sozialen Bereich
(C) Klinisch-psychologische Aspekte
   – Diagnostik/Differentialdiagnostik/behinderungsspezifische Diagnostik
   – Besonderheiten der Wahrnehmung
   – Besonderheiten der Kognition
   – Besonderheiten des Verhaltens
   – Besonderheiten der sozialen Interaktion
   – Möglichkeiten und Grenzen von Beratung/Psychotherapie/Verhaltensmodifikation/Selbsthilfe

Die von der Heilpädagogischen Psychologie erfassten Bereiche psychosozialer Wirkung von Schädigung und/oder Behinderung sind für das Verstehen der subjektiven Empfindungs-, Denk- und Verhaltensart betroffener Menschen relevant und hilfreich. Folglich sind die beratend tätigen Heilpädagogen gut beraten, diesbezügliche Erkenntnisse griffbereit zu halten und zu nutzen.

4.3.3 Beratungsrelevantes Fachwissen der Medizin

Neben der Heilpädagogik und der Psychologie stellt die Medizin ein drittes Feld dar, in dem heilpädagogische Beratungsprozesse eingebunden sind. Im weiteren Text werden ausgewählte medizinische Grundlagen und Implikationen mit einer Relevanz für die Erfüllung heilpädagogischer Beratungsaufgaben kurz skizziert.

Da die heilpädagogische Unterstützung von Menschen in beeinträchtigten Lebenslagen immer auch medizinische Themen tangiert, ist es notwendig, dass sich Heilpädagoginnen und Heilpädagogen in Beratungsprozessen mit den medizinischen Faktoren der Behinderung und Benachteiligung sowie der Partizipation und Inklusion auseinandersetzen. Die Hinweise in diesem Kapitel dienen allerdings nur als Anregungen zum Durcharbeiten der angegebenen Fachliteratur und zur Konkretisierung der Inhalte auf das jeweils spezifische Beratungsfeld hin.

Mit welchen grundlegenden medizinischen Themen hat sich also die Heilpädagogik im Rahmen von Beratungsprozessen zu beschäftigen?

Es ist davon auszugehen, dass die medizinischen Elemente eigentlich einer sozialmedizinischen Betrachtung entsprechen: Medizin findet immer im sozialen Feld statt, sodass medizinische Prozesse durch soziale Kontexte bedingt sind. Folglich gilt es für den beratenden Heilpädagogen, jede Erkrankung und jede

Behinderung auch von seiner sozialen Dimension zu betrachten: Wie erlebt die betreffende Person die Krankheitsfaktoren, die eigene Krankheit, die Reaktionen und Wirkung der sozialen Umgebung, den eigenen Behinderungsprozess sowie die Befolgung von Regeln und Maßnahmen (sogenannte Compliance) der medizinischen und heilpädagogischen Unterstützung, d.h. auch der Beratung? (vgl.: Hülshoff, 2005, 40–77)

Diese sozialmedizinische Dimension weist auch Anteile von medizinischen Bedingungsfaktoren als Konstrukte auf (s. o.). Darüber hinaus sind weitere medizinische Grundlagen notwendig, mit denen sich heilpädagogisch Tätige beschäftigen müssen (vgl.: Hülshoff, 2005, 78–103). Hierzu gehören vor allem ...

- *basale Wahrnehmungsfunktionen*, d.h. die Art und Weise, wie Menschen mit Behinderung ihre Umwelt und sich selber wahrnehmen bzw. welche Störungen hierbei auftreten können, damit die im Beratungsprozess wahrgenommenen Kommunikations- und Interaktionsprozesse gedeutet und interpretiert werden können. Im Wesentlichen geht es um auditive und visuelle Wahrnehmungsprozesse, d.h. um die Art und Weise, wie Menschen mit Behinderung hören und sehen. Die heilpädagogischen Herausforderungen in diesem Bereich sind immer auf dem Hintergrund der in ▶ **Kapitel 4.3.1** dargestellten Modi zur Teilhabe, zur Inklusion, zur Autonomie usw. zu erfassen.
- *Motorik, Sprache und die kognitiven Fähigkeiten*, genau gesagt die medizinischen Aspekte von motorischen Störungen, Sprachentwicklungsproblemen sowie Lernschwierigkeiten. Gerade bei Menschen mit einer sogenannten geistigen Behinderung, muss sich der beratende Heilpädagoge auf diese Grundlagen stützen, um zu verstehen, wie die Wirklichkeitskonstruktion bzw. die Problematiken, welche hier entstehen können, von Menschen mit Behinderung wahrgenommen und erfahren werden.
- Gefühle und Emotionen. Sie begleiten nicht nur die Wahrnehmungen und Probleme, die den ratsuchenden Menschen belasten. Zugleich stellen sie auch eine ergiebige Quelle der Motivationskraft dar – unter der emotionalen Last steigt i.d.R. auch die Bereitschaft, sich in Beratungsprozesse zu begeben.

Aus diesen medizinisch verankerten Aspekten ergeben sich Herausforderungen, welche in heilpädagogischen Beratungsprozessen zu berücksichtigen und – im besten Falle – zu bewältigen sind. Eine interdisziplinäre Vorgehensweise erscheint hier unumgänglich, damit diese Aspekte von allen Beteiligten wahrgenommen und die Konstruktionsprozesse der Kommunikations- und Interaktionsstrukturen verdeutlicht werden können. Genau betrachtet geht es um »bio-psycho-sozialen Dimensionen von Krankheit und Gesundheit« (Hülshoff, 2011, 13), die eine notwendige Berücksichtigung von sozialmedizinischen Sichtweisen, Zielen und Prozessen bei der Wahrnehmung der Beratungsaufgabe in der Heilpädagogik begründen.

Hülshoff hat eine Matrix zur Strukturierung der Erfassung von unterschiedlichen Krankheits- und Störungsbildern vorgelegt. Diese Matrix steht ziemlich nah zu den in ▶ **Kapitel 4.3.1** beschriebenen heilpädagogischen Themenfeldern und -strukturen. Das ermöglicht ihre Verwendung auch im Rahmen beraterischer

Unterstützung von Menschen in beeinträchtigten Lebenslagen. Durch die ersten sechs der von Hülshoff genannten Strukturierungsfaktoren lässt sich ein jeweiliges Handlungsfeld betrachten und beschreiben. Mithilfe der weiteren sechs Faktoren lässt sich dann dieses Handlungsfeld im Hinblick auf bestimmte Aufgaben differenzieren. Es handelt sich um folgende zwölf Strukturierungsaspekte:

1. Definition und Epidemiologie
2. Biologische Grundlagen
3. Ursachen und Auslöser
4. Erscheinungsformen, Symptome, Schweregrade
5. Diagnostik und Diagnose
6. Therapie und Prognose
7. Psychodynamik und Psychosomatik
8. Krisen und Krisenintervention
9. Beratung und Psychoedukation
10. Familie und systemische Familienarbeit
11. Netzwerkarbeit und Case Management
12. Sozialkulturelle Aspekte (vgl.: Hülshoff, 2011, 18).

Zu konkretisieren wären diese zwölf Strukturierungsaspekte durch den Bezug auf die unterschiedlichen Handlungsfelder. Laut Hülshoff lassen sich diese wie folgt aufgliedern:

- Jugendhilfe, Sozialpädiatrie, Kinder- und Jugendpsychiatrie,
- Krankenhaus und integrierte Versorgung,
- Altenhilfe, Gerontologie und Geriatrie,
- Sozialpsychiatrie,
- Suchthilfe,
- Behindertenhilfe, Heilpädagogik und Rehabilitation,
- Prävention, Gesundheitserziehung und Public Health.

In seiner ausführlichen Darstellung zum Basiswissen der Medizin für die Soziale Arbeit (vgl.: Hülshoff, 2011) beschreibt der Autor vielfältige und differenzierte Aspekte dieser Handlungsfelder. Für Beratungsprozesse im Kontext der Heilpädagogik erscheinen uns vor allem die Aussagen zur Krisenintervention, zur Beratung an sich sowie zur Netzwerkarbeit und zum Case Management zentral. Wenn sich Krisenmanagement, Psychoedukation und multiprofessionell angelegtes, systemisch vernetztes Case Management mit medizinischen Themen beschäftigen, dann müssten sie in die Beratungsprozesse eingebunden werden (vgl.: Hülshoff, 2011, 19/20). An dieser Stelle kann es auch zu einer Verbindung von Peergruppenarbeit im Sinne des sozialen Netzwerks und zu Peer-Counseling-Prozessen von Menschen mit Behinderung kommen. Das soziale Netz von Menschen mit Behinderung, die miteinander agieren, kann so zu einer tragfähigen Größe im Hinblick auf mögliche Lösungen und Antworten von Problem- und Fragestellungen im Kontext einer heilpädagogischen Beratung werden.

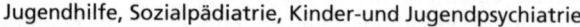

Grafisch lassen sich die Erläuterungen wie folgt darstellen:

Abb. 19: Sozialmedizin und Beratung in der Heilpädagogik: Relevante Themenfelder

Aber nicht nur die heilpädagogischen Handlungsfelder sind sozialmedizinisch relevant, auch die Art und Weise der Beratung selber kann im Rahmen medizinischer Erkenntnisse betrachtet werden. Hierzu sind in jüngster Zeit neurobiologische Aspekte entwickelt worden, welche die Erkenntnisse der Hirnforschung für Beratungssituationen aufbereiten. Hierauf soll nun kurz verwiesen werden (vgl.: Abstreiter, 2010).

Im Rahmen von beratenden Prozessen ist das Lernen als »übergeordnete Aufgabe« (Abstreiter, 2010, 18) zu betrachten – etwas anders zu sehen, neue Handlungsmöglichkeiten wahrzunehmen und diese im weitesten Sinne zu erlernen, ist doch ein grundlegendes Charakteristikum der Beratungsarbeit. In diesem Sinne kann man Beratung als eine Form von begleitetem Lernen beschreiben (vgl.: Abstreiter, 2010, 18). Neurobiologische Erkenntnisse helfen dem Berater, zu verstehen, wie Lernprozesse im Rahmen von Beratung vollzogen werden. Zentral sind sicherlich die Momente der Motivation und der Belohnung, die neurobiologisch begründet sind und in Beratungsprozessen angeregt bzw. konkretisiert werden. Demnach ist also eine Beratungssituation so zu gestalten, dass sich alle Beteiligten wohlfühlen. Dann kann mit hoher Wahrscheinlichkeit eine Motivation zum Agierten im Beratungsprozess von selbst entstehen (vgl.: Abstreiter, 2010, 28–30).

Ein weiterer Punkt ist die Entwicklung von Beziehungen und Kooperationen, da der Mensch auch im Rahmen von Belohnungs- und Lernsystemen an und mit dem Menschen lernt. Dieses haben die neurobiologischen Erkenntnisse jüngst dargelegt. Konkret lässt sich das an einem längeren Zitat von Abstreiter verdeutlichen:

»Was unser Motivationssystem also am meisten positiv beeinflusst, ist die Aussicht auf Beziehungen. Mitfühlen, Verständnis für die Situation des Anderen, Perspektivenwechsel, sharing als Methode in der Fallsupervision, Fragen in der Mediation: ›Was glauben Sie, dass sich ihr Gegenüber von ihnen wünscht?‹ usw. sind methodisch in Supervisionen und anderen Beratungssettings inzwischen weit verbreitet [...] Inzwischen ist für die Hirnforschung eindeutig nachgewiesen, wie entscheidend [...] Empathie, das dadurch erzeugte Vertrauen und die daraus resultierende Offenheit bzw. Bereitschaft der [...] [zu Beratenden] sich auf tiefer gehende Fragen einzulassen, den [...] [Beratungsprozess] positiv beeinflussen« (Abstreiter, 2010, 37).

Lernprozesse sind folglich in Beratungsvorgängen in hohem Maße involviert und relevant. Um für alle Beratungsteilnehmer positiv wirksam zu sein, müssen sie in einem Freiraum, in einem autonom positiv aufgeladenen sozialen Interaktionsfeld stattfinden. Ebenfalls wichtig ist auch die Wahrnehmung von Emotionen und Gefühlen im Beratungsprozess.

Motivationssystem und Emotionssystem hängen neurobiologisch eng zusammen und beeinflussen sich wechselseitig (vgl.: Abstreiter. 2010, 40/41). Alles, was ein Mensch im Rahmen der Beratung wahrnimmt, ist immer emotional gefärbt. Jede Wahrnehmung wird von Emotionen konnotiert und durch diese bedingt. Es geht also nicht anders, als diese emotionalen Szenarien im Rahmen von Beratung wahr- und ernst zu nehmen. Diese »Klugheit der Gefühle« (Greving, 2000, 199) gibt dem zu Beratenden die Möglichkeit, der Dynamik von Emotionen im Beratungsprozess im doppelten Sinne dieses Wortes gewahr zu werden. »Menschen sind nicht in der Lage Emotionen nicht zu empfinden. Der Versuch, Emotionen nicht zu zeigen, ist erstens mit viel Anstrengung verbunden und zweitens ohnehin zum Scheitern verurteilt [...]. Bereits der Versuch hat auf unser Gegenüber eine demotivierende Wirkung« (Abstreiter, 2010, 45). Emotionen können daher sowohl als Gegenstand als auch als Reflexionsfläche in Beratungskontexten dienen. Sie sind mit Lernprozessen verbunden, welche wiederum an grundlegende neurobiologische und neurophysiologische Gegebenheiten gebunden sind. Folglich kommt man bei der Erfüllung der Beratungsaufgabe in der Heilpädagogik an den neurobiologischen Grundlagen und Konstruktionen von Emotionen nicht vorbei.

Die weiter oben angedeuteten Konstruktmechanismen, also die inneren Bilder, die ein Mensch im Rahmen von Beratungsprozessen thematisiert bzw. neu erwirbt, sind hierbei ebenso bedeutsam wie die Auseinandersetzung mit den Prozessen des eigenen Bewusstseins bzw. Gefühls für sich und andere (vgl.: Abstreiter, 2010, 40–61). Abschließend kann hierzu noch einmal Abstreiter zitiert werden:

»Damit wird der achtsame Umgang mit sich selbst, den eigenen Emotionen, Antrieben, Ängsten und Befürchtungen, also dem eigenen Gewahrsein für alle Berater: 1. zur wichtigsten Methode und 2. zum zentralen Inhalt der Beratungssituation. Gelingt es einen Raum zu gestalten, in dem die Motivations- und Belohnungssysteme der Teilnehmer aktiviert werden oder nicht? Dies wird zur entscheidenden Frage bei der Suche nach Nachhaltigkeit in ... Beratungen [...]« (Abstreiter, 2010, 63).

5 Ausblick: Beratung in der Heilpädagogik – Eine methodologische Skizze

Vor dem Hintergrund der bisher dargestellten Begründungen und pragmatischen Relevanzen von Beratung in der Heilpädagogik kann an dieser Stelle ein kleiner Ausblick gewagt werden: ein Ausblick, der sowohl auf die bislang beschriebenen Grundlagen zurückgreift als diese auch in einen neuen Kontext stellt. Diese Skizzierung einer Weiterführung des bis hierin dargestellten Beratungsansatzes stellt sich deshalb als methodologisch dar, da sie noch einmal auf den grundlegenden Charakter der Wissenschaft bzw. der wissenschaftlichen Begründungsmomente der Beratung verweist – auch wenn diese erst in Ansätzen zu bestehen scheinen (▶ Kap. 1 und 2). Dieses abschließende Kapitel ist somit auch durch eine gewisse »Selbstvergewisserung« (Erath, 2006, 38) gekennzeichnet bzw. zu kennzeichnen: eine Selbstvergewisserung, die noch einmal die grundlegenden Momente von Beratung darlegt, befragt und auf Zukunftsoptionen hin überprüft, also die in diesem Buch dargestellten Ansätze zur Ausformung von theoretischen und methodischen Grundlagen der Beratung innerhalb der Heilpädagogik. Verdeutlicht wurde zuerst, dass die heilpädagogische Betrachtung von Beratung nicht losgelöst zu sehen ist von der geschichtlichen Entwicklung von Beratung als solcher (▶ Kap. 2). Die bewusste Wahrnehmung der historischen Verortung von Beratung stellt somit ein erstes Moment dieser methodologischen Begründung von Beratung dar. Darüber hinaus muss der nächste methodische Aspekt hervorgehoben werden – die Wahrnehmung, das Erleben, die Entwicklung und sämtliche weitere Themen in den Beratungsbeziehungen und -bezügen können durchaus auch anders sein, als dies vom geschichtlichen Blickwinkel her erscheint. Dieses ist das zentrale Betrachtungsmoment: Die Erfahrung der Kontingenz, hier nun als begründende Kategorie menschlichen Seins und menschlicher Erfahrung gedeutet, also a priori darleg- und erfahrbar, kann als das begründende Moment des Beratungsansatzes in der Heilpädagogik angenommen werden. Was bedeutet das konkret?

»Zunächst verweist Kontingenz auf das erkenntnistheoretische Problem, dass die Dinge, die wir erkennen und beschreiben, schlicht auch anders sein können – je nach Beobachterstandpunkt und vorhandenen Deutungssystemen [...]« (Moser, 2009, 170). Die auf eine konstruktivistische und systemische Begründung von Kontingenz gegründete Konkretisierung von Beratung hat in Bezug auf die Analyse sozialer Probleme eine Präzisierung erfahren, weil »Zufälligkeit gesellschaftlicher Entwicklungen durch die Ausformung sozialer Systeme eingeschränkt wird. Unter diesem Blickwinkel stellt auch die Wissenschaft ein soziales System dar, welches unter bestimmten Beobachtungskategorien Wissen hervorbringt« (Moser, 2009, 170). Sowohl wissenschaftliche und wissenschaftstheoretische Begründungen der Beratung als auch konzeptionelle und methodische Realisierungen derselben sind unumgänglich dem Kontingenzaspekt unterworfen. Kontingenz durchzieht die theoretischen Erörterungen des Beratungsansatzes von der grundlegenden erkenntnistheoretischen Betrachtung bis hin in die Ausprägungen eines Theorie- und Praxisfeldes der Heil- und Behindertenpädagogik (vgl.: Beck/Greving, 2011, 48–50).

Das Wissen um die Begründungen, also die Geschichte der Beratung, die Annahmen um konzeptionelle und methodische Differenzierungen, sowie die pragmatischen Konkretisierungen im Hinblick auf ein jeweiliges Handlungsfeld sind folglich immer aus der Perspektive einer Grenzerfahrung zu betrachten. Es gilt also zu wissen (und dieses Wissen zu berücksichtigen), dass die Welt, das Leben und Beschreibung des Lebens, die Wahrnehmung von Krisen und Krisenbewältigungsstrategien immer wieder – je nachdem, wer sie betrachtet, beschreibt und nach Lösungen sucht – anders sein können. Folglich muss bei der Wahrnehmung der Beratungsaufgabe im Rahmen heilpädagogischer Handlungsfelder damit gerechnet werden, dass Betrachtungen, Hoffnungen und Handlungsoptionen sich den Beteiligten als erwartungswidrig und enttäuschend zeigen können. Das ist die Grundlage einer methodologischen Betrachtung von Beratung in der Heilpädagogik.

Vor dem Hintergrund des Kontingenzansatzes entwickelten sich in der Geschichte der Beratung in heilpädagogischen Handlungsfeldern (bzw. parallel zu ihnen) die zwei hier grundgelegten Betrachtungs- und Handlungsweisen: der Humanismus und der Konstruktivismus. Dass diese beiden Positionen jedoch nicht voneinander getrennt betrachtet werden sollen, sondern sowohl historisch als auch in ihren Konkretisierungen an Schnittstellen operieren, muss nun nicht weiter ausgeführt werden. Obwohl diese beiden Betrachtungsweisen unterschiedliche konzeptionelle und methodische Schlussfolgerungen bedingen, können sie sehr wohl als gemeinsame Basis dieses Beratungsmodell beschrieben werden.

Ausgehend von der Kontingenzproblematik und der humanistischen sowie konstruktivistischen Begründung lassen sich weitere Muster und Konsequenzen für das Thema Beratung in der Heilpädagogik erkennen:

- Der Humanismus führt zu einer Subjektorientierung, in der der Mensch als Person bzw. Individuum im Mittelpunkt der Betrachtung steht. Diese Personorientierung begründet einen Beratungsansatz, in dem individuelle Themen und Probleme wahrgenommen und zum Beratungsgegenstand gemacht werden können.
- Der Konstruktivismus ist eher objektorientiert. Er betrachtet als Konstrukte alle Objekte, die von den Personen beschrieben bzw. im Rahmen gesellschaftlicher und systemischer Vollzüge durch die kommunikativen Prozesse der Individuen entstehen. Mehr noch: Diese Konstruktionen dienen dazu, den Habitus des Einzelnen auf dem Hintergrund seines gesellschaftlichen Gewordenseins wahrzunehmen, zu analysieren und als eine mögliche Begründung des Beratungsprozesses zu verstehen (vgl.: Bourdieu, 1987).

Diese ersten grundlegenden Aussagen können in folgender Abbildung zusammengefasst werden:

5 Ausblick: Beratung in der Heilpädagogik – Eine methodologische Skizze

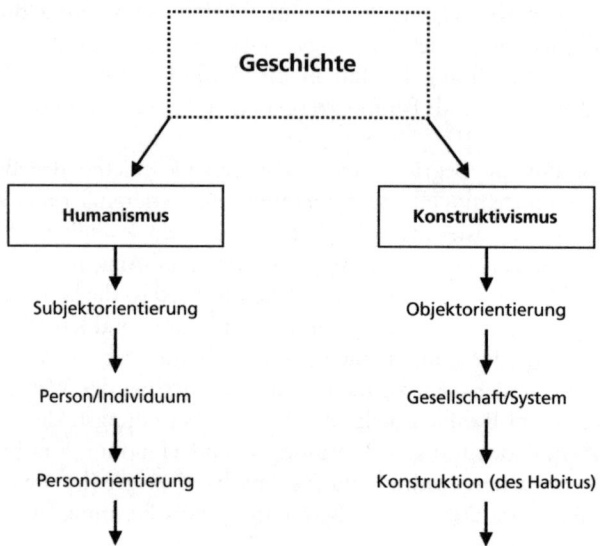

Abb. 20: Erste methodologische Begründungen von Beratung

Auf dieser Basis können nun unterschiedliche Handlungsfelder im Rahmen einer heilpädagogischen Beratung benannt werden: Auf der Grundlegung einer subjektorientierten Beratung können dies z. B. die in diesem Buch erläuterten Beratungsansätze nach Carl R. Rogers sein. Zudem können aber auch weitere Formen einer individuellen Beratung benannt werden, so zum Beispiel im Rahmen einer Kon-

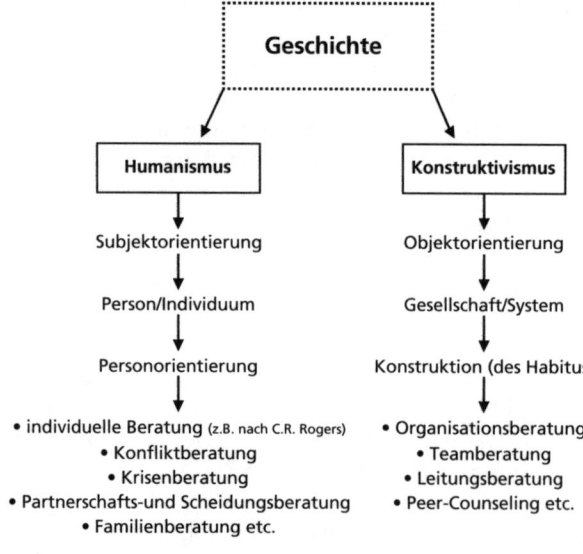

Abb. 21: Methodologische Begründungen und Beratungsfelder

fliktberatung, einer Krisenberatung, einer Partnerschafts- und/oder Scheidungsberatung oder einer Familienberatung.

Im Rahmen einer konstruktivistischen und systemischen Begründung könnten folgende Beratungsfelder hierzu benannt werden: Organisationsberatung, Teamberatung, Leitungsberatung, Peer-Counseling u. Ä.

Beide Beratungslinien werden in den praktischen Bezügen jedoch Überschneidungen aufweisen, so dass die – auch grafische – vereinfachende Darstellung an dieser Stelle nur aus didaktischen Gründen erfolgt (▶ **Abb. 21**).

Zwei letzte Betrachtungsmomente stellen die Zeit und die Einbindung in größere methodologische Zusammenhänge dar: Die Geschichte der Beratung prägt diese, auch und gerade im Hinblick auf die Probleme und Konflikte, die hierdurch in den letzten Jahrzehnten entstanden sind (▶ **Kap. 1** und **2**). In der Gegenwart wird die methodische Ausrichtung der Beratungsmethodik deutlich, diese ist ausgerichtet an einer Subjekt- wie aber auch einer Objektorientierung. Alle Beratungsprozesse sind jedoch ausgerichtet auf die Zukunft aller beteiligten Handlungspartner. In dieser Zukunft wird sich von allen Beteiligten reflexiv und reflektierend feststellen lassen, ob und wie die konkreten Beratungsprozesse zu Antworten und Lösungen beigetragen haben:

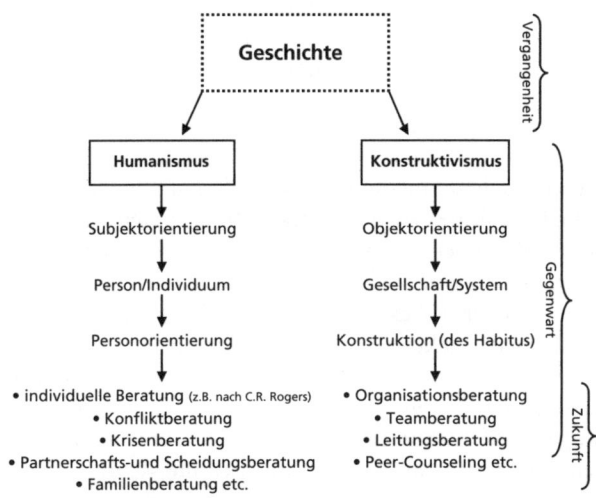

Abb. 22: Methodologische Begründungen und Beratungsfelder im Zeitverlauf

Abschließend kann dieses Modell noch eingebunden werden in den Diskurs zur Lebenswelt- bzw. Lebenslageorientierung sowie zur Betrachtung des Netzwerkcharakters von Beratung: Stellt die Lebenswelt eher eine Subjekt- und Personenorientierung dar, kann das Netzwerk, in dem Beratung konkretisiert wird, eher als system- und gesellschaftsorientiert umschrieben werden. Die Lebenslage bilanziert sozusagen in zweifacher Hinsicht die Begründungen von Lebenswelt und Netzwerk. Sie müssen in den Beratungsprozessen gemeinsam betrachtet werden, so dass sowohl die Person als auch das System auf ihre jeweiligen Beratungsoptionen hin beschrieben werden können. Dieser Schritt stellt dann wiederum die Begründungen für die unterschiedlichen Handlungsfelder und möglichen Beratungsgegenstände und Themen im Rahmen einer heilpädagogischen Beratung dar:

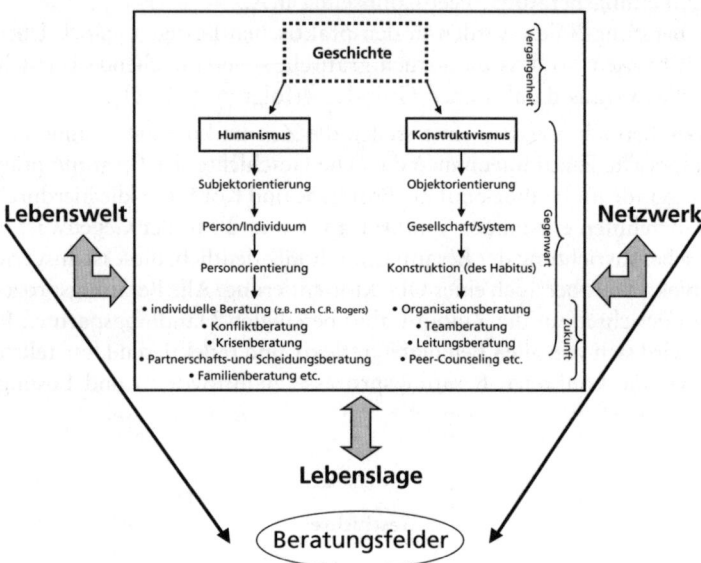

Abb. 23: Zusammenfassung: Beratung in der Heilpädagogik – Eine methodologische Skizze

Abschließend kann zu dieser methodologischen Skizze – auch wenn dieses nun fast als tautologische Randnotiz erscheinen mag – festgehalten werden, dass Beratung in der Heilpädagogik immer den Weg zwischen Theorie, Methodik und Reflexion beschreiten muss: Die Theorie stellt hierbei – nahezu wortwörtlich – die Schau und Betrachtung, also den überblickenden Analyserahmen dar, in und von dem die weiteren methodischen und konzeptionellen Konkretisierungen abgeleitet werden. Die Prozesse der Reflexion schließlich verweisen alle am Beratungsgeschehen beteiligten Personen darauf, ihr eigenes Gewordensein, ihre Auseinandersetzung mit den Lösungen und Antworten des jeweiligen Beratungsgeschehens reflexiv wahrzunehmen, so dass hieraus weitere Entwicklungsschritte für alle (Beraterin und Berater, wie zu beratende Person, zu beratendes System etc.) entstehen und konkretisiert werden können.

Ein solchermaßen verstandenes Beratungsmodell bezieht hierbei alle Menschen ein, ganz gleich ob sie scheinbar ohne oder mit einer Behinderung leben. An dieser Stelle kann es dann konzeptionell und methodisch auch zu einer Verknüpfung von den eher klassischen Beratungsmodellen und denjenigen des Peer-Counselings kommen. In diesem Sinne kann das skizzierte Beratungsmodell im Rahmen heilpädagogischer Handlungsfelder als inklusiv bezeichnet werden. Es konkretisiert die Inklusion in einem doppelten Sinne: Einerseits geht es grundlegend von kommunikativen Prozessen aus, analysiert diese und agiert kommunikationsorientiert (und verweist hierbei auf den konstruktivistisch-systemischen Charakter von Inklusion), und andererseits geht es von der grundlegenden Verschiedenheit aller Handlungspartner aus, also von ihren Kontingenzen und Grenzerfahrungen.

In dieser Unterschiedlichkeit sind die Beteiligten a priori gleich, was folglich eine Gleichberechtigung von Berater und Ratsuchendem impliziert. Eine Entwicklung in den Prozessen einer heilpädagogischen Beratung ist folglich immer eine wechselseitig-dialogische im Rahmen institutionell verorteter und organisationell bedingter Möglichkeiten bzw. auch Grenzen. Beratung in der Heilpädagogik zielt also auf Entwicklung und geht von der potentiellen (und aktualen) Entwicklung aller Beteiligten (Personen, Organisationen, Sozialräume) aus – ohne dass es hierbei zu einer Festlegung dieser Prozesse kommen kann. Denn es bleibt immer ein uneinschätzbarer und unvorhersehbarer Rest, eine letzte Grenze, eine Kontingenz, mit der in der Beratung gerechnet werden muss: die Kontingenz des individuellen Weges, der individuellen Entscheidung, des individuellen Schicksals.

In diesem Sinne stellt die Beratung für die heilpädagogisch Tätigen eine wichtige, anspruchsvolle, komplizierte und sicherlich manchmal auch schwierige, gleichwohl aber eine interessante und spannende Aufgabe dar, an der sie fachlich und menschlich wachsen können. Grund genug, sich dieser Aufgabe mutig und (mit Paul Moor gesagt) ergriffen von ihrer Bedeutung zu stellen.

Literaturverzeichnis

Abstreiter, R.; Beratung im Spiegel der Neurobiologie oder die Erkenntnisse der Hirnforschung und ihre Bedeutung für Beratungssituationen; München, 2010
Adler, A.; Der Sinn des Lebens; Frankfurt/M., 1997, 20. Aufl.
Adler, A.; Lebensprobleme: Vorträge und Aufsätze; Frankfurt/M., 1994
Akgün, L.; Ausländerberatung; in: Belardi, N./Akgün, L./Gregor, B./Neef, R./Pütz, Th./Sonnen, F. R.; Beratung. Eine sozialpädagogische Einführung; Weinheim/München, 2007, 5., überarb. Aufl., 151–162
Aloys, R.; Was kann Beratung leisten? Strategische, systemische und reflexive Beratung – Ein Vergleich; Hamburg, 2009
Ansbacher, H. L./Ansbacher, R. R. (Hrsg.); Alfred Adlers Individualpsychologie. Eine systematische Darstellung seiner Lehre in Auszügen aus seinen Schriften; München, 2004, 5. Aufl.
Antor, G./Bleidick, U.; Behindertenpädagogik als angewandte Ethik; Stuttgart/Berlin/Köln, 2000
Bachmair, S./Faber, J./Hennig, C./Kolb, R./Willig, W.; Beraten will gelernt sein. Ein praktisches Lehrbuch für Anfänger und Fortgeschrittene; München, 1989, 4., überarb. Aufl.
Bamberger, G. G.; Lösungsorientierte Beratung. Praxishandbuch; Weinheim, 2001, 2., vollst. überarb. und erw. Aufl.
Bäschlin, K./Bäschlin, M.; Einfach, aber nicht leicht: Leitfaden für lösungsorientiertes Arbeiten in sozialpädagogischen Organisationen. Schriftenreihe Einfach, aber nicht leicht, Band 1; Winterthur, 2008, 4., ergänzte Aufl.
Beck, I./Greving, H.; Institution und Organisation; in: Beck, I./Greving, H. (Hrsg.); Gemeindeorientierte pädagogische Dienstleistungen. Behinderung, Bildung, Partizipation. Enzyklopädisches Handbuch der Behindertenpädagogik. Band 6; Stuttgart, 2011, 31–69
Belardi, N./Akgün, L./Gregor, B./Neef, R./Pütz, Th./Sonnen, F. R.; Beratung. Eine sozialpädagogische Einführung; Weinheim/München, 2007, 5., überarb. Aufl.
Belardi, N.; Supervision: eine Einführung für soziale Berufe; Freiburg im Breisgau, 1996
Bendl, S.; Jak předcházet nekázni, aneb kázeěské prostředky; Praha, 2004
Bendl, S.; Prevence a řešení šikany ve škole; Praha, 2003
Bendl, S.; Ukázněná třída, aneb kázeěské minimum pro učitele; Praha, 2005
Benien, K.; Schwirige Gespräche führen. Modelle für Beratungs-, Kritik- und Konfliktgespräche im Berufsalltag. Mit einem Geleitwort von Friedemann Schulz von Thun; Reinbek bei Hamburg, 2003
Berg, Insoo K./de Jong, P.; Lösungen (er-)finden. Das Werkstattbuch der lösungsorientierten Kurztherapie; Dortmund, 2008, 6., verbesserte und erw. Aufl.
Berg, Insoo K.; in: Familien – Zusammenhalt(en). Ein kurztherapeutisches und lösungsorientiertes Arbeitsbuch; Dortmund, 2002, 7. Aufl.
Bergknapp, A.; Beratungswissenschaft – eine systemtheoretische Skizze; in: Möller, H./Hausinger, B. (Hrsg.); Quo vadis Beratungswissenschaft?; Wiesbaden, 2009, 63–72
BKE/Bundeskonferenz für Erziehungsberatung e. V. (Redaktion: Klaus Menne); Rechtsgrundlagen der Beratung: Empfehlungen und Hinweise für die Praxis; Fürth, 2009
Bleidick, U.; Behinderung als pädagogische Aufgabe. Behinderungsbegriff und behindertenpädagogische Theorie; Stuttgart, 1999
Boeger, A.; Psychologische Therapie- und Beratungskonzepte. Theorie und Praxis; Stuttgart, 2009

Bourdieu, P.; Sozialer Sinn – Kritik der theoretischen Vernunft; Frankfurt a. M., 1987
Bourne, L. E./Ekstrand, B. R.; Einführung in die Psychologie; Frankfurt a. M., 1992
Brandl, G.; Sich miteinander verständigen lernen. Das Beratungskonzept der Individualpsychologie Alfred Adlers; München, Basel, 1980
Brinker, K./Sager, S. F.; Linguistische Gesprächsanalyse. Eine Einführung; Berlin, 1996, 2. Aufl.
Brodley, B.; Instruction for Beginning to Practice Client-Centered Therapy; Chicago, 1991
Buber, M.; Das dialogische Prinzip; Heidelberg, 1979
Buchinger, K./Klinkhammer, M.; Beratungskompetenz. Supervision, Coaching, Organisationsberatung; Stuttgart, 2007
Bundschuh, K.; Allgemeine Heilpädagogik. Eine Einführung; Stuttgart, 2010
Bundschuh, K.; Heilpädagogische Psychologie; München/Basel, 1995, 2., erg. Aufl.
Bundschuh, K.; Heilpädagogische Psychologie; München, 2008, 4., überarb. u. erw. Aufl.
Büschges-Abel, W.; Systemische Beratung in Familien mit behinderten oder chronisch erkrankten Angehörigen. Ein lösungsorientierter Ansatz für Heilpädagogik und klinische Sozialpädagogik; Neuwied/Kriftel/Berlin, 2000
Cade, B./O'Hanlon, W.; A brief guide to brief therapy; New York, 1993
Capponi, V./Novák, T.; Asertivně do života; Praha, 1992
Cramer, M./Donnermeyer, S./Haag, G./Hoh, R./Raether, W./Tippelt, R.; Lösungsorientierte Beratung durch expertengestützten Erfahrungsaustausch. Besser Lehren – praxisorientierte Anregungen und Hilfen für Lehrende in Hochschule und Weiterbildung, Heft 7; Weinheim, 1998
Damm, C.; Lebensberatung: Auswege in Krisensituationen; München, 1989
De Shazer, S.; Der Dreh, überraschende Wendungen und Lösungen in der Kurztherapie; Heidelberg, 1992, 2. Aufl.
De Shazer, S.; Wege der erfolgreichen Kurztherapie; Stuttgart, 1997, 6. Aufl.
Dederich, M./Greving, H./Mürner, Chr./Rödler, P. (Hrsg.); Inklusion statt Integration. Heilpädagogik als Kulturtechnik; Gießen, 2006
Dederich, M./Greving, H./Mürner, Chr./Rödler, P.; Heilpädagogik als Kulturwissenschaft. Menschen zwischen Medizin und Ökonomie; Gießen, 2009
Dederich, M.; Behinderung als sozial- und kulturwissenschaftliche Kategorie; in: Dederich, M./Jantzen, W. (Hrsg.); Behinderung und Anerkennung. Behinderung, Bildung, Partizipation. Enzyklopädisches Handbuch der Behindertenpädagogik. Band 2; Stuttgart, 2009, 15–39
Dreikurs, R./Soltz, V.; Kinder fordern uns heraus. Wie erziehen wir sie zeitgemäß?; Stuttgart, 2006
Dreikurs, R.; Psychologie im Klassenzimmer; Stuttgart, 2003
Durrant, M.; Auf die Stärken kannst du bauen: lösungsorientierte Arbeit in Heimen und anderen stationären Settings; Dortmund, 2002, 3. Aufl.
Engel, F./Nestmann, F./Sickendieck, U.; »Beratung« – Ein Selbstverständnis in Bewegung. in: Nestmann, F./Engel, F./Sickendieck, U. (Hrsg.); Das Handbuch der Beratung. Band 1: Disziplinen und Zugänge; Tübingen, 2007, 2. Aufl., S. 33–44
Engel, F./Nestmann, F./Sickendiek, U. (Hrsg.); Das Handbuch der Beratung, Band 1: Disziplinen und Zugänge; Tübingen, 2007, 2. Aufl.
Engel, F./Nestmann, F./Sickendiek, U. (Hrsg.); Das Handbuch der Beratung, Band 2: Ansätze, Methoden und Felder; Tübingen, 2007, 2. Aufl.
Erath, P.; Sozialarbeitswissenschaft. Eine Einführung; Stuttgart, 2006
Ertelt, B.-J./Schulz, W. E.; Handbuch Beratungskompetenz. Mit Übungen zur Entwicklung von Beratungsfertigkeiten in Bildung und Beruf. Unter Mitarbeit von Allen E. Ivey; Leonberg, 2002
Felten, M.; Einblick in die Kinderseele. Alfred Adlers pädagogischer Optimismus. Eine Sendung SWR2 Wissen vom 13. 09. 2008. Südwestrundfunk Manuskriptdienst: http://www.swr.de/swr2/programm/sendungen/wissen/-/id=660374/nid=660374/did=3797152/f5jyph/index.html (13. 09. 2008)
Fengler, J./Jansen, G. (Hrsg.); Handbuch der Heilpädagogischen Psychologie.; Stuttgart, 1999, 3., überarbeitete und erweiterte Aufl.

Feyerabend, P.; Wissenschaft als Kunst; Frankfurt a. M., 1984
Fornefeld, B.; Selbstbestimmung/Autonomie; in: Dederich, M./Jantzen, W. (Hrsg.); Behinderung und Anerkennung. Behinderung, Bildung, Partizipation. Enzyklopädisches Handbuch der Behindertenpädagogik. Band 2; Stuttgart, 2009, 183–187
Franz, H. W./Kopp R. (Hrsg.); Kollegiale Fallberatung; Köln, 2003
Franz, D./Lindmeier, B./Ling, K.; Personenorientierte Hilfen, Soziale Netzwerkförderung, Umfeldkonzepte; in: Beck, I./Greving, H. (Hrsg.); Gemeindeorientierte pädagogische Dienstleistungen. Behinderung, Bildung, Partizipation. Enzyklopädisches Handbuch der Behindertenpädagogik. Band 6; Stuttgart, 2011, 100–109
Freitag, M.; Open Space. in: Kühl, S./Strodtholz, P. (Hrsg.); Methoden der Organisationsforschung. Ein Handbuch; Hamburg, 2002, S. 206–239.
Gergen, K. J.; Konstruierte Wirklichkeiten. Eine Hinführung zum sozialen Konstruktionismus; Stuttgart, 2002
Grampp, G./Hirsch, St./Kasper, C. M./Scheibner, U./Schlummer, W.; Arbeit. Herausforderung und Verantwortung der Heilpädagogik; Stuttgart, 2010
Gregor, B.; Schwangerschaftskonfliktberatung; in: Belardi, N./Akgün, L./Gregor, B./Neef, R./Pütz, Th./Sonnen, F. R.; Beratung. Eine sozialpädagogische Einführung; Weinheim/München, 2007, 5., überarb. Aufl., 193–206
Greving, H./Ondracek, P.; Heilpädagogisches Denken und Handeln. Eine Einführung in die Didaktik und Methodik der Heilpädagogik; Stuttgart, 2009
Greving, H.; Heilpädagogische Organisationen im Wandel. Organisationsanalyse – Beratung – Qualitätsmanagement; Freiburg i. Br., 2000 a
Greving, H.; Heilpädagogische Organisationen. Eine Grundlegung; Freiburg i.Br., 2000
Gröning, K.; Entwicklungslinien pädagogischer Beratungsarbeit. Anfänge – Konflikte – Diskurse; Wiesbaden, 2010
Gröning, K.; Pädagogische Beratung. Konzepte und Positionen; Wiesbaden, 2011, 2., akt. und überarb. Aufl.
Gröschke, D.; (2005): Psychologische Grundlagen für Sozial- und Heilpädagogik. Bad Heilbrunn, 2005, 3., überarb. u. erw. Aufl.
Gröschke, D.; Behinderung; in: Greving, H. (Hrsg.); Kompendium der Heilpädagogik, Band 1, Troisdorf, 2007, 97–109
Gröschke, D.; Heilpädagogisches Handeln. Eine Pragmatik der Heilpädagogik; Bad Heilbrunn, 2008
Haeberlin, U.; Heilpädagogik als wertgeleitete Wissenschaft; Bern/Stuttgart, 1996
Hagel, J.; Zum Selbstverständnis der Heilpädagogik als Handlungswissenschaft. EFH RWL, Reihe Denken und Handeln, Bd. 11; Bochum, 1990
Hansen, G./Stein, R. (Hrsg.); Sonderpädagogik konkret. Ein praxisorientiertes Handbuch in Schlüsselbegriffen; Bad Heilbrunn, 1994
Hechler, O.; Pädagogische Beratung. Theorie und Praxis eines Erziehungsmittels; Stuttgart, 2010
Herzog, W.; Zeitgemäße Erziehung. Die Konstruktion pädagogischer Wirklichkeit; Weilerswist, 2002
Hinz, A./Rausch, A./Wagner, R. F.; Modul Beratungspsychologie. Bad Heilbrunn, 2008
Horster, D.; Angewandte Ethik; in: Moser, V./Horster, D. (Hrsg.); Ethik der Behindertenpädagogik. Menschenrechte, Menschenwürde, Behinderung. Eine Grundlegung; Stuttgart, 2012, 31–39
Hülshoff, Th.; Basiswissen Medizin für die Soziale Arbeit; München/Basel, 2011
Hülshoff, Th.; Medizinische Grundlagen der Heilpädagogik; München/Basel, 2005
Jakobs, H.; Heilpädagogik zwischen Anthropologie und Ethik. Eine Grundlagenreflexion aus kritisch-theoretischer Sicht. Bern/Stuttgart/Wien, 1997
Kähler, H. D.; Erstgespräche in der sozialen Einzelhilfe; Freiburg im Breisgau, 1991
Karmann, G.; Humanistische Psychologie und Pädagogik. Psychotherapeutische und therapieverwandte Ansätze. Perspektiven für eine Integrative Agogik; Bad Heilbrunn, 1987
Kitwood, T.; Demenz: der person-zentrierte Ansatz im Umgang mit verwirrten Menschen; Bern, Göttingen, Toronto, Seattle, 2000

Kleve, H.; Der systemtheoretische Konstruktivismus: Eine postmoderne Bezugstheorie Sozialer Arbeit; in: Hollstein-Brinkmann, H./Staub-Bernasconi, S. (Hrsg.); Systemtheorien im Vergleich; Wiesbaden, 2005, 63–92
Kleve, H.; Konstruktivismus und Soziale Arbeit; Aachen, 1996
Kobi, E. E.; Grundfragen der Heilpädagogik. Eine Einführung in heilpädagogisches Denken; Bern, Stuttgart, Wien, 1993, 5., bearb. und erg. Aufl.
Kobi, E. E.; Grundfragen der Heilpädagogik und der Heilerziehung; Bern, 1977
Kobi, E. E.; Grundfragen der Heilpädagogik. Eine Einführung in heilpädagogisches Denken; Berlin, 2004, 6., bearb. und erg. Aufl.
Kobi, E. E.; Personale Heilpädagogik. Kulturanthropologische Perspektiven; Berlin, 2010
Kobi, E. E.; Personorientierte Modelle der Heilpädagogik. in: Bleidick, U. (Hrsg.); Handbuch der Sonderpädagogik. Band 1; Berlin 1985, S. 273–294
Lachwitz, K.; Persönliches Budget; in: Beck, I./Greving, H. (Hrsg.); Gemeindeorientierte pädagogische Dienstleistungen. Behinderung, Bildung, Partizipation. Enzyklopädisches Handbuch der Behindertenpädagogik. Band 6; Stuttgart, 2011, 192–197
Lackner, K.; Beratung – (k)eine Wissenschaft? in: Möller, H./Hausinger, B. (Hrsg.); Quo vadis Beratungswissenschaft?; Wiesbaden, 2009, 43–61
Laubenstein, D.; Sonderpädagogik und Konstruktivismus. Behinderung im Spiegel des Anderen, der Fremdheit, der Macht; Münster/New York/München/Berlin, 2008
Leber, A.; Heilpädagogik. in: Eyferth/Otto/Thiersch; Handbuch zur Sozialarbeit und Sozialpädagogik; Berlin, 19 878, S. 475–486
Lindemann, H./Vossler, N.; Die Behinderung liegt im Auge des Betrachters. Konstruktivistisches Denken für die pädagogische Praxis; Neuwied/Kriftel, 1999
Marmon, E.; Konzepte der Erziehungsberatung. Einführung in die psychoanalytischen, interaktionistischen und kommunikationstheoretischen Grundlagen und Versuch einer Integration; Weinheim, Basel, 1979
Maturana, H. R./Pörksen, B.; Vom Sein zum Tun. Die Ursprünge der Biologie des Erkennens; Heidelberg, 2002
Medzihorský, S.; Asertivita; Praha, 1991
Mehrabian, A.; in: http://en.wikipedia.org/wiki/Albert_Mehrabian (05. 07. 2012)
Mehrabian, A.; Silent Messages; Belmont, CA, 1971, 1st ed.
Merry, T.; Naučte sa byť poradcom. Poradenstvo zamerané na človeka; Bratislava, 2004
Meyer, T.; Potenzial und Praxis des Persönlichen Budgets. Eine Typologie von BudgetnutzerInnen in Deutschland; Wiesbaden, 2011
Microsoft; Encarta Enzyklopädie Professional 2004; Microsoft Corporation
Moldaschl, M.; Beratung als Wissenschaft, als Profession oder Kunst? in: Möller, H./Hausinger, B. (Hrsg.); Quo vadis Beratungswissenschaft?; Wiesbaden, 2009, 19–41
Moor, P.; Heilpädagogik. Ein pädagogisches Lehrbuch. Studienausgabe, herausgegeben von Thomas Hagmann. Band 7 der Schriftenreihe des Heilpädagogischen Seminars Zürich; Bern, Luzern, 1999
Moor, P.; Heilpädagogik. Ein pädagogisches Lehrbuch; Stuttgart, 1974
Morton, I.; Die Würde wahren. Personzentrierte Ansätze in der Betreuung von Menschen mit Demenz. Aus dem Englischen von Maren Klostermann. Mit einem Vorwort von Marlis Pörtner; Stuttgart, 2002
Mosak, H. H./Maniacci, M. P.; Beratung und Psychotherapie. Die Kunst, im richtigen Moment das Richtige zu tun; Sinntal-Züntersbach, 1999
Moser, V.; Legitimations- und Kontingenzprobleme; in: Dederich, M./Jantzen, W. (Hrsg.); Behinderung und Anerkennung. Behinderung, Bildung, Partizipation. Enzyklopädisches Handbuch der Behindertenpädagogik. Band 2; Stuttgart, 2009, 170–176
Mutzeck, W.; Methodenbuch Kooperative Beratung; Weinheim/Basel, 2008
Niediek, I.; Das Subjekt im Hilfesystem. Eine Studie zur individuellen Hilfeplanung im Unterstützten Wohnen für Menschen mit einer geistigen Behinderung; Wiesbaden, 2010
Novak, A.; Schöpferisch mit System. Kreativitätstechniken nach Edward de Bono. in: Crisand, Ekkehard: Arbeitshefte Führungspsychologie, Bd. 39; Heidelberg, 2000
Ondracek, P.; Der personzentrierte Ansatz – Aspekte einer heilpädagogisch relevanten Haltung. Antrittsvorlesung vom 16. 12. 1993 an der EFH RWL Bochum; Unveröffentlicht.

Ondracek, P.; Personbezogenheit – ein wichtiger Aspekt der Qualität heilpädagogischer Arbeit; in: BHP Info, 17 jg. 2002/2, S. 3–12

Palenčárová, J./Šebesta, K.; Aktivní naslouchání při vyučování. Rozvíjení komunikačních dovedností na 1. stupni ZŠ; Praha, 2006

Palmowski, W.; Systemische Beratung. Systemisch denken und systemisch beraten; Stuttgart, 2011

Pfiffner, M.; Team Syntegrity. Der kybernetische Weg zur Integration von Wissen. in: profile, Internationale Zeitschrift für Veränderung, Lernen, Dialog; Bergisch Gladbach, 2001, S. 53–62

Pieper, A.; Einführung in die Ethik; Tübingen/Basel, 2000, 4., überarb. und akt. Aufl.

Podgórecki, J.; Jak se lépe dorozumíme; Ostrava, 1999

Pörtner, M.; Ernstnehmen – zutrauen – verstehen. Personzentrierte Haltung im Umgang mit geistig behinderten und pflegebedürftigen Menschen; Stuttgart, 1996

Prengel, A.; Vielfalt; in: Dederich, M./Jantzen, W. (Hrsg.); Behinderung und Anerkennung. Behinderung, Bildung, Partizipation. Enzyklopädisches Handbuch der Behindertenpädagogik. Band 2; Stuttgart, 2009, 105–112

Prosetzky, I.; Isolation und Partizipation; in: Dederich, M./Jantzen, W. (Hrsg.); Behinderung und Anerkennung. Behinderung, Bildung, Partizipation. Enzyklopädisches Handbuch der Behindertenpädagogik. Band 2; Stuttgart, 2009, 87–95

Rechtien, W.; Beratung im Alltag. Psychologische Konzepte des nichtprofessionell beratenden Gesprächs; Paderborn, 1988

Reich, K. (Hrsg.); Inklusion und Bildungsgerechtigkeit. Standards und Regeln zur Umsetzung einer inklusiven Schule; Weinheim/Basel, 2012

Reich, K.; Systemisch-konstruktivistische Pädagogik. Einführung in Grundlagen einer interaktionistisch-konstruktivistischen Pädagogik; Neuwied/Kriftel, 2002, 4., durchges. Aufl.

Reichel, R./Rabenstein, R.; Kreativ beraten. Methoden, Modelle, Strategien für Beratung, Coaching und Supervision; Münster, 2001

Rogers, C. R./Rosenberg, R.; Die Person als Mittelpunkt der Wirklichkeit; Stuttgart, 1980

Rogers, C. R./Schmid, P.; Person-zentriert; Mainz, 1991

Rogers, C. R.; Die Eigenschaften einer hilfreichen Beziehung. in: Rogers: Entwicklung der Persönlichkeit. Stuttgart, 1985

Rogers, C. R.; Die klient-bezogene Gesprächspsychotherapie; München, 1973b

Rogers, C. R.; Die Kraft des Guten; München, 1978

Rogers, C. R.; Die nicht-direktive Beratung; München, 1972

Rogers, C. R.; Die notwendigen und hinreichenden Bedingungen für Persönlichkeitsentwicklung durch Psychotherapie. in: Schmid, P. F./Rogers, C. R.; Person-zentriert; Mainz, 1991, S. 165–184

Rogers, C. R.; Eine Theorie der Psychotherapie, der Persönlichkeit und der zwischenmenschlichen Beziehung; Köln, 1987

Rogers, C. R.; Entwicklung der Persönlichkeit; Stuttgart, 1973a

Rogers, C. R.; Gespräch mit M. Buber am 18. 04. 1957 an der Universität von Michigan. in: Hagel, J. Zur Selbstverständnis der Heilpädagogik als Handlungswissenschaft. EFH, Schriftenreihe Denken und Handeln; Bochum, 1990

Rogers, C. R.; Meine Beschreibung einer personzentrierten Haltung. in: Zeitschrift für personzentrierte Psychologie und Psychotherapie, 1/1982, S. 75–77

Rogers, C. R.; On becoming a person. A therapists view of psychotherapy. Boston, 1961

Rogers, C. R.; Psychologie als eine in Frage stellende Wissenschaft. Vortrag anlässlich der Verleihung des Ehrendoktorats der Universität Hamburg, San Diego, California, am 06. 05. 1975. in: Vymětal, J. (Hrsg.); Psychologické sešity č. 2, Praha, 1992

Rogers, C. R.; Klientenzentrierte Psychotherapie. in: Rogers, C. R./Schmid, P.; (1991): Person-zentriert; Mainz, 1991

Sander, K./Ziebertz, T.; Personzentrierte Beratung. Ein Lehrbuch für Ausbildung und Praxis; Weinheim/München, 2010

Schäfter, C.; Die Beratungsbeziehung in der Sozialen Arbeit. Eine theoretische und empirische Annäherung; Wiesbaden, 2010

Schäper, S./Schüller, S./Dieckmann, F./Greving, H.; Anforderungen an die Lebensgestaltung älter werdender Menschen mit geistiger Behinderung in unterstützten Wohnformen. Ergebnisse einer Literaturanalyse und Expertenbefragung. Zweiter Zwischenbericht zum Forschungsprojekt »Lebensqualität inklusiv(e): Innovative Konzepte unterstützten Wohnens älter werdender Menschen mit Behinderung« (LEQUI); Münster, 2010

Schlee, J./Mutzeck, W.; Supervision für Lehrerinnen und Lehrer. in: Schlee, J./Mutzeck, W. (Hrsg.); Kollegiale Supervision. Modell zur Selbsthilfe für Lehrerinnen und Lehrer; Heidelberg, 1996, S. 9–22.

Schnebel, S.; Professionell beraten. Beratungskompetenz in der Schule; Weinheim, Basel, 2007

Schnoor, H. (Hrsg.); Psychodynamische Beratung; Göttingen, 2011

Sickendiek, U./Engel, F./Nestmann, F.; Beratung. Eine Einführung in sozialpädagogische und psychosoziale Beratungsansätze. Weinheim, München, 2008, 3. Aufl.

Siebert, H.; Beobachtung – erkennendes Tun; in: Balgo, R./Werning, R. (Hrsg.); Lernen und Lernprobleme im systemischen Diskurs; Dortmund, 2003, 11–19

Siebert, H.; Die Wirklichkeit als Konstruktion. Einführung in konstruktivistisches Denken; Frankfurt a. M., 2005

Siebert, H.; Pädagogischer Konstruktivismus. Lernzentrierte Pädagogik in Schule und Erwachsenenbildung; Weinheim/Basel, 2005 a

Simon, F. B.; Einführung in Systemtheorie und Konstruktivismus; Heidelberg, 2006

Sonnen, F. R.; Gemeinwesenorientierte Familienberatung; in: Belardi, N./Akgün, L./Gregor, B./Neef, R./Pütz, Th./Sonnen, F. R.; Beratung. Eine sozialpädagogische Einführung; Weinheim/München, 2007, 5., überarb. Aufl., 135–150

Stangel, W.; Was ist nonverbale Kommunikation? in: [werner stangl]s arbeitsblätter. http://arbeitsblaetter.stangl-taller.at/KOMMUNIKATION/KommNonverbale.shtml (05. 07. 2012)

Steiner, T./Berg, Insoo K.; Handbuch lösungsorientiertes Arbeiten mit Kindern. Heidelberg, 2008, 3. Aufl.

Steiner, T.; Jetzt mal angenommen ... Anregungen für die lösungsfokussierte Arbeit mit Kindern und Jugendlichen; Heidelberg, 2011

Stimmer, F./Weinhardt, M.; Fokussierte Beratung in der Sozialen Arbeit; München/Basel, 2010

Störmer, N./Vojtová, V.; Interventionen; Berlin, 2006

Straumann, U. E. (Hrsg.); Beratung und Krisenintervention. Materialien zu theoretischem Wissen im interdisziplinären Bezug; Köln, 1992

Tietze, K.-O.; Kollegiale Beratung. Problemlösungen gemeinsam entwickeln; Hamburg, 2003, 4. Aufl.

Triangel-Institut (Hrsg.); Beratung im Wandel. Analysen, Praxis, Herausforderungen; Berlin, 2009

Ullrich, R./Ullrich de Muynck, R.; Das Emotionalitätsinventar EMI als Befindlichkeitsmaß. Arbeitsblatt zum Buch »Einübung von Selbstvertrauen und sozialer Kompetenz«; München, 1976

Ullrich, R./Ullrich de Muynck, R.; U-Fragebogen. Arbeitsblatt zum Buch »Einübung von Selbstvertrauen und sozialer Kompetenz«; München, 1976

VHS Niedersachsens e. V.; VHS-Kurspraxis, Sucht und Suchtkrankenhilfe; Hannover, 1992

Vrolijk, A./Dijkema, M./Timmernann, G.; Das nicht-direktive psychologische Gespräch. In: Vymětal, J. (Hrsg.); Psychoterapeutické sešity č. 52; Praha, 1992

Waldschmidt, A.; Disability Studies; in: Greving, H. (Hrsg.); Kompendium der Heilpädagogik. Band 1; Troisdorf, 2007, 161–168

Waldschmidt, A.; Disability Studies; in; Dederich, M./Jantzen, W. (Hrsg.); Behinderung und Anerkennung. Behinderung, Bildung, Partizipation. Enzyklopädisches Handbuch der Behindertenpädagogik. Band 2; Stuttgart, 2009, 125–133

Watzlawick, P.; Menschliche Kommunikation; Bern 1974

Watzlawick, P.; Vom Schlechten des Guten; München, 1986

Weisbach, Ch-R.; Professionelle Gesprächsführung. Ein praxisnahes Lese- und Übungsbuch; München, 2003, 6., überarb. und erw. Aufl.

Westphal, R.; Kreativitätsfördernde Methoden in der Beratungsarbeit; Köln, 1984

Wexberg, E.; Sorgenkinder. Mit einem einleitenden Vorwort von Gerd Lehmkuhl; Stuttgart, 1987, 2. Aufl., unveränderter Nachdruck der Ausgabe von 1931
Wunder, M.; Eugenik; in: Greving, H. (Hrsg.); Kompendium der Heilpädagogik. Band 1; Troisdorf, 2007, 219–227
Zwicker-Pelzer, R.; Beratung in der Sozialen Arbeit; Bad Heilbrunn, 2010

Sachwortverzeichnis

A

Abschlussgespräch 133
Affekte 155
Alltag 16, 44
Alltagsberatung 109–110
Anerkennung 33, 177
Anthropologie 63–64
Arbeiterwohlfahrt 39
Assistenz 50
Autonomie 103, 108, 171, 177

B

Begegnung 34
Behinderung 14, 30–31, 44, 48, 56, 63, 75, 170–171
Beobachter 173
Beobachtung 71
Beratungsforschung 21
Beratungshandeln 30
Beratungskonzept 31
Beratungsprozess 86–87
Beratungsstandard 22
Beratungswissenschaft 20–21
Berufsethik 64
Beziehung 34, 101, 106
Beziehungsgestaltung 100
BGB 53, 55
Bildung 50, 63, 73, 108

C

Case Management 26, 60, 187
Chancengerechtigkeit 175
Coaching 32
Compliance 186
Coping 26
Counseling Psychology 81–82

D

Daseinsgestaltung 50
Deinstitutionalisierung 13
Dekonstruktivismus 69
Demenz 33
Diagnostik 56
Dialog 101
Dialogik 16
Disability Studies 44, 60, 170–171, 177
Diversität 175–176

E

Einfühlung 27
Eingliederungshilfe 52, 56
Elterliche Sorge 54–55
Emotion 115, 186
Empathie 101, 189
Empowerment 13, 103, 108
Epistemologie 66
Ermutigung 101–102
Erstgespräch 132–133
Erstkontakt 87
Erziehung 15–16, 30, 53, 75, 108, 135
Erziehungsberatung 39–40, 45, 51–52
Erziehungswissenschaft 38
Ethik 16, 49–50, 63–64, 100, 108
Exklusion 57, 71, 176

F

Fachkompetenz 34
Familienberatung 46
Familiengericht 52, 54
Fehler 155
Finalität 92, 96–97
Fragen 153
Frauenbewegung 39
Freiwilligkeitsprinzip 55
Frühförderung 48

G

Gefühl 27
Geschichte der Beratung 37–38
Geschlechtergerechtigkeit 175
Gesprächsführung 130–131
Gesprächslaboratorium 166
Gewalt 85
Grundgesetz (GG) 55

H

Habitus 21–22, 191
Haltung 138
Handeln 17–18
Handlungskompetenzmodell 34–35
Handlungstheorie 67
Heilpädagogik 11–12
Heilpädagogische Psychologie 183
Hilfeplanung 26, 53–54, 179
Hirnforschung 189
Humanismus 62–63, 72–73, 191
Humanistische Psychologie 182

I

ICF 1 57, 174
Individualpsychologie 91–92, 182
Industrialisierung 24
Information 25
Inklusion 13, 18, 41, 56–57, 71, 108, 171, 174–175, 195
Institutionalisierte Beratung 111–112
Interaktion 13, 18, 27, 34, 81, 92, 101, 103
Interferenzen 58
Interventionsforschung 21
Intervision 113

J

Jugendamt 51–52
Jugendhilfe 55

K

KICK 54
Kindereuthanasie 41
Kindeswohlgefährdung 55
Kollegiale Beratung 112–113
Koma 33

K (fortgesetzt)

Kommunikation 34, 43, 65, 68–69, 71, 81, 92, 101, 103, 134, 158, 168
Kompetenz 16, 34
Kongruenz 155, 169
Konstrukt 14
Konstruktion 173
Konstruktionismus 70
Konstruktivismus 66–67, 191
Kontingenz 190–191, 195
Körpersprache 148–149
Krankenhaus 48
Krise 174, 191
Krisenintervention 26, 187
Kunst 23–24, 27

L

Lebenslage 193
Lebensqualität 24
Lebensrecht 49
Lebenswelt 35, 44, 72, 180, 193
Lehren 72
Leib-Seele-Geist-Einheit 13
Leiblichkeit 17
Lernen 72–73, 83, 188
Lösungsorientierung 91, 103–104

M

Mediation 85, 133–134
Medizin 185
Menschenbild 66, 100–101
Menschenwürde 49
Methodik 19, 61–62, 78
Methodologie 20
Migration 25, 47–48, 175
Modellernen 123
Moderator 115–116
Mündigkeit 43

N

Netzwerk 26–27, 50, 60, 178, 187, 193
Normalisierung 13
Notizen 156

O

Objektivität 23
Ökonomie 42
Organisation 13, 22, 24, 39, 45, 58, 71
Organisationsberatung 32

205

Organisationskultur 22, 58
Orientierung 82

P

Partizipation 56, 174
Partnerschaftsberatung 52
Passung 69
Peer-Beratung 44
Peer-Counseling 170, 178, 187, 193–194
Person 101
Persönliches Budget 180
Personsein 99
Personsorge 53
Personzentriertheit 135–136, 162
Personzentrierung 91, 98–99
Pflege 57
Postmoderne 67, 175
Präimplantationsdiagnostik 50
Praxis 17
Profession 21–22
Professionalisierung 44
Professionalität 77
Professionskonflikt 38
Psychologie 181
Psychotherapie 83–84

Q

Qualitätsstandard 22, 34

R

Realität 15
Reframing 106
Ressourcen 179, 181
Rückmeldung 25

S

Scheidungsberatung 52
Schuldnerberatung 47
Schule 43
Schwangerschaftskonfliktberatung 48–49
Schwarze Pädagogik 40
Schwerstbehinderung 33
Selbstbestimmung 13, 63
Selbstbild 99
Selbstkenntnis 120
Selbstkompetenz 34
Selbstkonzept 101, 119–120

Selbstsicherheit 123
Sexualberatung 39, 43
Sexualreform 38
SGB VIII 51–52
SGB IX 56
SGB XI 57
SGB XII 57
Sinn 68–69
Skepsis 67
Sorgerecht 52, 54
Sozialpolitik 180
Sprache 17–18, 68, 76, 186
Sprechen 17, 68
StGB 43, 48
Stigma 173
Subjekt 14, 16, 41, 45, 77
Subjektbezogenheit 12
Supervision 28, 32, 112
Symbol 75
System 35, 44, 67, 77
Systemberatung 58
Systemkompetenz 34

T

Teilhabe 50, 56
Toleranz 62
Trisomie 21 49

U

Umwelt 14, 44, 76–77, 95, 179
Unterstützung 26

V

Vermittlung 25
Verstehen 101
Vertrauen 114
Verwahrung 41
Viabilität 69
Vielfalt 176

W

Werte 25
Wertewandel 25
Wirklichkeit 15
Wissen 190
Wissenschaft 19–20
Würde 62–63

Z

Zeichen 75
Zeit 35, 193
Zuhören 27, 146–147

Heinrich Greving

Heilpädagogische Professionalität

Eine Orientierung

2011. 194 Seiten. Kart. € 24,90
ISBN 978-3-17-020013-5

*Praxis Heilpädagogik,
Grundlagen*

Das Buch gibt fundierte Antworten auf die grundlegenden Fragen nach dem aktuellen Stand der Professionsentwicklung und Professionalität der Heilpädagogik. Als einführendes Lehrbuch bietet es Orientierungswissen zu den theoretischen und methodologischen Grundlagen der Heilpädagogik als Fach- und Handlungswissenschaft. Darüber hinaus entwirft die Darstellung anhand der Themen des Professionsdiskurses in der Geschichte und Gegenwart ein aktuelles Bild der Neupositionierung der Heilpädagogik als Disziplin und Profession mit eigenständigen Konzepten. In einem ersten Zugang geht es um die grundlegenden erkenntnistheoretischen und wissenschaftlichen Positionen der Profession und Disziplin. Darauf aufbauend werden die historischen und anthropologisch-ethischen Begründungen der Heilpädagogik dargelegt und die organisatorischen, die methodologischen und die studien- und ausbildungsspezifischen Dimensionen erörtert. Angesichts der aktuellen Anforderungen bietet dieses Buch das aktuelle Basiswissen für eine innovative Positionsbestimmung der Heilpädagogik als Profession und Disziplin.

▶ **www.kohlhammer.de**

W. Kohlhammer GmbH · 70549 Stuttgart
Tel. 0711/7863 - 7280 · Fax 0711/7863 - 8430 · vertrieb@kohlhammer.de